LA MÉTHODE
FRANCE GUILLAIN

DU MÊME AUTEUR

Le Bonheur sur la mer, collection « Vécu », Robert Laffont, 1974, Prix Drakkar, 1974.

Naviguer avec ses enfants, Arthaud, 1984.

Les Femmes d'à bord, Arthaud, 1986.

Maïma, roman, Plon, 1987, meilleures plumes des critiques, sélection du Rotary.

Des Hommes et leur mer, Éditions 7 Vents, 1989. Prix Marine Nationale 1989 (Médaille ACORAM) et sélection du Rotary.

En forme, Éditions 7 Vents, 1991.

Bientôt mon bébé, Éditions Milan, 1993.

Le Bonheur d'être nu (ou le Naturisme un art de vivre), Albin Michel, 1997.

Si Monta m'était conté, Éditions Edimag, 2000.

Vivre le naturisme, Éditions LPM, 2001.

Les Bains dérivatifs, Éditions Jouvence, 1995. Nouvelle édition aux Éditions du Rocher en 2009 sous le titre *Le Bain dérivatif ou D-CoolinWay*.

Soyez bien, mangez bio !, Éditions LPM, 2000.

Nous sommes tous beaux !, Éditions LPM, 2001.

Mastiquer, c'est la santé !, Éditions Jouvence, 2002.

Manger bio, c'est pas cher !, Éditions Jouvence, 2003.

L'Argile tout simplement, Éditions Demeter, 2005.

Bain dérivatif et poche de gel, Éditions Demeter, 2006.

L'Allaitement, Éditions La Plage, 2006.

Le Soleil, aliment indispensable, Éditions Demeter, 2007.

Le Lait de jument, Éditions Anagramme, 2007.

La Cuisine selon France Guillain avec Jocelyne Vollet-Guinehut avec DVD inclus, Éditions Anagramme, 2008.

Pour les enfants

La Petite Sirène des Océans, Collection Rouge et Or, Presses de la Cité, 1975.

Collection Étincelles 6 titres, Père Castor, Éditions Flammarion, 1990.

FRANCE GUILLAIN

LA MÉTHODE
FRANCE GUILLAIN

Vivez équilibré !

Équilibre

éditions du
ROCHER

Tous droits de traduction, de reproduction et d'adaptation réservés pour tous pays.

ISBN : 978 2 268 06811 4

« Tous les savoirs sont libres et égaux en droit. »

Michel Serres, *Atlas*,
Éditions Julliard, 1994.

Je dédie ce livre à mon parrain, Pierre Boillon [1]
qui, depuis l'âge de 14 ans, m'a servi de père et de mère
et a toujours regardé mon enseignement avec respect.
« Ce que tu enseignes, c'est tout ce que
le bon Dieu nous a donné ! »
Il me fit faire des conférences sur le Bain dérivatif
aux sœurs clarisses de Poligny !
C'est lui qui m'a donné l'impulsion, la foi en mes capacités
pour naviguer des années à la voile autour du monde,
écrire plus de 60 livres, il m'a toujours soutenue !
Merci de m'avoir donné des ailes !

---

1. Pierre Boillon, ancien chanoine de Dole (Jura), ancien évêque de Verdun, grand officier de la Légion d'honneur, grand blessé de guerre, résistant de la première heure, avec mon père, dès le début de 1940. Il avait dit de Vatican II : « J'espérais un grand balayage, ce ne fut qu'un petit courant d'air ! »

Avertissement

Le but de cette méthode est de nous rendre tous aptes à manger de tout avec plaisir en gardant une bonne forme et de belles formes !

Mise en garde : de plus en plus de personnes se prévalent de ma méthode en utilisant mon nom. Mais attention : elle est le plus souvent tronquée, amputée, déformée. « Je l'adapte, je la mets à ma sauce », nous déclarent très souvent avec candeur des personnes qui prétendent la faire appliquer après avoir assisté à quelques conférences. Alors ce n'est plus ma méthode chère madame ou cher monsieur ! Beaucoup de discours erronés sont dits et écrits sur le Bain dérivatif. Mon Miam-Ô-Fruit, préparation spéciale, est extrêmement déformé aussi. Le plus simple est donc de se reporter à l'original que vous tenez entre vos mains ! Je vous souhaite de vous en régaler !

PROLOGUE

Aujourd'hui, dans les pays industrialisés les plus déve-
loppés, il est naturel, quand on est bien *assuré*[1], de faire
réviser son corps comme sa voiture, à dates régulières.
Prises de sang, échographies, coloscopies, radiographies
et analyses sont devenues aussi banales que le brossage
des dents et la vidange du moteur. Tout cela prolonge
bien des vies, remercions tous cette vigilance.

**Pour que les résultats de ces investigations soient toujours
excellents**, il est à la portée de chacun de s'organiser une
hygiène de vie basée sur une bonne alimentation naturelle, l'utilisation judicieuse de la fraîcheur et de la chaleur,
de l'eau, de l'argile et du soleil. Apprendre aussi à écouter
notre corps qui prévient presque toujours longtemps avant
qu'un mal devienne visible ! Cela se nomme la **prévention**,
très chère au prix Nobel de Médecine Luc Montagnier[2]

---

1. Tout le monde en France ne peut malheureusement pas profiter
vraiment de ces assurances, ceux qui ont la Sécurité sociale mais
n'ont pas droit à la CMU et ne peuvent s'offrir une mutuelle ! Ils
sont nombreux !
2. Pr L. Montagnier, prix Nobel de Médecine 2008, auteur de
Les Combats de la vie, Mieux que guérir, prévenir, Éditions Jean-
Claude Lattès, 2008. Voir bibliographie en fin d'ouvrage.

qui depuis tant d'années appelle de ses vœux une «Caisse d'Assurance Santé» à la place de notre assurance maladie!

Vivre longtemps d'accord! À condition de continuer jusqu'au bout à se promener dans les bois, faire l'amour, chanter, danser, faire du ski de fond, de la voile, nager, tomber amoureux!

INTRODUCTION

Depuis près d'un siècle, l'ascension rapide de l'industrie agroalimentaire a, d'une part réjoui ceux qui exploitent avec profit le travail des paysans, des éleveurs et des pêcheurs, d'autre part emballé le développement de ceux qui essaient d'en réparer ou limiter les dégâts : médecins, nutritionnistes, naturopathes, hygiénistes.

Durant des millénaires, l'homme, comme tout le reste du vivant, ne se posait qu'une seule question : qu'allons-nous trouver à manger aujourd'hui ? Puis avec le feu, ce fut : comment allons-nous le faire cuire, avec quoi allons-nous l'associer ? Enfin la sédentarisation et la civilisation ont donné naissance aux plats traditionnels toujours délicieux, composés différemment selon les lieux sur notre planète et suivant les saisons : goulasch, moussaka, couscous, paëlla, cassoulet, choucroute, shopsoï, fafaru, miti hue, popoï, etc.

Il y a à peine cent ans, on cuisinait comme sa grand-mère, les mères enseignaient la cuisine à leurs filles et pas le contraire [1] ! Les Inuits apprêtaient les poissons, plus au sud c'était le gibier, dans les pays tempérés les céréales, chez les

---

[1]. Aujourd'hui, ce sont les filles qui écrivent : *La Cuisine enseignée à ma mère !*

Maoris[1] principalement les fruits, les légumes, des coquillages et de temps à autre du poisson[2].

J'ai vu, de mes yeux, en Polynésie, dans ma propre famille, les transformations physiques et psychologiques induites par l'arrivée de l'alimentation industrielle sous forme de *farine blanche*, *sucre* et *huile industrielle* le couronnement étant l'arrivée massive des produits dérivés du lait. Puis en vingt-deux années de navigation à la voile autour du monde, j'ai fait exactement la même observation consternante en Chine, aux Philippines, en Papouasie, en Mélanésie, en Nouvelle-Zélande, au Mexique, aux États-Unis[3], en Afrique, mais aussi en Espagne ou en Italie. J'ai vu de mes yeux des villages entiers se transformer physiquement, devenir obèses, diabétiques, agressifs ou apathiques, l'esprit moins vif en l'espace de dix-neuf ans ! Je pense par exemple à ce village de pêcheurs, cultivateurs, éleveurs de moutons d'Ametlla de Mar, au sud de Tarragone, en Espagne, où j'ai vécu plusieurs années. Il s'est transformé en station touristique, et les gâteaux vendus en boîtes géantes le matin, les plats cuisinés surgelés, les sandwiches, les barres chocolatées, les bonbons et les glaces à toute heure ont remplacé le riz, les légumes et le poisson. Les jeunes, qui vingt ans plus tôt, d'allure sportive, accompagnaient avec fierté leur papa à la pêche ou aux champs, promènent aujourd'hui mollement leur ennui, leur surpoids et leur mal-être, l'air blasé, à la recherche de distractions faciles.

---

1. D'où je viens : il n'y avait dans ces îles du Pacifique aucun animal terrestre, même pas de rat !
2. Ce qui était toute une organisation : comment pêche-t-on le poisson quand on n'a que ses mains, pas de métal, pas de filet ?
3. Où une partie de ma famille est établie depuis 1920, en Californie.

Mère de cinq enfants, j'ai très vite compris qu'il se passait là quelque chose de dangereux pour nous : ma priorité a été tout de suite au lait maternel pour mes enfants et à l'alimentation traditionnelle ! Les railleries et les moqueries ont été très nombreuses : on me disait que je n'étais pas une femme libérée, que si j'étais capable de sentir la différence entre des petits pois frais et des pois surgelés c'est que j'avais besoin de voir un psy ! *(sic !)* Que ce n'était pas la peine d'avoir fait tant d'études si je ne comprenais pas que les laits mis au point par des chercheurs étaient forcément supérieurs à celui que produisait mon corps, qu'au moins on savait ce qu'ils contenaient [1] ! Ne me fiant qu'à mon intuition de bonne sauvage, j'ai résolument fait confiance à la Nature et à la Tradition ! Je ne l'ai jamais regretté [2] !

Je voulais comprendre !

Aussi ai-je lu tout ce que j'ai pu trouver depuis Hippocrate jusqu'aux études du CNRS [3] et de l'Inserm [4] en passant par Louis Kuhne, Schlemmer, Paul Carton, Henri Charles Geffroy, Mosséri, Masson, Rousseau, Shelton, Kousmine, Oshawa, Okinawa, le régime crétois... impossible de les nommer tous ici !

---

1. N'est-ce pas Florence, chère cousine, fille et petite-fille de médecins ?
2. Par contre, je déplore d'avoir déjà enterré au moins 25 de mes amis proches qui mangeaient et soignaient leurs maux de manière *moderne* : ils sont tous morts de cancers entre 42 et 64 ans.
3. Centre national de recherche scientifique.
4. Institut national supérieur d'enseignement et de recherche médicale.

À chaque fois, j'avais l'impression de découvrir LA bonne méthode, LA solution à tous les problèmes. Je mettais en pratique, c'était extraordinaire pendant trois mois. Puis j'oubliais. Un petit coup de déprime et j'essayais autre chose. Parfois, la découverte passait par le copain ou le couple formidable, trente-cinq ans, brillant, beau, lumineux qui déclarait ne manger que du cru rien que du cru ! Regardez comme nous sommes en forme ! En effet, j'étais séduite, je fonçais tête baissée, oubliant de leur demander depuis combien de temps ils mangeaient comme cela ! TOUJOURS, c'était depuis quelques mois tout au plus, AVANT, ils avaient mangé comme leur grand-mère ! Et après aussi !

En fait, à part ces escapades nutritionnelles un peu folles, j'ai toujours mangé comme mes arrière-grands-parents ! Et qu'est-ce que je me régale ! **Aucun complément, aucun médicament, aucun traitement ni régime, que de vrais aliments !** Je goûte à tout : français, chinois, africain, indien, maori, russe, tout me donne envie quand il s'agit de vrais légumes, de vrais fruits, de vrais animaux qui courent dans la nature, qui nagent dans la mer ou volent dans les airs ! Très peu d'animaux quand même !

Une vie contre une vie

Aimant les animaux autant que les plantes ou les humains, je consomme peu en les remerciant de m'offrir leur vie pour me permettre de garder la mienne.

Avez-vous déjà songé que toute vie sur terre ne se maintient qu'au détriment d'autres vies ? Manger, c'est sacrifier une vie pour une autre. Si je mange une salade ou une crevette, je tue une salade ou une crevette au profit de ma vie. Se nourrir, que nous soyions plante, insecte, animal ou humain, c'est toujours faire disparaître quelque chose de vivant pour le transformer en autre chose de vivant. Une plante se nourrit de tout le vivant qui se décompose dans le sol, il existe même des plantes carnivores qui absorbent des insectes ! Telle est notre condition de vivant. Dire que les plantes ne souffrent pas de mourir est à mes yeux aussi téméraire que l'attitude qui a consisté à nier jusqu'à très récemment la douleur chez les bébés au prétexte que leur système nerveux était trop immature puisqu'ils ne réagissaient pas ! **Qui peut prouver que la souffrance de la perte de vie passe forcément par un système nerveux ?** Personne ! À nous de faire en sorte que toutes ces vies que nous absorbons tous les jours ne servent pas seulement à faire chaque jour le tour du pâté de maisons avec son chien-chien... À nous de faire ce qu'il faut pour que notre vie soit utile à son tour ! Faisons-nous chaque jour ce qu'il faut pour que notre vie vaille la peine de faire disparaître matin, midi et soir d'autres vies ? Les personnes qui bénéficient d'un don d'organe, **une vie contre une vie**, le savent bien ! Vous ne mangez pas d'animaux, pas d'escargots, pas de poissons, mais accepteriez-vous le cœur d'un autre ? Nous ne sommes que des mammifères humains ! Omnivores comme les vraies poules de la nature !

Aujourd'hui de nombreuses idéologies alimentaires ont cours et s'affrontent parfois durement. L'agroalimentaire prétend que sans lui et sa science il est impossible de nourrir toute la planète. D'un avis contraire, la FAO[1] a déclaré

---

1. FAO : Organisation des Nations unies pour l'alimentation et l'agriculture qui siège à Rome. Malgré cela, l'agroalimentaire continue de prétendre le contraire !

il y a peu que la seule manière de nourrir toute la planète est de se remettre tous au bio! Les nutritionnistes[1] sont de plus en plus nombreux à vouloir nous supplémenter en micronutriments sous forme de gélules, poudres, capsules et comprimés en tout genre. À grands frais, on nous fait des analyses déclinées en couleur sur une liasse de papier, faisant l'inventaire de tous nos manques. Comment sont établies les normes? Qu'est-ce qu'une norme par rapport à un individu lambda? Que l'on nous compare à nous-mêmes au fil des années, soit, encore que le déroulement de notre vie s'accompagne de variations dans notre organisme. Mais que l'on nous compare à une moyenne, basée sur qui et sur quoi? À qui cela profite-t-il le plus? Diverses idéologies et philosophies alimentaires nous proposent du tout cru, du tout cuit, cuit en hiver, cru en été, végétarien, végétalien, ou au contraire de la viande tous les jours, des produits laitiers ou pas du tout, sans gluten ni tomates, on ne sait plus où donner de la tête, comment manger! La plupart de ces propositions sont marginalisantes ou coûtent assez cher: tout le monde sur notre planète n'a pas la possibilité ni les moyens de **s'offrir le luxe d'exclure** de son alimentation les tomates, les oranges ou encore les pâtes et le pain à cause du gluten[2]!

Arrêtons de nous prendre la tête et réfléchissons. Nous sommes six milliards et demi de gens sur terre. À peine un

---

1. La micronutrition est un nouveau métier!
2. Lisez ce qui est écrit sur les étiquettes des aliments estampillés «sans gluten» vous aurez de belle surprises! En Italie, ces aliments sont vendus exclusivement en pharmacie, ce qui peut être leur place légitime, en tout cas pas en magasins bios! Ce ne sont pas des aliments simples et naturels!

milliard a des sous et il va bien falloir un jour partager équitablement, c'est-à-dire diminuer la part des uns pour augmenter celle des autres. La vie nous y conduira toute seule.

Est-il nécessaire d'être riche pour vivre en bon état toute sa vie? Certes non! Il suffit de voyager pour se rendre compte que partout dans le monde, quels que soient l'altitude, la latitude, le climat, le mode de vie en bord de mer, dans les bois ou en ville, les sortes d'aliments disponibles, le mode vestimentaire, le type d'activités, on rencontre toujours des centenaires en excellent état! Suffit-il d'habiter à la campagne? Certes non, il y a dans nos campagnes beaucoup de cancers, de Parkinson, du diabète, de la goutte. On rencontre dans nos villes comme Paris des personnes de 80 ans qui, après une longue vie de labeur, promènent leurs arrières-petits-enfants sur le siège de leur vélo! Alors, comment font ceux qui vivent longtemps en bonne forme?

Ils mangent calmement de vrais aliments de la nature, légumes, fruits, feuilles, racines, animaux, ils utilisent l'eau, le soleil, la terre et l'air, tous les éléments que nous allons nous réapproprier ici! De plus, ils font *circuler* tout cela dans leur organisme!

1

L'ALIMENTATION

Qu'est-ce qu'on mange ?

De tout [1]. Tout ce qui est naturel, simple, traditionnel [2] et nous apporte beaucoup de plaisir !

Aucun aliment ne peut se réduire à ses composants *connus* [3]. Inutile de vous demander ce que contient chaque aliment [4], à quoi sert chaque composant ou nutriment. C'est beaucoup d'énergie dépensée pour rien en ce qui nous concerne ici car même les chercheurs les plus avancés n'ont pas compris grand-chose. Vous verrez que notre **meilleur guide** alimentaire, le plus fiable,

---

1. Ce livre n'est pas réservé exclusivement aux Français de France : sur 300 millions de francophones, seulement 60 millions sont en France. Aucune source alimentaire ne sera donc éliminée.
2. Que vos arrière-grands-parents consommaient déjà !
3. *Nutrition, Mensonges et Propagande* de Michael Pollan, Éditions Thierry Souccar, 2008, mais aussi les livres du Dr Jean-Marie Bourre, Éditions Odile Jacob.
4. Exemple : dans le thym sauvage, on a identifié au moins 35 composants ! Page 80 in *Nutrition, Mensonges et Propagande* de Michael Pollan.

c'est **notre cerveau**, via nos papilles! **À condition de l'informer correctement** avec nos cinq sens et de lui présenter des aliments simples et naturels! Personne ne sait mieux que nous ce dont nous avons besoin à chaque instant!

Pour mieux comprendre: on s'éclate littéralement!

Chacun connaît l'eau, H_2O. L'eau est indispensable à la vie, notre corps est fait de 70 % d'eau. On peut se priver de nourriture, pas d'eau. Imaginons que des chercheurs décident que l'hydrogène a des qualités merveilleuses, que l'oxygène aussi. Et on nous fait avaler des capsules d'hydrogène et d'oxygène, deux gaz hautement inflammables et explosifs lorsqu'ils sont tout seuls! Vous avalez donc deux capsules d'hydrogène et une capsule d'oxygène pour recréer l'eau la plus pure et profiter au mieux des composants de l'eau. Et **vous EXPLOSEZ**! J'aime beaucoup cette image réjouissante car elle symbolise bien l'absurdité d'extraire les nutriments d'un aliment pour les avaler ensuite! **On s'éclate littéralement!**

Personne ne peut nier qu'un aliment naturel, de culture ou d'élevage bio, non transformé, non conditionné est un bon aliment. Tout le monde aussi est d'accord sur le fait qu'il nous faut beaucoup de légumes, des feuilles, des parties aériennes qui reçoivent la lumière du soleil, un peu de racines ou de céréales, un tout petit peu de protéines animales et beaucoup de fruits et de bonnes huiles.

Achetez toujours les produits de saison, en vrac, au poids. C'est beaucoup moins cher et cent fois plus efficace que tout ce qui est préparé ou conditionné en sachet, boîte, bocal, barquette ou surgelé[1] !

Réservez les préparations familiales compliquées aux jours de fête. Apprenez à cultiver le **désir** ! Et à vous nourrir de **soleil** en respectant vos **neurones** !

Cultiver le désir ?

À vouloir chaque jour du saumon fumé dans son sandwich et du chocolat en dessert on n'en éprouve plus jamais le désir mais le *besoin* avec pour conséquence les problèmes de poids et la surproduction d'aliments de basse qualité ! Attendre, rêver pendant des mois, saliver rien qu'en y pensant, rend le plaisir tellement plus intense ! À vouloir tout tout de suite, le plaisir s'enfuit.

La part la plus puissante du plaisir !

Un matin de vacances d'été au bord de l'Atlantique dans le Sud-Ouest de la France, ma fille Moly marchait vers notre tente, tenant religieusement entre ses mains un croissant et une chocolatine[2]. Elle me déclara : « Tu vois maman, un croissant et un pain au chocolat, pour nous, c'est LA fête ! » Ne sachant pas trop comment interpréter la chose[3], je demandai plus de précisions. « Ben tu vois

---

1. Lisez *Le Plaisir à petits prix* de Jean Pierre Coffe, Éditions Plon, 2009, même si je ne suis pas toujours d'accord avec le sucre et la crème fraîche partout ! Ou bien *Manger Bio c'est pas cher* de France Guillain, Éditions Jouvence ou encore *La Cuisine selon France Guillain* avec Jocelyne Vollet-Guinehut, Éditions Anagramme, 2008, avec DVD.
2. C'est le nom des pains au chocolat dans cette région.
3. Était-ce un reproche d'adolescente ?

maman, comme tu ne nous en as jamais gavées, nous, avec quelques euros seulement, on peut faire la fête!» J'ai plus appris en cet instant qu'en vingt années de travail sur la nutrition! **Le désir! La part la plus puissante du plaisir!** Du chocolat tous les trois mois, oui, mais vraiment du très bon! De la meilleure qualité! Être fin gourmet!

Se nourrir de soleil, dites-vous?

Eh oui! De soleil. N'avez-vous jamais entendu dire que nous venons des étoiles?

C'est tout simple. Les étoiles sont faites de la combinaison de divers gaz. Ces gaz projetés dans l'atmosphère peuvent, en s'assemblant, produire des concrétions, ce qui est le cas de notre planète Terre. Parmi les concrétions possibles, il y a l'ADN[1] qui est à l'origine du monde organique incluant plantes, animaux et humains, tous faits *basiquement* de quatre gaz: carbone (C), hydrogène (H), oxygène (O) et azote (N)! C H O N: ça nous rappelle les cours de chimie!

Or, sans le soleil, les plantes n'existent pas. Sans la lumière, les couleurs disparaissent, la vision aussi et nous avec! Cette lumière est une matière gazeuse que les plantes, par la photosynthèse, transforment en feuilles, graines et fruits. Autrement dit, lorsque nous consommons des végétaux, nous avalons du soleil! Plus le soleil est direct et VRAI[2] sur les plantes, plus feuilles et fruits sont excellents

---

1. ADN, acide désoxyribonucléique ou DNA. De récentes recherches ont laissé supposer la fabrication d'ADN dans l'espace.
2. Pauvres endives privées volontairement de lumière et pauvre lumière des serres!

pour nous! Comme nous, les animaux ne vivent que grâce au soleil et aux plantes!

Cent millions de neurones dans le tube digestif, entre ses deux extrémités!

Enfin, respectons nos neurones! Ils ne sont pas cantonnés au cerveau! Bien sûr c'est là-haut que nous en avons le plus. Mais des neurones, nous en avons partout! Et en particulier dans l'appareil digestif. Et ils travaillent tous, autant que ceux de la tête! Ce n'est pas un hasard ou une somatisation lorsqu'une mauvaise nouvelle nous donne mal au ventre! Ce sont les neurones qui réagissent immédiatement. Notre paroi intestinale est un véritable treillis de neurones. Par ailleurs, photographiez des intestins et un cerveau vous serez étonné de leur ressemblance. En Chine, pour les *anciens*, le premier cerveau est dans le ventre. Disons que le cerveau de la tête reçoit en permanence toutes les informations envoyées par les neurones disséminés dans le corps. On peut supposer que la tête fait l'analyse et la synthèse puis envoie les commandes.

De l'estomac à la tête, le chemin le plus court!
Vous avez peut-être déjà fait l'expérience de boire un peu de vin ou d'alcool à jeun. La tête tourne immédiatement car l'alcool touche les neurones de l'estomac qui envoient des commandes erronées au cerveau qui nous fait alors marcher de travers. Il est mécaniquement impossible que l'alcool arrive à cette vitesse jusqu'au cerveau! **Attention, l'alcool détruit des neurones!** Ne buvez donc pas de vin à jeun! Une personne qui supporte bien l'alcool à jeun n'aurait-elle pas déjà détruit beaucoup de neurones dans son estomac?

Notre ventre : une poubelle ou un sanctuaire ?

Avec ses millions de neurones, notre estomac n'est donc pas une poubelle dans laquelle on peut jeter n'importe quoi ! C'est même un véritable sanctuaire car c'est dans notre estomac que se fabrique 95 % de la sérotonine[1], dans notre ventre que sont produits vingt de nos neuromédiateurs ! Ces neuromédiateurs qui procurent à notre cerveau l'énergie, la méthode, la sociabilité, la force de surmonter les stress de la vie ! Dans notre estomac et notre intestin que s'élaborent en particulier : la dopamine pourvoyeuse d'énergie, l'acétylcholine si importante pour notre mémoire, le GABA (acide gamma-aminobutyrique) pour notre stabilité, notre équilibre, notre endurance, et la sérotonine pour notre joie de vivre !

Sachez, nous tenons à le redire, que notre QI[2], notre intelligence, la vivacité de notre esprit dépendent de ce que nous mangeons ! L'intelligence aussi peut être abîmée ou améliorée par notre mode de vie. Ce ne sont pas les nutriments *extraits des aliments* qui nous rendent plus intelligent, mais les aliments eux-mêmes dans leur intégrité, lorsqu'elle est respectée ! La capacité d'attention, de concentration, la vivacité de réflexion, d'analyse, de synthèse sont liées **aussi** à notre alimentation même si cela ne suffit pas. Une alimentation humaine, naturelle, de bonne qualité, faite de produits qui sortent de la terre, cueillis sur

---

1. *Le Mensonge alimentaire*, Dr Hans Ulrich Grimm, Éditions Trédaniel, 2006.
2. QI : Quotient Intellectuel in *Le Mensonge alimentaire, ibid.*, mais aussi *La Nouvelle Diététique du cerveau*, Dr J.-M. Bourre, Éditions Odile Jacob Pocket, 2006.

les arbres et les haies, pêchés dans la rivière ou la mer, chassés dans les bois! Plus ils viennent de la nature sauvage et mieux c'est pour nous! Le bio de proximité[1] est donc un minimum nécessaire. Et comme l'écrit Boris Cyrulnik[2], lorsque nous sommes devant notre assiette, « nous ne sommes pas devant un simple amas de molécules aussi parfaites soient-elles! Nous sommes devant des millénaires de civilisation!». Devant l'effort de ceux qui ont cultivé, élevé, chassé, pêché, travaillé pour acheter et préparer le repas! Devant l'intelligence et le soin de l'élaboration d'une recette! Alors **on n'avale pas gloutonnement**, on ne *bouffe* pas on ne se *bâfre* pas! On déguste très lentement, on mastique comme il faut en insalivant bien, on savoure, on se régale, **on déguste**, on prend le temps de sentir chaque saveur, chaque flaveur, de remercier pour cette vie qui nous est donnée, pour la magie d'un bon plat! Du *vivant* est mort pour moi, dans mon assiette, transformé en un mets délicieux! Ce n'est pas sans évoquer la notion de sacrifice[3] chère à tant de religions. Loin des croyances, ne serait-il pas pour le moins décent de commencer chaque repas par un acte de remerciement plutôt que d'attendre d'avoir le ventre rempli à s'en desserrer la ceinture!

---

1. Ferme bio, panier AMAP, coopérative bio sont les plus intéressants.
2. *De la parole comme d'une molécule*, Boris Cyrulnik, Éditions Odile Jacob, 1995.
3. *Sacre facere* : rendre sacré !

Le saviez-vous ? 20 % va droit au cerveau !

Notre cerveau ne pèse que 2 % du poids du corps. Or il consomme à lui seul 20 % [1] de ce que nous mangeons ! Soit dix fois plus que le reste du corps ! Chez un bébé, le cerveau consomme 60 % de ce que mange le bébé, d'où la gravité d'une diarrhée chez un nourrisson ! Alors ? À chaque fois que vous introduisez un liquide ou un solide dans la bouche, souvenez-vous que **20 % va droit au cerveau ! La tête n'est pas séparée du reste du corps !**

Que mettre dans notre assiette ?

Nous avons dit précédemment que personne ne sait mieux que nous ce que nous devons manger. Pourtant, au milieu de la tourmente alimentaire de ces dernières années, sous le feu de véritables intégristes de l'alimentation qui nous sermonnent pas toujours très gentiment puisque en dehors de leur choix point de salut, on voudrait bien avoir une base, un canevas, une grille qui nous serve de repère. Voilà pourquoi je me permets de suggérer ce qui se pratique dans tous les pays du monde depuis des générations là où l'alimentation industrielle n'a pas encore éradiqué les traditions. Car il existe des points communs qui valent la peine d'être soulignés. Dans le monde entier, au fil des générations, les hommes et les femmes ont trouvé le moyen de combiner entre eux certains aliments de telle sorte que l'on puisse nourrir le plus de gens possible avec le minimum d'aliments. Ces combinaisons forment partout des plats traditionnels exquis !

---

1. *La Nouvelle Diététique du cerveau, op. cit.*

Notre noyau de survie

Nous avons dans le cerveau un petit noyau, le noyau accumbens plus communément nommé NAC. C'est notre noyau de survie. C'est lui qui nous envoie les signaux de plaisir, déplaisir et douleur. Si ce noyau est inactif, nous ne sentons plus ni la douleur ni le plaisir, on peut nous couper le bras, nous n'avons pas mal. C'est lui qui nous envoie un plaisir immense lorsque nous mangeons une fraise des bois fraîchement cueillie. Lorsque nous associons des aliments **sans ajout** de sel, de sucre ou de piment, nos papilles envoient de l'information au cerveau qui nous répond par des signes de plaisir ou de déplaisir afin de nous signifier que le mélange nous est ou non profitable. **Attention :** la cuisson affadit toujours les aliments à cause de la perte de sels minéraux. D'où l'intérêt de les choisir bio et de proximité et d'utiliser des modes de cuisson qui les respectent ! On ne doit jamais être obligé de saler ni de sucrer !

Combien de repas dans une journée ?

Tout dépend de notre âge, de notre activité, de notre fonctionnement personnel que l'on peut désigner par notre histoire depuis notre naissance. Un bébé peut téter sa mère toutes les trois ou quatre heures, un enfant peut avoir en plus de trois repas un goûter de fruits en milieu de matinée et un autre plus consistant l'après-midi s'il se dépense beaucoup, s'il court et fait du sport.

Un adulte peut avoir quatre repas de la taille d'un petit bol chinois bien plein s'il travaille douze heures par jour, ce qui est le cas en Chine.

Il peut aussi se contenter de deux repas à condition d'en faire un de fruits, huile et graines oléagineuses, et un autre à cinq éléments : tout cela est décrit plus loin.

En Europe, la coutume est de trois repas par jour, mais attention de **ne pas se mettre à table sans appétit** ! Si on n'a pas faim pour un repas, on le saute et **on ne mange RIEN** jusqu'au repas suivant ! Même si on a faim entre deux !

Certaines personnes fragiles ou d'autres très actives peuvent prendre un goûter vers 16 ou 17 heures.

Un bébé au sein plus dynamique !

Sachez qu'un bébé au sein de sa mère a vidé son estomac en une heure vingt environ. Il garde donc l'estomac vide au moins une heure et demie. Un bébé au biberon met trois heures à vider son estomac. Il passe donc sans trêve ni repos d'une digestion à une autre, ce qui exige beaucoup plus d'énergie ! Voilà pourquoi un bébé au sein est plus éveillé, plus dynamique !

Quelques règles intéressantes

Essayez de suivre ces quelques règles le mieux possible au moins cinq jours sur sept. Le week-end ou les jours où l'on sort, on oublie tout ou presque ! De même en vacances. Et de temps en temps, on fait une cure de sève de bouleau ou une cure de raisin ou même un jeûne accompagné ! L'intégrisme alimentaire est aussi nocif que n'importe quel intégrisme !

Ne jamais se mettre à table si l'on n'a pas positivement faim.

On ne mange pas par habitude mais selon les besoins qui varient avec notre activité, selon les saisons et le lieu, selon notre âge aussi. Attention de ne pas passer d'un estomac plein à un estomac plein.

L'appétit se manifeste **dans la bouche «lorsque la simple vue d'une carotte terreuse nous fait saliver»** nous explique le Dr Shelton[1] et non pas par des crampes d'estomac! Ces douleurs sont qualifiées par Shelton de *névrose gastrique* et Le Dr Jean-Marie Bourre[2] ne les reconnaît pas non plus comme signes d'appétit!

Certaines personnes disent qu'elles n'ont jamais faim, qu'elles mangent par habitude. Les causes en sont variées. Cela peut être dû à un état de déprime ou plus grave de dépression. Il faut en parler au médecin. Mais avant d'en arriver là, on peut essayer par exemple de faire une diète durant quelques jours. Le choix est vaste : on peut décider de supprimer durant une semaine toutes les sucreries, ou bien tous les produits laitiers, ou bien tous les produits animaux, ou encore ne consommer que du cru. On peut aussi ne boire que des bouillons frais de légumes et de la sève de bouleau au moment de la récolte (février-mars-avril). On peut faire un jeûne accompagné dans le style jeûne et randonnée.

Mais parfois il suffit de se mettre au Bain dérivatif (poche de gel) pour que l'appétit revienne. Nous recevons souvent des messages affolés de jeunes femmes qui ont l'obsession de la minceur et qui se découvrent soudain de l'appétit qu'elles confondent avec un risque de boulimie[3]! Il est NORMAL d'avoir envie de manger, la seule réaction

---

1. In *Le Jeûne*, H. M. Shelton, Éditions Le Courrier du Livre, 2002.
2. In *La Nouvelle Diététique du cerveau, op. cit.*
3. Je précise ici qu'il s'agit de personnes n'ayant vraiment jamais été boulimiques!

à avoir face à ce besoin vital de base est de mettre dans son assiette les fruits, graines oléagineuses, huiles bios crues et bons légumes nécessaires à notre organisme !

Le cru et le cuit

On commence toujours par quelque chose de cru.

Il y a énormément de discussions et de débats sur ce sujet. Je me fie tout simplement au **test de la leucocytose digestive** connu depuis plus de soixante ans, décrit entre autres par le Dr Lylian Le Goff[1]. On vous fait une **prise de sang** avant et après le repas et on compte le nombre de vos leucocytes[2]. C'est objectif et n'appelle aucun commentaire !

Si nous n'avons mangé que du cru, notre taux de leucocytes se situe entre 5 000 et 7 000 avant et après le repas, ce qui est normal. Le cerveau connaît le cru depuis toujours, il reconnaît toutes les molécules absorbées et ne s'inquiète pas ! Nous sommes **en forme** !

Si nous avons mangé du cuit en douceur : vapeur, *décrudi*[3], cuit à l'étouffée ou au four doux traditionnel ou encore à l'infrarouge, nos leucocytes montent à 10 000 à 12 000. Et **nous sommes fatigués** en fin de repas. La reprise du travail en milieu de journée s'avère un peu pénible.

---

1. *Nourrir la Vie* ou *L'Alimentation bio* du Dr Lylian Le Goff, Éditions Roger Jollois, 2000.
2. Les leucocytes ou globules blancs sont nos défenseurs contre les agressions microbiennes. Lorsqu'ils se multiplient c'est qu'il y a danger, et nous sommes fatigués.
3. Trempé quelques minutes dans l'eau en ébullition ou passé à la poêle ou au wok trois minutes sans brûler.

Si nous avons mangé du cuit brutalement : grillade, cocotte sous pression, micro-ondes, friture, plat cuisiné réchauffé, ou si nous avons consommé du vinaigre de vin même bio, du saucisson même bio, nos leucocytes montent à 20 000 à 30 000 et **nous avons sommeil.** Nous avons besoin de dormir, nous pouvons être somnolents, ce qui est très dangereux au volant de sa voiture !

Que s'est-il passé ? Selon **notre** interprétation, on suppose que dans les deux derniers cas, **le cerveau n'a pas identifié** immédiatement ce qui entrait dans notre bouche. Certaines molécules ont été déformées. Il a donc réagi comme lors d'une invasion microbienne et fait monter les leucocytes, mobilisant ainsi nos réserves immunitaires. Dans le cas de la cuisson douce, le cerveau a finalement reconnu les aliments, la montée des leucocytes s'est arrêtée. Dans le cas de la cuisson brutale, il n'a pas suffisamment reconnu les aliments, la montée des leucocytes a continué.

La fatigue et le sommeil induits sont probablement une manière, pour le cerveau de nous dire : je n'ai plus rien **pour** te **protéger** pendant quelques heures, j'ai mobilisé toute ton immunité, ne bouge pas, ne prends aucun risque, dors ! L'immunité remontera.

Si nous commençons par du cru suivi de cuit en douceur, nos leucocytes restent entre 5 000 et 7 000. Donc **le cru nous protège du cuit en douceur.** Le cru a permis au cerveau de ne pas s'affoler, de comprendre que nous sommes en train de manger.

Par contre si nous mangeons du cru avant le cuit brutalement ou du saucisson même bio, nos leucocytes montent quand même à 20 000 ou 30 000 car trop de molécules ont été très déformées. **Le cru ne nous a pas protégé** du cuit brutalement ni des molécules qui ont subi plusieurs transformations comme le vinaigre ou le saucisson même bio.

Conclusion : commencez toujours par du cru si vous avez une maladie auto-immune en particulier et pour les autres si vous voulez ou avez besoin d'être en forme et très vigilant après le repas ! Réservez le saucisson ou le bon vinaigre balsamique aux repas suivis de repos chez vous. Et attention à l'envie de dormir qui suit la pizza réchauffée au micro-ondes sur l'autoroute s'il vous reste à parcourir un long trajet !

Avant chaque repas... tu manges un fruit cru !

Zoé avait quinze ans lorsqu'elle s'est rendue à New York aux États-Unis pour quelques semaines d'échange scolaire. Sachant que sa famille d'accueil aimait bien le fast-food et les belles glaces et desserts, (ils faisaient parfois des dîners entiers de desserts !) elle n'avait pas envie de prendre des kilos, mais pas envie non plus de se priver de quoi que ce soit durant son séjour. Elle me demanda alors quels conseils simples elle pouvait suivre. Je lui donnai deux conseils : avant chaque repas, petit-déjeuner, repas principaux ou goûter, tu manges un fruit cru. Avant toute boisson quelle qu'elle soit y compris chocolat au lait ou milk-shake, tu bois d'abord de l'eau. Ce qui fut dit fut fait. Zoé mangea une pomme (le plus accessible et facile à transporter dans son sac !) avant chaque collation ou repas et but de l'eau avant tout ce qui se boit. Elle fut la seule non seulement à ne pas grossir, mais perdit un kilo et demi ! Sans la moindre restriction !

Comment faire pour commencer toujours par du cru ?

Vous pouvez bien sûr faire une salade verte ou un plat de crudités assaisonné d'huile d'olive et de jus de citron ! Mais vous pouvez aussi le remplacer par une pomme ou des fraises que vous mastiquez, réduisez parfaitement en bouillie dans votre bouche avant de l'avaler ! Le soir, si vous avez préparé une soupe de légumes faite maison bien évidemment, croquez avant la soupe quelques morceaux des légumes crus qui entrent dans sa composition : un bout de carotte, un petit bout de navet et d'oignon ou de courgette par exemple. La crudité peut aussi être remplacée par une ou deux bonnes pincées de graines germées d'alfa-alfa (sorte de luzerne) ou autres graines dont vous gardez longuement en bouche le jus avant de l'avaler puisque les oligo-éléments dont elles sont très riches s'absorbent essentiellement en perlingual !

Vous dites que vous digérez mal le cru ? Que votre corps le supporte très mal ? Que vous avez un tempérament froid, chaud, tiède... Notre but ici est de lui rendre l'équilibre qui permet de se régaler en se sentant bien ! Lisez bien tout ce qui suit. Et remarquons tout de suite que **tout ce qui est bien mastiqué** et insalivé, qu'il s'agisse de chaud ou de froid, **arrive à la même température dans le ventre**.

Notre organisme a toujours été fait pour manger cru ! De plus, les aliments crus sont beaucoup plus efficaces en vitamines, sels minéraux, enzymes, oligo-éléments, bien plus revitalisants que leurs équivalents morts ou à moitié morts par la cuisson même la plus douce. La part du cru est donc fondamentale.

Des fruits crus pour les bébés!

Je n'ai jamais compris pourquoi en Europe les pédiatres conseillent de donner en premiers fruits aux bébés des fruits cuits en compotes, disant que c'est plus digestible! C'est peut-être plus mou et facile à réduire en purée, mais ce n'est certes pas plus digestible au contraire! Aucun de mes cinq enfants n'a reçu ces compotes mais bel et bien des fruits crus parfaitement râpés et écrasés, ils étaient très bien digérés! Quel dommage de donner des fruits morts et à la saveur dénaturée par la cuisson! D'autant que, la plupart du temps, les parents ajoutent du sucre car la cuisson les rend souvent plus acides ou insipides. Et que dire des fruits donnés sous la forme de petits pots!

Pour ce que j'ai pu constater depuis au moins quarante ans, **ceux qui se plaignent de problèmes de ballonnement** ou d'acidité avec le cru sont TOUJOURS des personnes qui **ne mastiquent pas** correctement et n'insalivent pas correctement. Et qui avalent des morceaux entiers[1]! Des personnes qui mangent trop vite.

Il ne s'agit pas de se démonter la mâchoire en mastiquant! Il s'agit de bien écraser l'aliment, de l'imprégner de salive afin de le prédigérer, de manger comme du temps où l'on avait très peu à se mettre sous la dent et où l'on faisait durer le plaisir au plus grand bénéfice de la digestion! Quand on ne dispose que de très peu de temps, *qu'on doit manger sur le pouce,* on ne mange que ce qui tient sur un pouce! On mange très peu mais très bien! Ce n'est pas la quantité qui fait la satiété mais la manière de manger.

---

1. Quand on vomit (désolée...), il ne doit pas y avoir de morceau, tout doit être liquide.

On m'objectera que les Chinois plongent tout ce qui est cru dans de l'eau bouillante au moins quelques instants afin de les **décrudir**, ce qui les ramollit légèrement en surface laissant le cœur cru. Je réponds à cela qu'ayant vécu en Chine et en Sud-Est asiatique, je les comprends fort bien car chez eux les amibes sont innombrables et les eaux très polluées ! Il est donc très risqué d'y manger cru !

La nappe phréatique se charge !

Lorsqu'en Europe deux hommes travaillent dans un champ avec un tracteur, lorsque c'est nécessaire, ils font leurs besoins sur place, ils ne rentrent pas à la ferme pour se rendre aux toilettes. En Chine c'est exactement la même chose, sauf que dans le même champ, il y a trois cents bonshommes ! Et lorsque le sol est une rizière bien arrosée, la nappe phréatique se charge ! Quant aux fleuves et rivières, ils charrient chats et rats crevés, reçoivent tous les égouts et sont utilisés pour faire le thé : voilà pourquoi on ne boit que de l'eau bouillie ! Les Chinois de mon quartier de Belleville tout comme ceux de la vallée de Peafau où j'ai grandi en Polynésie sont bien contents, eux, de pouvoir manger du cru tous les jours même quand il fait froid et ils ne s'en privent pas !

Je suis frileux, je suis maigre, j'ai froid, j'ai besoin de chaud en hiver : en médecine chinoise, indienne, pourquoi pas *martienne*, on me dit que je dois manger chaud.

Si vous êtes frileux :

Soit votre température interne est trop élevée, un ou deux dixièmes de degrés suffisent. Si vous aviez 40 °C de fièvre, vous grelotteriez ! Il vous faut des Bains dérivatifs sous forme de poche de gel pour faire descendre la température interne.

Soit vous manquez de graisses fluides sous la peau, et cela tient à votre alimentation, à la mastication ou au manque de circulation de ces graisses. Il faut donc corriger l'alimentation et faire circuler par le Bain dérivatif.

Souvenez-vous tout de même que si vous mastiquez correctement, tout ce qui descend dans votre tube digestif a eu le temps de se mettre à bonne température dans la bouche ! Ce qui était trop chaud s'est refroidi et ce qui était froid s'est réchauffé ! C'est donc un faux problème.

Là où le cru tient au ventre et tient chaud !

Cet hiver, comme chaque année, Yolande est allée faire une semaine de ski aux Deux-Alpes avec ses enfants et ses neveux. La semaine était particulièrement froide puisqu'il faisait moins 25 °C sous abri. Le vent soufflait très fort, au point que certains virages ont dû se négocier courbés et au planter de bâtons en 20 minutes là où habituellement il n'en faut que 5 ! Ce qui signifie que **la température ressentie**, selon les moniteurs de ski, avoisinait facilement les **moins 40 °C** là où ils se trouvaient, à 3 200 mètres d'altitude ! Il faisait si froid qu'il était absolument impossible de s'arrêter ! Il fallait skier !

Le groupe se composait de 7 personnes de 22 ans à 59 ans. Parmi eux, Virginie, la bru de Yolande, qui souffre d'une maladie héréditaire, une spondylarthrite anky-losante HB27. Virginie se dit frileuse, a toujours mangé chaud le matin au ski, bol de thé et tartines. Mais cette fois, grand changement, tout le monde a eu droit à mon Miam-Ô-Fruit à 7 h du matin avant de partir au ski. Cette pré-paration est froide et ne contient aucune céréale ni produit laitier ! Or c'est Virginie la première qui fit remarquer qu'en vingt ans de ski, c'était la première fois qu'elle n'avait pas du tout eu faim jusqu'à midi, qu'elle n'éprouvait pas le besoin de se réchauffer non plus. Elle tenait donc plus de quatre heures, en plein effort et au froid, avec un repas cru, fait uniquement de fruits, de graines oléagineuses et d'huile ! Mieux encore : à midi, tout le monde n'a consommé que des crudités préparées avec beaucoup d'huile d'olive et de jus de citron. Personne n'a eu la sensation de manquer, personne n'a eu froid ni manqué d'énergie jusqu'à la fin de la journée.

Précisons que tout le monde est parti skier les poches vides, sans barres chocolatées ni noisettes, ni biscuits ! Pourtant il s'agissait d'un froid extrême ! Qui osera encore affirmer qu'il faut du chaud en hiver ?

Que le cuit soit un plaisir des sens, soit ! Mais que le chaud et le cuit réchauffent, c'est faux ! Le cuit demande plus de chaleur au corps pour être digéré, donc plus d'énergie.

Il est naturel d'avoir épuisé ses forces rapidement avec un chocolat chaud et des tartines ! Mon Miam-Ô-Fruit permet de fabriquer rapidement des graisses fluides qui sont notre carburant énergétique dans l'effort ! Reportez-vous au chapitre sur les graisses fluides !

La cuisson n'est pas un mode alimentaire naturel ! Elle est le fruit de la civilisation. J'aime beaucoup ce qu'en dit Boris Cyrulnik, « elle induit le sacré [1] ». Le feu, tombé du ciel sous forme de foudre ou jailli des entrailles de la terre avec les volcans a permis d'éloigner les bêtes sauvages et affamées du camp des humains, a réchauffé les faibles, les

---

1. *Sous le signe du lien*, Dr Boris Cyrulnik, Éditions Poche, 1997.

bébés et leur maman, a permis de consommer certains aliments impossibles à manger crus (essayez de croquer un taro d'eau cru, il vous emporte les gencives à cause des petits cristaux qu'il contient !). Il a permis aux édentés de survivre et au cerveau de se développer grâce à la création permanente de nouvelles synapses attachées à la découverte de nouvelles saveurs. Il permet le transport et la conservation des aliments. Il a permis l'émergence de ce que nous nommons la cuisine, les mélanges, les associations exquises transmises de génération en génération. Le cuit est donc une pure merveille !

Le cuit a des défauts. S'il détruit des parasites et les germes néfastes par la stérilisation, est-il si excellent pour nous de nous nourrir trop souvent de germes morts même très bien cuits ? Pour une personne qui mastique et insalive correctement, ce qui devrait être le cas de tout le monde, il est toujours plus long à digérer que le cru. Une pomme crue bien mastiquée est plus rapidement digérée que la même pomme en compote, surtout si en plus on ajoute du sucre ! Il nécessite plus d'énergie.

Le cuit réchauffe la planète !

Mais surtout, lorsque six milliards et demi d'habitants font cuire trois fois par jour et ajoutent à cela le café, le thé, les goûters, **la planète se réchauffe** de toutes parts. Ceux qui n'ont pas les moyens d'acheter des allumettes maintiennent le feu en permanence en dévastant peu à peu les forêts, ce qui augmente encore les problèmes climatiques ! Quant à ceux qui ont des allumettes ou l'électricité, ils épuisent le pétrole, le charbon, le gaz ou implantent des centrales nucléaires bien difficiles à faire disparaître après épuisement de leurs ressources ! Curieusement, ce phénomène pourtant important n'est jamais évoqué. Jamais on n'entend inciter à faire moins chauffer et réchauffer.

Durant mes très longues années de navigation, ne disposant que d'une quantité limitée de gaz ou de pétrole lors des traversées océaniques mais aussi dans les îles désertes où je m'arrêtais, je devais toujours économiser le carburant. Je ne cuisinais qu'une fois par jour. Nous avons souvent consommé le riz froid ou les pâtes froides. C'est différent, mais c'est aussi bon que chaud quand on a faim ! Une bonne ratatouille froide sur des tranches de pain complet bio est un régal !

En conclusion : du **cuit** oui bien sûr ! Mais **modérément**. Pour le plaisir, le partage, la découverte de nouvelles saveurs. Mais n'oublions pas que pour le maintien de nos cellules en bon état, pour la vitalité de notre organisme, le cru est indispensable ! Voilà pourquoi ce Miam-Ô-Fruit pris une fois par jour peut nous faire tant de bien en assurant à nos membranes cellulaires, nos os, nos muscles et notre cerveau une alimentation quotidienne vivante, vitalisante et de qualité !

On ne termine jamais le repas par un dessert sucré ni par des fruits frais ou en compote.

Pourquoi ? Parce que cela fait tout **fermenter** et prolonge considérablement la durée de la digestion. Cette légère et rapide fermentation en fin de repas tend la peau du ventre ce qui, nous dit le Dr Shelton, donne une fausse impression de satiété. Or la satiété, tenez-vous le pour dit, ce n'est pas la peau du ventre bien tendue, cela se passe d'abord dans la bouche par la fin de l'appétit puis, entre deux repas, dans l'intestin grêle si nous avons consommé suffisamment de fibres non solubles !

Il est normal de se sentir encore capable de manger en sortant de table. Il est anormal de n'en plus pouvoir ! Nous devons **sortir de table légers**, en forme. Et non pas alourdis ! Au début vous aurez peut-être l'impression de ne pas avoir assez mangé, il vous manquera quelque chose, à savoir cette petite fermentation qui fait gonfler l'estomac !

Comment faire pour éliminer le dessert ?

Allez-y doucement. Au début, vous débarrassez la table et prenez le dessert ensuite. Puis, vous débarrassez, faites la vaisselle ou rangez un peu et vous prenez votre dessert. **Peu à peu**, progressivement, vous éloignez le dessert du repas. Jusqu'au moment où vous le garderez pour 16 ou 17 heures, ce qui est une heure normale sur toute la planète pour le sucré. Cela ne vous oblige tout de même pas à manger chaque jour une tarte à la crème ! Allez voir la rubrique « goûter ».

On ne met jamais dans le même repas de la viande ou du poisson avec un produit laitier.

C'est une prescription de la Thora concernant la viande et le produit laitier. Des chercheurs de l'INSERM ont voulu savoir pourquoi. Or il se trouve que le produit laitier empêche la dégradation, la digestion et l'assimilation de la viande et vice versa. Lorsqu'ils se rejoignent dans notre estomac, nous ne profitons ni de l'un ni de l'autre et de plus **nous encrassons l'organisme** ! Par conséquent, la purée au lait qui accompagne le steak haché de la cantine en maternelle est une absurdité. La purée doit alors être préparée à l'huile d'olive. De même est absurde le yaourt ou le fromage qui termine le repas avec poulet, viande ou même poisson ! Et que dire des adolescents que l'on laisse se désaltérer à table avec un verre de lait ! Une protéine animale par repas est très largement suffisante. Et cela coûte beaucoup moins cher !

Purée raffinée à l'huile d'olive

On choisit de bonnes pommes de terre bios que l'on lave et brosse avant de les mettre à cuire au four traditionnel. Lorsqu'elles sont cuites, on les fend en deux et on écrase la pulpe à la fourchette (et non pas au presse-purée !) de telle sorte qu'à la dégustation, on sente bien la saveur de petits morceaux de pomme de terre. On assaisonne d'une pointe de muscade et d'un filet d'huile d'olive. La purée lisse en bouillie faite avec du lait est une bouillie pour bébé, ce n'est pas une purée de gourmet !

On mastique [1] et insalive parfaitement !

Avant toute chose, il nous faut vraiment comprendre l'importance de la mastication. À quoi sert-elle ? Voyez plutôt :

Faire le tri de ce qui est bon ou mauvais

Avant de manger, on observe, on touche, on palpe, on flaire l'aliment et dès qu'il est en bouche, on le goûte. Cela nous donne le temps de percevoir les anomalies et de recracher. On fait de même avec tout ce qui se mange ou se boit. Lorsque vous décapsulez une bouteille d'eau, si vous buvez

1. *Mastiquer, c'est la santé* de France Guillain, Éditions Les Pratiques de Jouvence, 2002.

d'un trait sans vous être assuré de la parfaite transparence de l'eau, sans avoir flairé l'odeur de cette eau, à qui êtes-vous en train de faire confiance ? Au magasin ? QUI est le magasin ? Au fabricant ? Au hasard d'une roulette russe ? Imaginez qu'une erreur de manipulation ait introduit de l'eau de Javel, vous risquez de ne vous en apercevoir que trop tard, lorsque le liquide est déjà dans votre estomac. L'eau se goûte longuement avant d'être avalée ! Ce qui nous permet de beaucoup mieux en profiter et de ne pas nous mettre en danger !

Broyer les aliments

Notre estomac n'a pas de dents ! À l'exception de la viande ou du poisson qui se digèrent directement dans l'estomac, tous les végétaux doivent être déstructurés, écrasés, réduits en très petits morceaux avant d'être avalés.

Prédigérer les amidons

Les amidons tels que riz, pâtes, pain, semoule doivent être pratiquement liquéfiés avant d'être avalés. En effet, les amidons doivent être cassés par l'amylase contenue dans la salive, transformés en sucre et en eau. Comme de plus ils doivent être complets, trois grosses cuillerées à soupe dans un repas suffisent amplement à un travailleur de force.

Ayant mené seule des voiliers à travers les océans durant de nombreuses années, je pense avoir une assez bonne idée des besoins caloriques et énergétiques d'un travailleur de force !

Permettre à la bouche de se comporter comme un scanner

Les aliments doivent passer assez de temps dans la bouche pour qu'elle puisse fonctionner comme un scanner. Un scanner est un appareil qui capture toutes les informations pour les envoyer à une unité centrale, ici le cerveau qui va pouvoir organiser divers dossiers : détection de qualité, c'est bon, c'est mauvais, sélection de la quantité nécessaire, satiété, analyse du contenu, organisation des sucs de la digestion, de l'assimilation, et de l'expulsion des excédents.

Mesurer, peser, sélectionner la quantité qui nous est nécessaire et couper l'appétit par la satiété

Quand l'aliment passe dans la bouche, le cerveau doit avoir le temps de peser la quantité et analyser la nature et la qualité des éléments nutritifs. En fonction de nos besoins du moment, il va laisser plus ou moins d'aliments entrer.

Par exemple, si vous mangez des pâtes complètes et que vous menez une vie très sédentaire, si vous mastiquez bien et que la saveur de vos pâtes n'est pas masquée par le sucre d'une sauce tomate industrielle, vous ne pourrez guère en manger que quelques bouchées, soit environ le contenu de trois ou quatre grosses cuillerées à soupe en volume. Les pâtes complètes étant riches en informations nutritionnelles, le cerveau estime que vous en avez suffisamment absorbé et il coupe le plaisir au niveau de la bouche. Il est possible que vous pensiez alors que vous n'aimez pas les pâtes complètes, car votre appétit sera très vite coupé en ce qui les concerne. Si au contraire vous aviez avalé un plat de pâtes raffinées très blanches arrosées d'une sauce très épicée, vous ne vous seriez arrêté qu'au moment où le ventre était trop plein ! Car les pâtes blanches sont des calories vides, sans sels minéraux ni vitamines et en les avalant rapidement le cerveau en zappe complètement l'information. Il ne sait pas ce qui rentre. Il ne vous coupe pas l'appétit et vous mangez beaucoup trop, persuadé que c'est délicieux.

Le problème bien souvent est que depuis tout petit, quand vous mangez beaucoup on dit que vous aimez, quand vous mangez peu on pense que vous n'aimez pas. On vous a peut-être déjà dit : ça se mange sans faim, ça glisse tout seul ! C'est tout ce que tu manges ? Tu n'aimes pas ? Alors que vous n'avez réellement plus faim ! Notre cerveau a associé manger beaucoup = aimer beaucoup. Ce n'est qu'une association éducative, pas une réalité objective. Croquez un bouquet de persil tout seul, mastiquez le bien, vous penserez peut-être que ce n'est pas bon, parce que très vite vous atteindrez la satiété dans la bouche qui n'en voudra plus : le persil est très riche en éléments nutritifs et antioxydants ! **Plus un aliment est riche d'informations, plus la quantité nécessaire est petite.** Cette fonction de la mastication permettra de manger moins avec un meilleur profit.

Organiser la digestion par l'envoi judicieux des sucs digestifs

L'analyse que le cerveau fait de ce que nous avons dans la bouche, si nous lui en laissons le temps, permet d'envoyer dans la digestion exactement la quantité de sucs digestifs nécessaires à cette digestion. Si une machine à laver est capable de peser du linge et d'adapter son fonctionnement à cette quantité en envoyant juste la quantité d'eau nécessaire, le cerveau, lui, est cent fois plus performant ! Voilà qui va éviter les remontées acides, voilà qui va énormément faciliter l'organisation de la digestion et éviter beaucoup de fatigue à l'organisme.

Organiser l'assimilation en prévenant les cellules des nutriments qui arrivent

Pour que nos cellules puissent capturer correctement les éléments nutritifs qui se déplacent dans notre corps, il faut qu'elles soient averties de ce qui rentre dans le corps. Si elles ne sont pas prévenues, elles se trouvent dans la situation de quelqu'un qui vous tourne le dos alors que vous lui lancez un ballon. Comment voulez-vous qu'il l'attrape si ce n'est par un pur hasard ? Il en va de même avec nos cellules. Rien dans notre organisme n'échappe à l'intelligence. Si vous ne fixez pas le calcium ou le magnésium, commencez par mettre dans votre assiette les aliments naturels et complets qui en sont pourvus et mastiquez parfaitement. On dit beaucoup que nos légumes et nos fruits, même bios, ne contiennent plus assez de minéraux ou de vitamines, qu'il faudrait disent certains en manger 17 kilos par jour [1] pour couvrir nos besoins journaliers ! Avant d'avancer de pareilles absurdités, ces personnes devraient voyager un peu plus et regarder ce qu'il en est ailleurs : quand on a peu, on mastique parfaitement jusqu'à cent ans ! On m'a souvent objecté que les gens ne le feraient jamais ! La pénurie aidant, tout le monde finira bien par y venir !

---

1. Il est vrai que les mêmes personnes nous proposent un véritable arsenal de compléments en tout genre !

Organiser l'expulsion des excédents que le cerveau a été obligé de laisser entrer

Considérons à nouveau les pâtes complètes. Il est possible que le cerveau laisse entrer plus d'amidon qu'il nous est nécessaire afin de bénéficier de plus de sels minéraux et de vitamines. En ce cas, il prévient l'intestin grêle de la quantité qui doit rester et de celle qui doit être expulsée. Souvenez-vous de la présence des cent millions de neurones : ils travaillent ! Si en mangeant trop vite, le cerveau n'a pu faire ce travail, il ne saura pas indiquer les quantités à garder et à rejeter. Si vous êtes très jeune, par exemple à l'adolescence, il est probable que le corps rejettera tout et autour de vous on s'étonnera de vous voir engloutir des quantités impressionnantes tout en restant maigre. Mais après 25 ans, cela risque de s'inverser et c'est bien souvent le cas. Le corps fatigué perd l'énergie de tout expulser et comme il ne sait toujours pas ce qu'il doit stocker ou non, il garde tout et on grossit ! Sachez qu'il existe aux États-Unis des cliniques où l'on fait perdre du volume et du poids tout simplement par la mastication.

Limiter la prise alimentaire et donc permettre de nourrir plus de monde sur la planète

Bien sûr, si la mastication réduit peu à peu la quantité dans notre assiette, il sera possible de nourrir plus de monde ! Si les 6 milliards d'êtres humains devaient manger comme les Français, il faudrait 5 planètes ! Commençons donc par diviser par deux en mettant l'accent sur la qualité.

Réguler le poids et le volume du corps

Nous ne répéterons jamais trop que la mastication est une aide considérable à la régulation du poids et du volume. C'est la manière la plus simple pour limiter les prises alimentaires et permettre au corps d'expulser les surplus. Si en plus vous faites circuler correctement les graisses par la pratique du Bain dérivatif et des poches de gel[1], le résultat est encore plus rapide.

Prendre plus de plaisir en mangeant grâce à une meilleure perception des saveurs

Mastiquer calmement permet de découvrir toutes sortes de saveurs et de flaveurs que bien souvent on n'avait jamais remarquées. Bien des stagiaires ont manifesté leur étonnement tout simplement avec un petit morceau de pain d'épeautre gardé en bouche le temps qu'il fonde, se liquéfie et devienne sucré et exquis comme un gâteau. Sachez aussi que chaque morceau de pain qui ne devient pas liquide dans la bouche se transforme en mauvais gras épais au lieu de graisses fluides. Cela vaut la peine de s'y mettre.

Témoigner plus de respect à ceux qui ont permis que ce repas soit dans notre assiette, y compris à nous-même

Manger lentement, déguster, savourer, c'est aussi témoigner du respect envers la personne qui a préparé ce repas. Du respect aussi pour ceux qui ont cultivé la terre, transporté les légumes, travaillé pour les acheter. Rien n'est plus désolant que de voir engloutir sous ses yeux, dans un flot de paroles et la bouche pleine, ce que l'on a mitonné avec soin et amour durant des heures ! Manger peut être un plaisir sensuel, une sorte de cérémonial dans le partage,

---

1. *Le Bain dérivatif* ou D-CoolinWay, France Guillain, Éditions du Rocher, 2009.

l'échange et la convivialité. On ne peut réduire un repas au simple fait d'avaler de la nourriture, de remplir son estomac !

2

MON MIAM-Ô-FRUIT !

Une pure merveille !

Cette recette est mon repas fétiche, c'est un véritable régénérateur cellulaire. De plus en plus connue de grands sportifs, mais aussi de ceux dont le métier exige de se maintenir en excellente forme toute la vie : chanteurs d'opéra, acteurs et comédiens. Elle est aussi très prisée des personnes averties qui n'ont pas de gros moyens mais tiennent à maintenir leur famille en très bonne forme, éviter tous les rhumes, otites, angines de l'hiver. Elle est très appréciée de personnes que les aléas de la vie ont poussées au chômage ou au RMI[1] et qui ont compris qu'avec ce repas quotidien pour base, elles peuvent mieux s'en sortir et se remettre en forme avant de trouver un nouveau travail[2]. Elle a des effets remarquables sur

---

1. Revenu Minimum d'Insertion.
2. Pour une personne seule, en ne consommant que des produits bios achetés en magasin bio coopérative, en mettant bien trois sortes de fruits en plus de la banane, elle revient en moyenne sur l'année à 4 €, ce qui fait 120 € par mois, sachant qu'elle est si nourrissante

l'organisme. Des effets positifs sur la peau visibles en quelques semaines, des effets sur les cheveux, les os, sur les gencives, les cartilages, sur la silhouette. Tous ceux qui la pratiquent tous les jours depuis longtemps en sont absolument ravis, enchantés ! Ses effets sont innombrables. Associée au Bain dérivatif, elle permet de remodeler notre silhouette à tout âge. Mais il faut respecter scrupuleusement son contenu, la façon de la préparer et la déguster, la savourer lentement. Elle mérite une explication détaillée.

Mise en garde importante

Cette recette se promène sur Internet maintes fois déformée, malmenée et donc inefficace ! De nombreuses personnes qui se disent *soignantes* la transforment *à leur sauce*, l'adaptent disent-elles à *leur arsenal* selon elles *thérapeutique* (?), la déconseillent parfois au nom de chinoiseries jamais vues ni entendues en Chine, et tout cela m'agace quelque peu car toutes ces personnes ont le *culot* de la conseiller (pour ne pas dire la prescrire !) **en utilisant mon nom !** Ce qui me porte beaucoup de tort ! Je suis sans cesse interpellée par leurs clients qui viennent me demander des comptes !

Vous êtes donc prévenu, ne venez pas me raconter que vous la faites d'une autre manière sur les conseils de tel ou telle, **si elle n'est pas exactement comme décrite ici, ce n'est pas la mienne !** Lorsque vous voulez faire un quatre-quarts, on vous demande de peser chaque ingrédient et vous res-

---

qu'un seul autre repas suffit dans la journée. Comparez au prix des viennoiseries ou des céréales du petit déjeuner qui vous mettent en hypoglycémie dès onze heures !

pectez scrupuleusement la recette pour obtenir le quatre-quarts. Si vous ôtez ou ajoutez quoi que ce soit, ce n'est plus un quatre-quarts. C'est autre chose ! Il en va de même pour cette recette.

Si je n'ai pas voulu la mettre dans notre livre de cuisine [1] c'est pour qu'elle ne soit pas banalisée, pour éviter qu'elle soit déformée, pour la distinguer clairement des recettes ordinaires. Car **cette recette** très naturelle **n'est pas ordinaire**. Elle a une capacité d'**alimentation cellulaire** particulièrement remarquable. Elle est capable de transformer l'aspect de notre peau en quelques semaines, à condition de l'associer à la pratique du Bain dérivatif ou D-CoolinWay (poche de gel). Elle est l'accompagnement le plus judicieux à une bonne marche du Bain dérivatif.

Attention : avant de réunir les ingrédients, lisez bien dans le détail le pourquoi de chaque élément, le pourquoi de chaque geste. Car il ne suffit pas de tout mélanger et tout avaler !

Les ingrédients

- LA BANANE

La qualité : elle doit être **bio**. Si par exception elle ne l'était pas, ne vous privez pas de cette préparation. Mais autant que possible elle doit être bio.

La quantité : une demi-banane moyenne est amplement suffisante tant pour un enfant que pour un adulte. Un

---

1. *La Cuisine selon France Guillain, op. cit.*

enfant est en pleine croissance, un adulte a fini de grandir. Même un travailleur de force n'a pas besoin de plus d'une **demi-banane** dans cette recette. Nous connaissons plusieurs travailleurs manutentionnaires aux horaires très difficiles (levers parfois à 4 h du matin pour aller vider un conteneur, parcourir trois cents kilomètres, monter un salon). Bien sûr si la banane est petite, on en met une entière.

Comment l'écraser : on l'écrase **à la fourchette** et non pas au mixer. On écrase la banane en pilonnant, pas en tournant comme une sauce ! La banane doit devenir liquide et légèrement changer de couleur. Elle doit donc s'oxyder un peu afin de passer de l'état d'amidon à celui de protéines végétales, ce qui a été démontré et utilisé par le Dr Paul Carton et le Dr Catherine Kousmine[1]. La banane devient alors plus sucrée et très digeste.

Pourquoi la banane ?

– Parce que c'est le fruit le plus riche en protéines végétales, ce qui va permettre de garder l'huile en émulsion jusqu'à l'intestin.

– Parce que c'est probablement l'aliment le plus grand pourvoyeur en sérotonine, notre antidépresseur naturel ! C'est là que la banane nous *donne la pêche* !

– Parce qu'elle est riche en potassium, élément indispensable pour maîtriser notre consommation de sel, indispensable pour maintenir nos tissus, notre squelette, nos cellules en bon état. Par rapport à nos ancêtres, nous manquons cruellement de potassium.

---

1. *Sauvez votre corps*, Dr C. Kousmine, Éditions J'ai Lu, 2003.

– Parce que la banane écrasée et oxydée est un des meilleurs réparateurs de la flore intestinale[1].

– Parce que la banane est un aliment toléré par le plus grand nombre de l'âge de trois mois à cent trente ans!

Si vraiment vous ne supportez pas la banane: commencez par essayer quand même, dans 99 % des cas les plus récalcitrants ne la sentent pas du tout dans cette préparation. Si vraiment sa simple vue vous fait monter au plafond, remplacez-la par des abricots secs impérativement bios que vous faites tremper toute la nuit et que vous réduisez en bouillie le lendemain matin. Mais c'est bien dommage car cela introduit dans cette préparation un fruit qui n'est pas cru mais cuit par le soleil et qui a perdu son humidité naturelle!

Si ce qui vous gêne est qu'elle vient de loin: prenez des abricots s'ils poussent dans votre région et sont bios et secs.

Sachez tout de même que si les avions polluent, c'est grâce aux voyages qu'ils permettent que le nombre de ceux qui se demandent si les Africains ou les Chinois sont tout à fait des hommes a diminué considérablement! Une pollution mentale nommée racisme autrement plus destructrice pour l'humanité que le carbone! Dans la vie toute médaille a son revers! La vie et la mort se côtoient toujours! Chaque mise au monde peut provoquer un décès!

Si vous pensez, à l'instar des hygiénistes disciples du Dr Alexis Carrel[2], que nous ne devons manger que ce

---

1. Démontré sur la typhoïde par le Dr P. Carton et conseillé pour refaire la flore intestinale par le Dr C. Kousmine.
2. *L'Homme, cet inconnu* du Dr A. Carrel, Plon, 1940, convaincu de la supériorité de « la race blanche ».

que la terre que nous avons sous les pieds produit, puisqu'elle a fabriqué des hommes *blancs de race supérieure*, revoyez un peu l'Histoire : avant le Moyen Âge, il n'y avait en France pas d'aubergines, de tomates, de poivrons, de courgettes, de pommes de terre, de poireaux, d'oignons, de fraises, etc. Tout cela vient des tropiques ! Sachez que tout ce qui pousse ici pousse sous les tropiques : ce n'est qu'une question d'altitude ! Si vous refusez la banane au nom de votre groupe sanguin, souvenez-vous que la découverte du génome a montré qu'il n'existe pas de races humaines. Et que nous sommes tous bien métissés en groupes sanguins [1] ! Nous avons des sous-groupes sanguins. L'Homme a une seule origine, l'Afrique. Nous sommes beaucoup plus nombreux à être métissés que le contraire. Et les produits qui ont poussé au soleil des tropiques sont beaucoup plus gorgés de vitamines et d'UV que ceux qui poussent dans les pays dits tempérés ! Bien des opposants aux fruits tropicaux consomment des algues venues du Japon, des graines de courge venues de Chine. Elles sont venues à la nage ? Mieux encore, certains refusent la papaye mais achètent à prix d'or des gélules de papaye ! Alors, vous refusez toujours la banane, ce fruit qui rend heureux, doux et gentil ?

- L'HUILE

Nous mettons de l'huile de **colza bio** bien sûr. C'est le meilleur rapport qualité-prix. Bien équilibrée en oméga 3 et 6, elle est connue depuis cinq mille ans. Elle a donc fait ses preuves. Nous réservons l'huile d'olive aux autres

---

1. L'alimentation selon les groupes sanguins est bel et bien ancrée sur une conception raciste.

repas. La quantité, 2 cuillers à soupe de colza, est la même pour tout le monde. Étant donné qu'elle est émulsionnée dans la banane et mastiquée lentement, le cerveau a tout le temps de l'analyser et d'organiser la digestion afin de garder le nécessaire et d'expulser le surplus. Cette quantité est valable pour un enfant comme pour un homme d'un mètre quatre-vingt-dix ou pour une femme. Lorsque nous mastiquons bien, le cerveau devient capable de gérer parfaitement l'utilisation de chaque aliment.

Pourquoi de l'huile en plus des graines oléagineuses ?

Parce qu'il faudrait énormément de graines oléagineuses pour obtenir la même quantité d'huile. Deux belles poignées d'oléagineuses ne donnent qu'un demi-dé à coudre d'huile, ce qui justifie le prix des huiles. Nous avons besoin de **cinq cuillerées** à soupe d'huile crue bio **par jour**.

Pourquoi pas de l'huile de noix, de courge ou d'argan ?

Ces huiles, très intéressantes par ailleurs, n'ont pas le même équilibre en omégas et elles **coûtent beaucoup plus cher**. Si vous mettez chaque jour deux cuillerées à soupe dans votre préparation, la bouteille sera très vite terminée.

Vu les milliards de graines qui existent sur notre planète, il est très facile d'inventer une nouvelle huile chaque jour, chacune étant, par définition, différente des autres et donc irremplaçable. Inutile de vous laisser entraîner trop loin.

La combinaison que nous faisons ici de graines oléagineuses variées et d'huile permet de profiter au mieux des divers omégas : il en existe au moins 25, certains sont saturés, d'autres mono ou polyinsaturés, mais nous avons besoin de tous et la variété des graines accompagnées d'huile permet une meilleure utilisation de tous ces omégas !

Pour être fonctionnelle, l'huile doit d'une part être parfaitement **émulsionnée**, c'est-à-dire fractionnée en très fines gouttelettes capables de passer la barrière intestinale. Elle doit être **accompagnée** au minimum de **jus de citron** dont la vitamine C joue un rôle indispensable : cette vitamine, à condition qu'elle vienne d'un seul citron fraîchement pressé [1], libère l'huile des radicaux libres que cette dernière capture dans notre estomac. Ainsi, l'huile redevenue vierge peut aller nourrir les membranes cellulaires faites à 60 % de ces huiles !

Pourquoi 2 cuillerées à soupe ? Ne pourrait-on se contenter de quelques poignées de graines chaque jour comme les primates ?

Parce que nous ne sommes pas de simples primates. Notre cerveau n'a jamais été autant sollicité qu'aujourd'hui. Il y a soixante ans, on pouvait travailler une vie sans savoir lire ni écrire. Aujourd'hui, entre les cartes de crédit, Internet, le téléphone mobile, les étiquettes sur tous les produits plus la masse d'informations diffusée chaque jour par la télé, la radio et ceux qui nous entourent, **le cerveau est obligé de travailler beaucoup plus** et consomme plus de sucre (glucose) et d'huile. À nous de ne pas nous tromper de sucres (fruits frais) et d'huiles (bios). La combinaison des deux permet une meilleure utilisation par le cerveau de l'un et de l'autre. Si vous n'aimez pas le colza, reportez-vous tout de suite au paragraphe : *Est-ce que je peux changer d'huile ?* Il en existe de délicieuses !

---

1. Et surtout pas d'une petite bouteille de jus de citron même bio !

Sa peau s'était réhydratée

Gisèle, 52 ans, avait un teint blafard et une peau totalement déshydratée. Pourtant, me dit-elle en arrivant en stage, «je fais votre Miam-Ô-Fruit tous les jours depuis un an!». Sauf que Gisèle ne mettait qu'une cuiller à café d'huile de colza. «Oui mais je suis un petit gabarit, je ne pèse que 42 kilos!» Je lui demandai de bien mettre les 2 cuillers à soupe : «Cela va me faire vomir, mon foie ne supportera jamais, cela va remonter!» Mais Gisèle a tout de même accepté d'essayer. Non seulement l'huile n'est jamais «remontée», mais au bout de cinq jours de stage, sa peau s'était réhydratée, son teint était beaucoup plus beau, ce qui l'incita à changer de garde-robe! Depuis elle prend ses deux cuillers d'huile le matin pour son plus grand bénéfice! Son alimentation était parfaite depuis des années, il ne lui manquait que l'huile indispensable à nos cellules.

• LES GRAINES OLÉAGINEUSES

Une cuillerée à soupe de graines de lin, pour les neurones.

Une cuillerée à soupe de graines de sésame, pour le calcium.

Une cuillerée à soupe d'un mélange d'au moins trois autres graines oléagineuses : amandes, noix, noisettes, graines de tournesol, de courge, cajou, arachide, noix de macadamia, noix d'Amérique, noix de pécan... le choix est grand!

Le lin et le sésame doivent absolument être **broyés finement**. Il est impossible de les écraser correctement une à une avec les dents. La mouture ne doit **jamais** être faite **plus de 7 jours** avant la consommation, elles doivent être conservées à l'abri de la lumière et de la chaleur, dans des bocaux ou des boîtes sous vide dans le bac à légumes du réfrigérateur. À la fin de la semaine, s'il en reste, il faut les terminer dans les salades ou sur les légumes sans les chauffer!

Le broyage est très facile à faire dans un petit **moulin à café électrique** que l'on trouve dans le commerce ou dans le grenier d'une grand-mère.

Les graines ne doivent <u>pas</u> être trempées.

Faire tremper des graines, c'est très bien lorsque l'on veut profiter au mieux des oligo-éléments. Le trempage les fait ressortir. Mais ce que nous cherchons ici, c'est l'huile contenue dans la graine. Or c'est la graine sèche qui en contient le plus. Donc **dans cette recette**, les graines ne doivent absolument **pas** être **trempées**!

Si vous n'arrivez pas à comprendre pourquoi, observez un grain de blé. Nous avons dit que tout ce qui est organique est composé basiquement de carbone (C), d'hydrogène (H), d'oxygène (O) et d'azote (N) : CHON. Ce qui fait la différence entre deux être vivants, ce sont les combinaisons entre ces éléments.

Le pétrole, dû à la décomposition des arbres [1] est aussi composé de CHON. Selon les diverses combinaisons que l'on peut obtenir, il donne du plastique de carrosserie de voiture, de la laine polaire, des sous-vêtements affriolants, une couette pour en profiter! Ce n'est toujours que du pétrole, C, H, O, N!

Pour mieux comprendre encore, prenons un grain de blé.

Le grain de blé sec est composé de CHON sous forme d'amidon. On peut le moudre, obtenir de la farine pour

---

1. Il faut une tonne d'arbres et un million d'années pour faire un litre de pétrole!

confectionner des pâtes, des crêpes, du pain, de la pizza. Faites tremper votre grain de blé une nuit, il ne fait plus de farine mais contient beaucoup d'oligo-éléments. Continuez de l'arroser sans sol dans une assiette, il devient germe très riche en vitamines et sels minéraux, mais plus d'amidon ! Continuez d'arroser, il se transforme en cellulose (herbe). Or vous n'avez donné à ce blé que de l'eau, H_2O, soit de l'hydrogène et de l'oxygène, qui ont peu à peu modifié les molécules du blé ! Ce n'est plus du tout le même aliment mais il est toujours composé de C, H, O, N dans des proportions à chaque fois différentes.

Le lin apporte son lot d'omégas 3, très utiles au cerveau, le sésame apporte le calcium. Les Asiatiques, qui ne consomment aucun produit laitier, ne connaissent pas les problèmes d'ostéoporose car ils consomment du sésame tous les jours [1].

Les autres graines oléagineuses apportent une grande variété d'omégas.

• LE JUS DE CITRON

La présence de la vitamine C dans cette recette permet le travail de l'huile. En effet, lorsque l'huile arrive dans l'estomac, elle ramasse tous les radicaux libres présents. Cette huile est alors oxydée et devient à son tour oxydante. Mais la vitamine C nettoie l'huile, la débarrasse des radicaux libres, l'huile redevient vierge et peut aller nourrir les membranes cellulaires correctement. C'est alors que la vitamine C devient inopérante. D'où la présence nécessaire

---

1. In *La Diététique de la longévité*, Dr Dominique Lanzmann-Petithory, Éditions Odile Jacob, 2004.

de plusieurs autres fruits! On presse **chacun son demi-citron**, on n'utilise pas de jus en petites bouteilles, même bios, on ne fait pas de jus collectif familial.

- LES FRUITS

Il faut ajouter à cette préparation **plusieurs sortes de fruits** (ou morceaux de fruits) frais et **crus différents** afin que chacun nettoie la vitamine C, lui permettant d'agir à son tour. La variété des fruits permet à de nombreux anti-oxydants de faire leur travail afin de laisser le corps absorber vitamines, sels minéraux, enzymes et oligo-éléments.

En observant bien cette **préparation**, on peut constater qu'elle est **très homogène**. Un fruit dans la nature est composé de la chair et de la graine. La graine contient toujours de l'huile. Cette préparation revient à consommer des fruits avec leurs graines[1].

Historique de la préparation

Au commencement, il y avait des Suisses allemands qui, le matin, consommaient des céréales cuites avec du fromage blanc bien gras et du sucre. Arriva le Dr Budwig, qui décida que le sucre devait être remplacé par des fruits. On l'appela alors **la crème Budwig**. Puis ce fut au tour du Dr Catherine Kousmine de rectifier: les céréales seraient consommées crues et fraîchement broyées, on ajouterait du jus de citron, des graines oléagineuses et de l'huile. Le fromage blanc gras rendant difficile l'absorption des

---

1. Même si les graines ne correspondent pas exactement à ces fruits.

huiles végétales, le fromage blanc serait à 0 % de matière grasse. Sauf que même à 0 % il est encore trop gras ! Puis il fut décidé que le fromage blanc pouvait être remplacé par des yaourts de soja (un aliment cuit !). Les fruits séchés (abricot, figues, raisins secs, abricots secs) étaient admis ainsi que les graines trempées. On l'appela alors **le petit-déjeuner Kousmine**.

À la fin de sa vie, le Dr Kousmine déclara que le plus important, dans cette recette, c'était les fruits frais, les graines oléagineuses et l'huile. Mais personne ne parut s'en apercevoir, personne ne rectifia. La recette dite Kousmine, qui a toujours cours aujourd'hui [1], contient au choix du fromage blanc à 0 % ou du yaourt de soja ainsi que des fruits séchés, des céréales et des graines trempées. J'ai donc pris la suite et, comme mes prédécesseurs, attaché mon nom à ma composition, élaborée avec un groupe de personnes compétentes. Voilà pourquoi nous lui avons donné un nom, le **Miam-Ô-Fruit**. Je retrouvais enfin la préparation de nos îles, celle qui faisait des centenaires aux belles dents, des femmes d'un mètre quatre-vingts excellentes volleyeuses et nageuses ! Des hommes et des femmes capables de grimper aux cocotiers, des hommes très longtemps champions olympiques du lancer du javelot et champions du monde de pêche sous-marine. En Polynésie, nous mélangions de la banane écrasée, de la papaye, de la mangue, des caramboles, des cavas, des litchis, du jus de citron vert et du lait de coco fraîchement râpé et pressé. Impossible de trouver une pression à froid plus immédiate ! Autant le lait de coco frais est excellent, autant il devient

---

1. *La Méthode Kousmine*, Éditions Jouvence, 2002 ; *La Crème Budwig : le petit-déjeuner santé*, Éditions Jouvence, 2001.

très inintéressant lorsqu'il est chauffé ou cuit ! Je ne le fais jamais cuire !

Vous commencez peut-être à comprendre pourquoi cette recette **ne peut être déformée si elle est associée au Bain dérivatif ou à mon nom** !

En pratique, comment faire ?

En premier lieu, préparer les graines

Vous préférez peut-être broyer les graines chaque jour. En ce cas, attention à l'hygiène. Nettoyez parfaitement chaque jour le moulin pour qu'il ne reste pas durant des semaines des reliquats de graines broyées oxydées. Le lin oxydé est toxique. C'est pourquoi pour ma part j'opte pour le broyage une fois par semaine, je ne lave le moulin qu'une fois par semaine. Ce système permet aussi de mieux doser les quantités.

– **Dans un premier bocal**, mettez un mélange **moitié** graines de **sésame**, **moitié** graines de **lin** broyées finement. Attention, commencez par de petites quantités. Par exemple 2 cuillers à soupe de chaque graine broyées ensemble dans le moulin à café et versées dans le premier petit bocal.

– **Dans le deuxième bocal**, mettez un mélange broyé (ou non) d'**au moins trois graines** différentes, par exemple amande, courge et tournesol.

Vous fermez les bocaux et les entreposez dans le bas du réfrigérateur avec les légumes. Vous pouvez aussi les conserver sous vide, au frais, c'est encore mieux.

Réunir les ingrédients

Le matin, en hiver par exemple, vous posez sur la table :
Les deux bocaux de graines

Une demi-banane
La bouteille d'huile de colza
Un demi-citron
Pomme
Kiwi
Poire
Deux grandes cuillers : une pour l'huile, l'autre pour les graines
Une fourchette
Un bon couteau
Un presse-citron
Une assiette creuse
Une coupelle pour les déchets
Une boîte hermétique (ou mieux sous vide à pompe) pour les restes de fruits pour le lendemain
On peut accompagner cette préparation d'une tasse de thé vert **sans sucre** ni lait ou d'une tisane sans sucre.

Selon les saisons, vous pourrez mettre fraise, framboise, abricot, pêche, prune, papaye, mangue, goyave, ananas, fruit de la passion, cava, fruit du dragon, litchi, ramboutan, longane, cerise, raisin, kaki, brugnon, nectarine, etc. Une barquette de fraises peut vous faire amplement la semaine à raison de deux fraises par jour. L'important est la variété.

Ce que l'on peut ajouter au Miam-Ô-Fruit
Miel et pollen de préférence frais, qui s'accordent très bien avec les fruits frais.

Ce que l'on ne met jamais dans le Miam-Ô-Fruit
Pas de **fruits séchés** tels que figue, raisin sec, abricot sec, mangue sèche, ananas sec, pomme sèche, même trempés :

ils sont cuits par le soleil et ils ont été débarrassés de leur eau naturelle irremplaçable.

Pas de **fruits à digestion rapide** qui se mangent seuls tels que pamplemousse, orange, mandarine, clémentine, pastèque et melon.

Pas de fruits **congelés, ni** au **sirop, ni** en **conserve,** ils n'ont aucun intérêt dans cette préparation et allongent la durée de la digestion.

Pas de **graines** oléagineuses **trempées** car elles ont perdu trop d'huile !

Comment le présenter, le servir ?

Dans une assiette ou en smoothie.

Dans une assiette

N'en faites pas une pâtée à chats ! Disposez la partie écrasée et moulinée au fond et posez les fruits coupés en petits morceaux (attention aux gros morceaux, on a tendance à les avaler plus vite !) le plus joliment possible. Posez les mûres ou les framboises entières. On peut aussi, surtout avec de jeunes enfants, mettre dans une petite coupelle centrale la partie écrasée et disposer autour dans de mini coupelles individuelles chaque fruit coupé séparément. Cela permet aux enfants d'apprécier mieux la saveur particulière de chaque fruit et même de le nommer.

Certaines personnes passent tout au mixer et se plaignent ensuite de se lasser de cette « bouillie » à la cuiller ! Il y a bien de quoi ! Passez donc au mixer un beau steak et ses frites et essayez de le manger à la cuiller ! Cela ne passe pas ! La présentation est très importante ! Ne touillez pas !

En smoothies [1]

Si vous voulez vraiment changer de présentation de temps en temps ou pour que ce soit ludique pour vos enfants ou vos adolescents, présentez-le sous forme de *smoothies* mais en ayant tout de même écrasé la banane à la fourchette avant de le verser dans le *blender* ou le mixeur. Dans le bol mixeur, ajoutez 4 à 5 cuillerées à soupe d'eau. Servez dans un grand verre avec une grosse paille. Le mélange est très consistant, il n'est pas possible de l'avaler d'un trait. On ne peut faire autrement que d'insaliver chaque petite gorgée.

Astuce

Il existe dans les magasins de vente d'appareils ménagers un blender doté de deux verres. Il est possible de commander des verres supplémentaires, chacun peut donc avoir le sien ! Chaque verre est équipé d'un couvercle hermétique qui en permet le transport. Chaque couvercle possède un petit obturateur qui libère un trou permettant de faire passer une grosse paille. Il est donc possible, avec un seul récipient par personne, de l'emporter à son travail et de le déguster tranquillement à l'heure de la pause si on n'a pu le prendre avant de partir de chez soi, ce qui se produit lorsque l'on doit se lever tôt. Le grand avantage de cet appareil est que le seul élément que l'on doit laver est le petit couteau du blender et le verre que l'on utilise. Autre avantage, on prépare séparément chaque verre. Il est en effet totalement déconseillé de faire une préparation familiale que

---

1. Un peu plus épais qu'un velouté.

l'on partagerait ensuite. Cela n'aurait pas beaucoup plus d'intérêt que les jus collectifs qui ne permettent en gros de ne fixer que le sucre. Rendez-vous un peu plus loin à la question : peut-on en préparer un grand saladier pour toute la famille ?

On ne mange que cela et rien d'autre

On ne fait pas suivre cette préparation de tranche de pain même bio ! Il faut accepter l'idée que le fruit n'est pas « un truc » pas nourrissant qu'on mange pour ne pas grossir ou une sorte de friandise qui ne tient pas au corps. Cette préparation avec de l'huile et des graines oléagineuses est si parfaite pour nourrir nos membranes cellulaires qu'elle est capable de couper l'appétit durant des heures. Malheureusement l'idée que vous vous en faites, au début, risque de vous perturber si vous êtes convaincu que cela ne vous suffira pas. Elle est si légère à digérer que, n'ayant plus dans l'estomac le poids des tartines et du café au lait, vous avez l'impression d'avoir le ventre vide et la peur de manquer vous précipite sur des farineux qui vous semblent plus consistants. L'expérience montre que tous les hommes (et les femmes) qui travaillent dur, qui ont un travail physique important, tiennent au moins quatre heures et souvent plus sans avoir faim lorsqu'ils ont pris cette préparation le matin.

Questions fréquentes

C'est tous les jours et toute l'année pareil ?

Vous respirez tous les jours pareil ? Eh oui ! nous avons besoin de beaucoup de fruits, de graines oléagineuses et d'huile (extrait de graines oléagineuses) tous les jours toute l'année, toute la vie. Le plus simple est vraiment ce Miam-Ô-Fruit qui n'est pas monotone puisqu'en hiver nous pouvons y mettre de la mangue, de la papaye, du fruit du dragon, des litchis, des longanes, des ramboutans, de l'ananas, etc. Au printemps viennent fraises et framboises, cerises, puis arrivent les prunes, les pêches, les abricots, les brugnons, les nectarines et vous dites que c'est tous les jours pareil? Le café au lait pain beurre, ce n'était pas «tous les jours pareil»?

Mais vous pouvez aussi faire cette préparation cinq jours sur sept et tout oublier le week-end! Vous apprécierez très vite la différence!

Et si je n'ai pas du tout faim le matin?

Si vous n'avez pas faim le matin, ce qui arrive lorsque l'on fait un repas trop important le soir ou si l'on se lève très tôt, vous pouvez très bien la consommer en milieu de matinée ou tout simplement à midi à la place du déjeuner. Mais surtout n'y ajoutez rien, pas la moindre tranche de pain! Vous pouvez par contre l'accompagner d'un thé ou d'une tisane.

Miam-Ô-Fruit peut-il remplacer le repas de midi au travail?

Oui et bien des personnes le consomment à midi. Le mieux est de l'emporter dans un récipient sous vide[1]. L'important est de le consommer l'estomac vide, soit au moins trois heures après un repas, et de ne rien absorber durant les deux heures qui suivent. On le prend seul, on

---

1. Il existe des récipients accompagnés d'une pompe qui permet de faire le vide d'air, ce qui évite l'oxydation des fruits.

n'ajoute pas de pain ni de yaourt, même pas de yaourt de soja !

Si je pars en voyage ?

Si vous partez en voyage de manière exceptionnelle, oubliez le quelques jours.

Mais si votre voyage a précisément pour but de vous remettre en forme ou si votre métier vous oblige à voyager beaucoup, faites comme certains hommes d'affaires : vous **emportez** dans vos bagages vos **graines broyées** et une petite bouteille d'**huile** qui n'a jamais été ouverte, en avion vous les mettez dans le bagage de soute. Arrivé à destination, vous n'avez plus qu'à acheter fruits et citron. Beaucoup d'hôtels dans le monde vous proposent un choix de fruits le matin. Dans certains pays, vous trouvez même tous les ingrédients nécessaires à cette préparation, nous l'avons vu à l'île Maurice dans un hôtel tenu par des Allemands mais aussi en Suède. Dans les pays tropicaux, un choix de fruits vous est en général proposé le matin. Il m'est arrivé de faire cette préparation dans la chambre d'hôtel dans une assiette en carton !

Mon enfant peut-il consommer le Miam-Ô-Fruit ?

Ce mélange peut être consommé par un enfant à partir de l'âge d'1 an. Bien entendu, il faut alors le réduire en bouillie, mais ne pas hésiter à lui faire goûter chaque fruit séparément. Des enfants plus grands ou des adolescents apprécieront peut-être de le consommer en smoothie !

Peut-on le donner à une personne très âgée ?

Bien des personnes âgées en consomment avec bonheur et profit tous les jours ! Ces personnes pratiquent également les Bains dérivatifs et déclarent avoir une meilleure capacité d'attention, de concentration, une amélioration de la mémoire. Les cheveux repoussent! Nombreuses aussi sont celles qui se réjouissent de voir leur peau se défriper, prendre un joli teint.

Le sucre des fruits ne risque-t-il pas d'entraîner une hypoglycémie en fin de matinée?

Ce n'est pas possible car la présence de l'huile fait que le sucre passe très lentement dans le sang. Il ne peut pas y avoir de coup de barre de onze heures si l'on a pris cette préparation le matin. Les étudiants, les ados, les adultes qui consomment le Miam-Ô-Fruit le disent tous, ils n'ont absolument aucune faiblesse durant au minimum quatre heures et souvent plus!

Tout ce sucre et ce gras, ça ne fait pas grossir?

Non car ce sont des sucres et gras crus, naturels, nécessaires à nos cellules et en particulier à notre cerveau. N'oubliez pas que 20 % de votre assiette va au cerveau! Depuis quarante ans, on nous serine qu'il faut éliminer le gras sans faire de différences entre le bon et le mauvais gras. C'est même devenu une véritable phobie chez bien des femmes en particulier, au détriment du cerveau, de la beauté de la peau et des cheveux, du tonus musculaire et de la densité osseuse! Le manque de bon gras est aussi une cause importante d'obésité car le corps stocke alors tout ce qu'il trouve! Des études américaines publiées en février 2009 viennent de montrer qu'aucun régime pour maigrir n'est efficace. Que si l'on veut maigrir, il faut manger moins (comme dans cette méthode dans un petit bol), mastiquer parfaitement (comme expliqué longuement dans ces pages[1] et faire de l'exercice, conseillé ici également !

Est-ce que je peux supprimer le citron ?

Non ! Le citron n'est pas acidifiant, il est au contraire alcalinisant[2]. Quant à **la saveur acide, elle disparaît si vous faites correctement la préparation !** Ne confondez pas goût acide et acidifiant. Acide s'oppose à base, alcaline, c'est une notion de chimie. La viande est acidifiante sans avoir un goût acide. Le citron est alcalinisant.

Est-ce que je peux utiliser les petites bouteilles de jus de citron bio du commerce ?

Non ! Lorsque vous pressez vous-même un citron, le jus contient les fibres solubles de ce citron. Leur présence est indispensable pour que vous puissiez fixer la vitamine C de ce citron. Voyez le chapitre « Les fibres ». Dans une petite bouteille, le jus provient de grandes cuves de jus de citrons tous mélangés. Il est statistiquement impossible que vous retrouviez dans votre flacon les vitamines d'un citron avec les fibres solubles du même citron. Tout s'est mélangé et vous ne profitez pas comme il le faut de la vitamine C[3]. Le jus du citron que vous pressez vous-même est infiniment

---

1. Lire aussi *Mastiquer, c'est la santé, op. cit.*
2. On mesure le degré d'acidité des urines avec un pH mètre (pH = Potentiel d'Hydrogène = concentration des urines en ions d'hydrogène). Au-dessous de 7, le pH est acide, au-dessus il est alcalin, à 7 il est normal.
3. *Les Aliments de l'intelligence et du plaisir*, étude SUVIMAX du Dr J.-M. Bourre, Éditions Odile Jacob, 2001.

moins cher et plus efficace que celui des bouteilles, bios ou pas !

Est-ce que je peux changer d'huile ?

Oui bien sûr. Mais évitez l'huile d'olive pour cette préparation qui doit être riche en omégas 3. Je conseille l'huile de colza car c'est le meilleur rapport qualité-prix, cette huile est très équilibrée. Choisissez-la toujours de première pression et bio.

Ceci dit, si vous n'aimez pas le goût de l'huile de colza, changez de marque car en France, il en existe une excellente, certifiée Demeter, qui a une exquise saveur de graine et qui est vendue soit par correspondance, soit dans certains salons bios. N'ayant pas le droit de citer de marque, je vous donne un indice : elle porte un **nom de reine**, elle est la seule marque à avoir reçu **douze médailles** en 2008 pour sa saveur délicieuse alors qu'elle se trouvait en concurrence avec des huiles non bios destinées à l'épicerie fine ! Son secret : elle est extraite très peu de temps avant la vente et ne coûte pas plus cher !

Est-ce que je peux ne mettre qu'un fruit avec la banane ?

C'est vraiment dommage. Relisez ce qui précède la préparation de cette recette à la rubrique « Fruits ». Il est vraiment beaucoup plus **profitable** de mettre des **morceaux de trois fruits différents** (au moins) en plus de la banane. Tant pis s'ils ne sont pas tous garantis bios[1] ! La papaye et

---

1. Vous pouvez consulter à ce sujet le cahier spécial inclus au livre *Anticancer* du Dr David Servan-Schreiber, Éditions Robert Laffont, 2007.

la mangue sont excellentes ! La papaye est un des meilleurs aliments pour l'intestin, comme la banane, mais aussi un des plus puissants antioxydants. Vous pouvez les acheter dans les magasins chinois, indiens ou antillais. Je vérifie régulièrement que leurs graines sont capables de germer, ce qui signifie qu'elles sont vivantes ! Elles font partie des fruits les moins exposés aux traitements car les fruits tropicaux se protègent tout seuls des prédateurs beaucoup plus nombreux avec la chaleur que dans nos pays tempérés ! Elles sont cent fois moins traitées que nos pommes ! Une papaye *normale*, sauvage, est très grosse, elle mesure bien trente centimètres de long. Ce sont les petites papayes des boutiques européennes qui sont sélectionnées pour être petites, au goût des Européens. Avec une papaye *normale* vous en avez facilement pour quinze jours ! Vous ne mettez pas les fruits entiers mais des morceaux. Gardez le reste au frais et encore mieux sous vide et au frais.

Est-ce que je peux prendre tous ces ingrédients mais séparément tout au long de la journée ?

Non car il se crée une synergie entre tous les ingrédients. Il est vraiment beaucoup plus intéressant de les assembler de cette façon. Pour comparer : si vous consommez séparément les éléments qui composent une paëlla en les répartissant séparément toute la journée, vous n'avez pas mangé de paëlla ! Sur le plan digestif, le résultat sera très différent.

J'ai un candida : on m'a dit de supprimer le sucre et les fruits à cause du sucre.

Si vous associez ce Miam-Ô-Fruit à une pratique régulière du Bain dérivatif, votre candida disparaîtra en quelques mois. Bien évidemment, vous ne consommez pas de gâteaux, chocolats, farines blanches, pâtes blanches...

On m'interdit le sucre – et donc les fruits – à cause de mon poids et de ma rétention d'eau

Selon le Dr Jean Minaberry[1], endocrinologue, c'est le manque de graisses fluides qui cause la rétention d'eau. Or le Miam-Ô-Fruit permet la fabrication de graisses fluides. Quant à votre excédent de volume, les résultats aujourd'hui sont si nombreux que l'on ne peut que vous recommander la pratique du Bain dérivatif associée à cette préparation, les effets se font sentir dès la troisième semaine. Mais attention, ne surveillez pas votre poids mais bien votre volume : prenez vos mensurations. Car les os et les muscles se densifient et donc pèsent plus lourd tandis que la graisse, volumineuse et légère, s'en va. Lisez avec soin le chapitre « Poids et volume » dans *Le Bain dérivatif* ou D-CoolinWay[2].

Je ne pèse que 45 kilos : c'est pas trop pour moi ?

Non pas plus que pour un enfant. Réduisez la quantité de chaque fruit (pas de la banane !) mais ne réduisez ni les graines oléagineuses ni l'huile ni le citron.

Je le mange depuis trois semaines parce que j'ai envie de maigrir mais mon poids monte sur la balance.

Prenez vos mensurations. Il est normal de peser plus au début car les os et les muscles se densifient, ce qui

---

1. *Maigrir* du Dr Jean Minaberry, publication à compte d'auteur, 1995.
2. *Op. cit.*

n'empêche pas le volume de diminuer. Le poids et le volume ne sont pas liés. Observez deux bouteilles d'eau identiques, l'une est pleine, l'autre est vide, l'une est lourde, l'autre est légère : elles ont les mêmes mensurations ! Lisez le chapitre « Poids et volume » dans *Le Bain dérivatif* aux Éditions du Rocher.

Les fruits, ça me fait gonfler le ventre.

Cela n'arrive que si les fruits ne sont pas mastiqués lentement et parfaitement. Mon amie Jocelyne a mis six mois à comprendre vraiment ce qu'était la mastication. Elle gonflait après chaque repas cru. En huit jours, elle a fini par régler ce problème. Pourtant dès le début, elle était persuadée qu'elle mastiquait bien. Le jour où elle a pris le temps de s'asseoir pour s'y appliquer, le problème du gonflement a disparu.

Les fruits me donnent de la diarrhée, des selles molles.

Cela peut arriver au tout début si votre intestin a peu l'habitude de tant de fruits. Mais cela cesse en général très vite surtout si vous y associez la pratique du Bain dérivatif. Et surtout pensez à **mastiquer** parfaitement.

J'ai beau le manger, je suis quand même constipé.

Il peut vous manquer deux ou trois choses :

Boire un grand **bol d'eau chaude** le matin à jeun sans rien dedans. Pratiquer le **Bain dérivatif** (poche de gel).

Mettre dans chaque repas de midi et du soir une **grosse cuillerée** de **légumineuse** cuite : voyez le repas à cinq éléments et le chapitre sur « Les fibres ».

Je me lasse tous les matins à faire la même chose. On ne peut pas varier ?

Oui bien sûr on peut toujours varier ! Dans *La cuisine selon France Guillain*[1], vous trouverez des suggestions de petit-déjeuner. Mais avec l'expérience vous constaterez peu à peu combien cette préparation est bénéfique, confortable, vivifiante, donne une belle peau et une jolie silhouette ! Et comment faisiez-vous avant ? Ce n'était pas tous les jours à peu près la même chose le matin ?

Je suis très acidifié paraît-il. Mes dents se déchaussent et cette préparation me brûle les gencives et la commissure des lèvres.

Le Miam-Ô-Fruit est alcalinisant ! Mais au début, votre corps va réagir à la réparation cellulaire assez forte, car si vos gencives et la commissure des lèvres réagissent, cela signifie, selon les explications du Dr Catherine Kousmine[2], que vos membranes cellulaires manquent cruellement de bonnes huiles. C'est précisément le tout premier effet de cette préparation : réparer les membranes cellulaires ! Commencez par de petites quantités de fruits, par exemple un quart de pomme, un quart de poire, un petit bout de papaye, mastiquez très bien et vous augmenterez peu à peu la quantité de fruits. Mettez bien l'huile. C'est la présence du jus de citron et des fruits qui permet aux huiles de se fixer. Quant aux dents qui se déchaussent, elles aussi ont des membranes cellulaires en piteux état. Nous avons déjà plusieurs exemples de dents qui ne se

---

1. *La Cuisine selon France Guillain, op. cit.*
2. In *Sauvez votre corps !, op. cit.*

déchaussent plus après six mois de cette préparation tous les matins, accompagnée de Bains dérivatifs, ceci au grand étonnement du dentiste. Le potassium, le silicium et le magnésium contenus en abondance dans cette préparation jouent un rôle important dans la solidité des tissus et des os.

Peut-on en préparer un saladier pour toute la famille? Ce serait plus pratique!

Non! Il faut absolument préparer séparément chaque assiette. Chaque personne doit consommer l'intégralité de chaque quartier de fruit. Chacun doit avoir dans son assiette l'intégralité du jus d'un demi-citron. On ne fait pas un récipient de jus de citron que l'on partage : il faut absolument presser un demi-citron dans chaque assiette. On ne sépare pas les fibres solubles d'un citron de ses propres vitamines, sinon elles ne sont pas fixées. Il vaut beaucoup mieux avoir dans son assiette la totalité d'un quart de pomme plutôt que plein de petits bouts de diverses pommes. Si vous croquez une pomme vous profitez très bien de toutes les vitamines et sels minéraux. Si vous buvez un litre de jus de pomme même bio, vous ne fixez que le sucre!

Trois assiettes en six minutes!

Des années durant j'ai préparé chaque matin ce Miam-Ô-Fruit et j'avais calculé que dès l'instant où tous les ingrédients sont sur la table, ce qui peut se préparer la veille au soir, il me fallait six minutes pour préparer trois assiettes séparément. Ce n'est qu'une question d'habitude : on aligne les assiettes, on écrase la banane en série, etc. Au début cela paraît long mais rapidement on va plus vite! Par contre, levez-vous un peu plus tôt pour prendre le temps de savourer tranquillement assis. C'est une priorité dans le respect de soi !

Toniques, calmes et sereins

Le temps de sommeil perdu sera très largement compensé par un stress beaucoup plus bas (cette préparation est une vraie fabrique de sérotonine, antistress naturel puissant !), par une énergie de qualité et des enfants plus calmes et plus performants. Un enfant alimenté comme il se doit n'est pas agité, mais normalement actif, il n'est pas épuisant. Ce n'est pas une question de tempérament : de nombreuses études, au Danemark, en France [1], faites sur des collégiens particulièrement agités et parfois violents ont bien montré l'importance de l'alimentation et de l'exposition à la lumière solaire sur les comportements et les performances intellectuelles.

Peut-on en préparer pour la semaine ?

C'est un peu dommage et cela suppose d'en préparer séparément plusieurs récipients sous vide puisqu'on ne peut en faire un grand saladier !

Peut-on le préparer la veille ?

Bien sûr, en le conservant au réfrigérateur et si possible sous vide. Si le Miam-Ô-Fruit n'est pas sous vide, ajoutez un peu de jus de citron le lendemain au moment de le

---

1. In *Le Mensonge alimentaire* du Dr Hans Ulrich Grimm, *op. cit.* ; *Soleil Vital* du Dr Downing avec Jean Celle, Éditions Jouvence, 2002 ; *Ça m'intéresse ?*, « Notre ventre est un cerveau », avril 2000.

consommer. De même on peut le préparer le matin pour le consommer à midi.

Peut-on écraser la banane d'avance ?

Oui et cela peut même être excellent car une banane oxydée [1] est beaucoup plus digeste qu'une banane fraîche. C'est particulièrement important si vous avez du mal le matin à l'écraser autant qu'il est nécessaire de manière à la rendre presque liquide.

Miam-Ô-Fruit est une des meilleures préparations au monde, réalisable partout où poussent des fruits. Elle est naturelle, peu ruineuse, pour lutter efficacement **contre le stress oxydatif** ! En 2009, elle revient en moyenne entre 2 € et 4,50 € [2] par personne, tout compris, selon la saison et les fruits que vous utilisez. Comme on tient quatre heures sans avoir faim, on n'a pas besoin de goûter ni de café en milieu de matinée, vous pouvez comparer, pour vos enfants et pour vous-même, ce coût à votre petit-déjeuner habituel ajouté au goûter de la pause. Vous verrez que l'on est toujours gagnant ! D'autant que cette préparation fait disparaître peu à peu les besoins de grignotage !

---

1. Déjà cités, Dr Carton et Dr Kousmine.
2. Ce qui représente entre 60 € et 135 € maximum par mois. Avez-vous déjà calculé le prix de votre petit-déjeuner auquel il faut ajouter les inévitables grignotages de la journée lorsqu'on ne consomme pas le Miam-Ô-Fruit ?

Un très grand remerciement, professeur Montagnier!

À la page 156 de son ouvrage *Les Combats de la vie*, le Pr Luc Montagnier [1], après avoir indiqué que les sportifs en période de compétition sont sujets au stress oxydatif, écrit ceci : « Une étude réalisée par la société belge Probiox sur les footballeurs de l'équipe de France en 2002, peu avant les matches de Coupe du monde en Corée, a montré que tous... sauf un (en l'occurrence d'exception!) étaient en stress oxydant, probablement du fait d'un épuisement musculaire consécutif à un excès de matches de compétition et à l'absence d'une compensation antioxydante adéquate [2]. » LE joueur d'exception, en l'occurrence, se nomme Zinedine Zidane. Cher professeur Montagnier, ce footballeur consommait, depuis l'an 2000 au moins, le fameux **Miam-Ô-Fruit** décrit et expliqué longuement ici même, une des meilleures compensations antioxydantes que la nature nous ait données! La préparation lui était parvenue directement de mon enseignement. Zinedine Zidane, qui a toute mon admiration d'ancienne grande sportive [3], répondant à *L'Équipe Magazine* [4] qui lui demandait comment il avait fait pour rajeunir physiquement et au plan musculaire en l'espace de deux ans avait répondu qu'il avait changé d'alimentation et décrit rapidement le

---

1. Prix Nobel de Médecine, 2008, Éditions Jean-Claude Lattès, 2008.
2. Texte intégral reproduit à l'identique, sans coupures ni commentaire ajouté.
3. Dans la *sélection tricolore* (nationale) des *12 plus grands sportifs* 1988 de *L'Équipe Magazine.* J'ai une bonne idée des besoins des sportifs! D'autant que j'étais aussi mère de cinq enfants!
4. Journal sportif.

Miam-Ô-Fruit. Rappelons ici que le coureur cycliste espagnol Miguel Indurain[1] consommait à une petite variante près la même préparation trois à quatre fois par jour lors des compétitions bien des années plus tôt. La composition de ce repas avait même été décrite en détail par un journaliste de radio nationale aux infos de midi lors d'un tour de France cycliste, et avait été qualifiée d'«infâme bouillie» au grand dam de mes enfants scandalisées qui avaient reconnu là leur petit-déjeuner!

Parmi les effets du Miam-Ô-Fruit de France Guillain : la baisse de l'hypertension

Une étude américaine DASH, *Dietary Approaches to Stop Hypertension*, a été menée pour savoir si une alimentation intelligente pouvait remplacer les médicaments contre **l'hypertension**. La réussite a été spectaculaire.

L'étude a porté sur 459 personnes adultes dont la pression artérielle allait de normale à moyennement élevée.

Les 459 personnes ont été réparties au hasard en trois groupes. Un groupe témoin qui consommait quatre portions de fruits ou légumes par jour et une demi-portion de laitages, avec consommation habituelle de produits animaux (viande). Le deuxième groupe a consommé huit portions et demie de fruits et de légumes, soit deux fois plus, et une demi-portion de laitages, et les produits animaux habituels. Quant au **troisième groupe** désigné «**combiné**», il a consommé **énormément de fruits et légumes**, particulièrement riches en potassium et en magnésium, **dix portions**

---

1. Qui battait tout le monde à plate couture!

journalières, mais accompagnées de laitages maigres, et **moins de graisses saturées**, donc moins de produits animaux. Chaque groupe consommait 3 g[1] de sel par jour, puisque le but était de surveiller la tension.

Les résultats les plus spectaculaires ont été obtenus dans le **troisième groupe**, chez les hypertendus il a eu **autant d'effet que les médicaments**!

Hypertension

Si vous avez de l'**hypertension**, si vous faites partie des sept millions de Français qui ont un traitement à vie, faites au moins le **Miam-Ô-Fruit** une fois par jour, consommez un plat de crudités et des légumes à chaque repas et surtout pratiquez le **Bain dérivatif** (poches de gel) qui est lui aussi un excellent régulateur de la tension, par une plus grande capacité d'élimination du sel! Bien évidemment, pour votre traitement médicamenteux, vous suivez les conseils de votre médecin qui pourra contrôler lui-même les effets de votre changement d'hygiène de vie! Et ne dépassez pas 3 g de sel ajouté par jour! Le sel du pain est un sel ajouté! Lisez la rubrique « Le pain ».

---

1. Une étude faite à Montpellier par le Pr Albert Mimran sur 836 personnes entre 18 et 75 ans, dont 65 % sont en hypertension, révèle que leur consommation de sel dépasse 10 à 12 g par jour! Il faudrait la réduire au moins de moitié!

3

LE REPAS À CINQ ÉLÉMENTS

Dans tous les pays du monde on trouve des recettes traditionnelles composées de cinq éléments. Les quantités indiquées ici correspondent à ce qui constitue une portion par personne.

– **Une céréale** complète **ou un tubercule** : **3 cuillers à soupe** bien pleines de l'aliment cuit.

Vous avez le choix des céréales : riz, blé, semoule, pilpil, maïs, orge, avoine, sarrasin, épeautre, millet, mais aussi quinoa blanc ou rouge (ce n'est pas une céréale mais on l'utilise comme tel). Pour les tubercules et racines : pomme de terre, patate douce, manioc, igname, taro ou dachine, edocs.

– **Un ou plusieurs légumes** : **3 cuillers à soupe** de l'aliment cuit ou cru. Toutes sortes de légumes de saison, le choix est vaste : salade verte, chou blanc, vert, rouge, chinois, concombre, tomate, aubergine, courgette, fenouil, betterave rouge crue, carottes, navet, radis noir, radis rose, épinard cru ou cuit, bettes, céleri, oignon, ail, haricots verts en tout genre, etc. En hiver les crudités peuvent être : salades vertes, chou blanc ou rouge ou de Bruxelles, concombre, carottes, betterave rouge crue ou potiron cru râpés, etc. En été c'est le temps des tomates, poivrons, salades vertes, jeunes pousses d'épinards, oignons frais. Pensez aussi à l'ail frais, c'est délicieux. Ne comptez pas les pommes de terre avec les légumes !

– **Une légumineuse** : **une grosse cuillerée à soupe** de l'aliment cuit. Là aussi le choix ne manque pas : haricots blancs, haricots blanc à point noir et noirs à point blanc, haricots roses, rouges, azukis, mogettes, flageolets, pois chiches, lentilles grises, vertes, corail, fèves, pois cassés.

– **Une protéine animale BIO ou sauvage** [1] : **une cuiller à soupe** de l'aliment cuit. Volaille, poisson, œufs, coquillages, mouton ou agneau, chèvre, lapin, gibier, bœuf. Les abats tels que laitances de poisson, gésier, rognons, cœur et en particulier le foie sont très intéressants. Un foie de poulet bio par personne pour un repas est amplement suffisant.

– **Une bonne huile crue** ou une bonne graisse : une cuillerée à soupe à une cuillerée et demie. L'huile d'**olive** est particulièrement recommandée, mais là aussi il existe un vaste choix d'huiles. Sous les Tropiques, le lait de coco fraîchement râpé et pressé, non chauffé est excellent ! J'en fabrique à Paris et je ne suis pas la seule puisque l'on trouve des râpes à coco dans les magasins chinois [2] !

Tous ces ingrédients se trouvent dans le couscous, la paëlla, le sandwich grec, l'assiette libanaise, le riz cantonnais, des plats indiens d'Inde ou d'Amérique du Nord ou du Sud, dans le cassoulet, les tortillas du Mexique, mais

---

1. Poisson de pêche, coquillages, escargots, gibier.
2. Ce sont en général de petits sièges spéciaux équipés de la râpe. Allez-y, à raison d'un coco par repas, c'est un sport excellent pour garder souplesse, agilité et musculature !

aussi la cuisine hawaïenne ou maorie (Pacifique), la cuisine mélanésienne et papoue.

L'ensemble constitue en général **LE plat unique du repas**.

Ayant vécu un peu partout dans le monde, je peux affirmer que dans tous ces pays, on a l'habitude de manger des éléments crus avant le repas, avant de se mettre à table : fruit, baie sauvage ou morceau de légume cru servent d'apéritif pendant que l'on prépare le repas. **Pensez donc à consommer du cru** parfaitement mastiqué en début de repas ! L'élément cru peut faire partie des cinq éléments de ce repas.

Comment s'organiser ?

Pour avoir ces 5 éléments dans le repas, vous n'êtes pas obligé de confectionner à chaque fois un plat. Voici quelques exemples de repas légers et vite faits à 5 éléments :

Salade verte
Huile d'olive, jus de citron
Tranche de pain complet bio
Une cuiller à soupe d'houmous (purée de pois chiches et sésame)
Un œuf à la coque

Salade verte
Huile d'olive, jus de citron
Soupe : pommes de terre, carottes, poireau, lentilles corail
Une demi-tranche de jambon ou un œuf

Salade de concombre, radis et pois chiches
Huile d'olive, jus de citron
Galette de sarrasin au comté

Le plus souvent, c'est la légumineuse qui fait défaut.

Comment faire pour disposer chaque jour facilement de légumineuses en petites quantités ?
C'est très simple si vous avez un congélateur. Une fois tous les six mois vous procédez ainsi.

Le soir, vous **faites tremper** pour la nuit quelques fai-touts de haricots rouges, blancs, pois chiches, pois cassés, fèves, etc. Le lendemain, vous **changez l'eau** et vous ajoutez à chaque faitout un morceau de **cinq centimètres d'algue kombu** que vous trouvez dans les magasins bios. Vous faites bouillir trente à quarante minutes (au lieu de deux heures si vous ne mettez pas d'algue kombu !). Laissez refroidir, puis faites de **petits sachets** d'une, deux, trois cuillerées à soupe bien pleines, selon le nombre de personnes que vous avez chez vous, et vous mettez au congélateur. Il est alors très facile, durant des mois de **sortir chaque jour un sachet** que l'on met à dégeler au réfrigérateur pour le lendemain. C'est moins cher et plus simple que d'acheter des boîtes. Dans le même esprit et le même but, Macha Méril [1] conseille de faire de petites barquettes d'une cuillerée à soupe.

1. *Ce soir c'est le fête*, Macha Méril, Éditions Albin Michel, 2006.

Quel est l'intérêt d'une telle combinaison ?

Tout simplement chacun de ses éléments aide à mieux digérer et assimiler les autres. C'est une combinaison qui permet de nourrir plus de monde avec un minimum d'aliments. La présence de légumineuse aide à mieux fixer les protéines végétales de la céréale et la présence de protéine animale permet de passer plus rapidement aux protéines humaines. Les personnes qui ne veulent aucune protéine animale sont obligées de consommer beaucoup plus de céréales et légumineuses, ce qui est encrassant, plus fatigant pour l'organisme et peu économique pour une famille, car il suffit de vraiment très peu de protéine animale (quelques cuillerées à café !) pour obtenir une excellente assimilation ! Le Dr David Servan-Schreiber[1] l'explique bien et c'est ainsi que s'alimentent des millions de personnes dans le monde qui ne connaissent pas nos maladies dégénératives. En France, il n'y a pas si longtemps, on mettait un petit bout de lard dans la marmite de lentilles, pour le goût disait-on. C'était la meilleure manière de faciliter l'assimilation des protéines végétales !

Pour faire un bouillon excellent, nutritif et pas cher !
Bouillon de poulet.
Demandez au boucher BIO la tête et les pattes du poulet, ajoutez la carcasse et mettez le tout dans un faitout que vous remplissez d'eau. Ajoutez un bouquet garni et un oignon piqué d'un clou de girofle. Faites bouillir à feu doux durant une heure et demie. Laissez refroidir, filtrez et

---

1. *Anticancer* du Dr D. Servan-Schreiber, *op. cit.*

faites quelques sachets de bouillon à conserver au congélateur. Ces bouillons sont cent fois supérieurs à toutes les tablettes du commerce y compris bios ! Ils vous serviront à faire cuire du riz, des pâtes, des pommes de terre ou des légumes, à préparer une soupe. Vous pouvez faire la même chose avec des têtes et des arrêtes centrales de poisson !

Ce bouillon est **très riche en protéines animales et ne coûte pas cher** !

Les quantités : c'est tout ce que je mange ?

Une entrée crue. Puis 3 cuillers de céréale, 3 de légumes, 1 de légumineuse, 1 cuiller de protéine animale **c'est tout ce que je mets dans mon assiette** ? Les portions me semblent très petites !

La totalité remplit bien, tassée et bombée, un petit bol chinois de 10 centimètres de diamètre. Si vous le videz dans votre assiette, l'assiette est pleine. Visionnez le DVD du livre *La Cuisine selon France Guillain*[1], vous verrez que c'est une belle portion ! Ce n'est pas la quantité qui fait la satiété, mais la qualité de l'aliment et la manière de manger[2] !

J'ai tendance à manger BEAUCOUP

C'est le problème le plus répandu dans les pays occidentalisés. Depuis vingt-cinq ans que j'écris sur l'alimentation, j'ai toujours dit et répété qu'aucun régime pour maigrir n'est équilibré, qu'ils rendent tous la peau flasque, que

---

1. Éditions Anagramme, 2008.
2. *Mastiquer, c'est la santé* de France Guillain, *op. cit.*

leurs effets d'amaigrissement sont éphémères. Il y a peu le Dr Patrick-Pierre Sabatier dans son livre *Les Régimes*[1] dit la même chose. Enfin, une étude américaine qui a duré deux ans vient de livrer ses conclusions en février 2009 : aucun régime amaigrissant n'est satisfaisant sur la durée, seule une diminution de nos prises alimentaires, l'exercice et une bonne mastication font perdre du volume durablement sans léser ni les muscles, ni les os, ni le système hormonal. Or, pour se contenter de moins, il y a plusieurs règles à observer afin de ne pas éprouver de fatigue ou de perte d'énergie, pour éviter les crises de boulimie consécutives à une privation mal organisée. Ce qui suit vous donnera une forme excellente tout en vous faisant perdre tout le mauvais gras et en gardant un corps ferme :

– Choisir des aliments de haute qualité nutritive, donc bios, avec 80 % de produits végétaux.

– Consommer chaque jour 400 grammes de fruits frais crus, des graines oléagineuses et de bonnes huiles (Miam-Ô-Fruit).

– Mastiquer parfaitement.

– Faire circuler les graisses par le Bain dérivatif (poches de gel).

– Limiter ses rations, la totalité du repas à l'exception de la salade verte, à un petit bol de 10 centimètres de diamètre environ et de cinq centimètres de profondeur bien plein, bombé. N'ayez pas peur, cela remplit bien une assiette !

– Marcher une demi-heure chaque jour d'un bon pas.

---

1. *Le Livre de tous les régimes*, Patrick-Pierre Sabatier, Éditions Robert Laffont, 2006.

Un petit bol

Si vous avez tendance à manger de trop grandes quantités, faites comme les Japonais et les Asiatiques en général. Une étude contrôlée par imagerie cérébrale a montré que lorsque l'on met son repas dans un **petit bol** que l'on remplit bien bombé et que l'on **mange posément,** le cerveau envoie la **satiété dès la fin du bol,** car il a enregistré que le bol était plein. La même quantité servie dans une grande assiette n'apporte pas la satiété de la même manière car le cerveau enregistre le vide qui est autour des aliments. Voilà pourquoi en Asie on arrive à manger peu bien que l'on travaille beaucoup plus ! Faites l'expérience, cela fonctionne sur tout le monde, même sur les hommes très grands et très forts. Et bannissez les grandes assiettes !

À mon avis, il est probable que durant des siècles, nous avons tous pris nos repas en tribu, chacun ayant sa demi-noix de coco, son coquillage ou sa calebasse. Quand on avait terminé son récipient, il n'y avait plus rien, on ne pouvait pas se servir deux fois. Je me base pour prétendre cela sur ce que j'ai pu voir de mes yeux dans certaines îles mélanésiennes, en Papouasie et bien évidemment en Chine ! J'ai testé la chose sur moi-même, sur mon petit-fils de sept ans, cela fonctionne très bien. L'un de mes gendres qui fait un mètre quatre-vingt m'a confirmé la même expérience.

Conclusion : pour diminuer vos prises alimentaires, **mangez dans de petits bols !**

Les repas d'une journée

Selon votre tempérament, vos horaires, votre activité, le moment de l'année ou de votre vie, selon que vous attendez un bébé ou l'allaitez, selon votre âge aussi, la répartition des repas peut varier chaque jour. En principe vous n'avez besoin de personne pour vous guider ! Mais la question nous étant très souvent posée, voici quelques suggestions.

Besoins importants

Matin au réveil : Miam-Ô-Fruit

10 h : 1 datte et 2 amandes à liquéfier lentement dans la bouche

Midi : repas à 5 éléments en commençant par du cru (qui peut faire partie des 5 éléments)

Goûter : 1 figue séchée ou 2 abricots secs avec 4 noisettes ou 3 cajous non salés ni grillés !

Dîner : repas à 5 éléments ou grande salade de crudités accompagnée d'un œuf coque bio.

Besoins moyens ou réveil très matinal

Matin au réveil : un thé

10 h : Miam-Ô-Fruit

Midi à 13 h : repas à 5 éléments en commençant par du cru (qui peut faire partie des 5 éléments)

Goûter : 1 figue séchée ou 2 abricots secs avec 4 noisettes ou 3 cajous non salés ni grillés !

Dîner : grande salade de crudités accompagnée de légumes et poisson.

Appétit plus léger

Matin : Miam-Ô-Fruit

Midi : repas à 5 élément en commençant par du cru

Soir : grande salade verte avec une cuillerée à soupe de légumineuse et du poisson.

Le goûter

Ayez **toujours dans votre sac**, pour la journée, une grosse poignée de graines **oléagineuses**, amandes, noix, cajous, ni salées ni grillées et une poignée de **fruits séchés**, raisins secs, abricots, figues, pruneaux. Ce mélange sucre de fruits et huile crue de première pression à froid des oléagineux est un excellent coupe-faim, bon pour le cerveau qui en a bien besoin, et ne peut pas occasionner d'hypoglycémie. Cela vous évite de consommer viennoiseries et petits gâteaux, même bios. Ce sont encore des farineux avec du sucre, qui, même s'il est de canne, n'a plus la même valeur que celui des fruits consommé directement. Les oléagineuses apportent une huile crue et non pas cuite comme celle des biscuits. Mangez lentement, gardez longtemps en bouche le mélange en le liquéfiant bien. Quatre grains de raisins secs et une amande peuvent vous couper l'appétit durant deux heures ! Ne les avalez pas gloutonnement, cela n'aurait vraiment aucun effet intéressant ! Le « moi, je ne peux pas me retenir, j'avale tout le paquet » ne résistera pas très longtemps face à la nouvelle économie mondiale !

Le repas du soir

Le repas du soir ne doit pas être pris juste avant de se coucher, il vaut mieux prendre le temps de digérer avant de dormir, le sommeil est meilleur. Ce repas peut être **assez léger** si l'on a l'habitude de faire le Miam-Ô-Fruit chaque matin. Il peut être composé d'une belle salade verte suivie d'une soupe de légumes faite maison. Une belle salade verte pour une personne est, à mes yeux, au moins la quantité que je vois servir pour huit personnes en fin de dîner en France, au moment du fromage ! Je la consomme en tout début de repas !

Si vous travaillez de nuit

Si vous travaillez de nuit ou si vous êtes étudiant en période de révisions qui vous conduisent à vous coucher tard, le meilleur repas est le Miam-Ô-Fruit. Vous sortirez de table en forme et vous ne serez pas tenté de grignoter toute la nuit ou de prendre du café pour rester éveillé. Si vous êtes étudiant, posez sur votre siège une grande poche de gel (Modèle Ucansit[1]) qui vous maintiendra bien en éveil sans vous épuiser comme le ferait à la longue le café.

Les modes de cuisson

La cuisson apporte de nouvelles saveurs, de nouvelles consistances, de nouvelles couleurs, permet d'échanger des recettes, la chaleur de l'aliment cuit est réjouissante, cela sent bon, c'est beau à regarder, un vrai plaisir dont on aurait bien tort de se priver ! Mais, car il y a toujours un mais, elle détruit des vitamines, elle déforme des molécules. Il faut donc distinguer les modes de cuisson afin de choisir ceux qui ne rendent pas les huiles toxiques et cancérigènes, choisir ceux qui respectent le mieux la structure des aliments et détruisent le moins de vitamines. Notre choix va donc vers la cuisson à la **vapeur**, la cuisson lente à l'**étouffée** si délicieuse, la cuisson rapide de trois minutes au **wok** ou dans une **poêle en inox** à fond très épais, le **four traditionnel**,

---

1. Ucansit sur www.yokool.fr.

le **four à infrarouges**. Nous excluons le micro-ondes, l'induction, les marmites sous pression. Nous évitons de réchauffer les plats, jamais plus d'une fois. Nous utilisons le gaz, l'halogène, les plaques radiantes, l'électricité mais pas l'induction. Nous limitons le barbecue électrique ou au charbon à quelques réunions de vacances. Nous réservons les grillades et les fritures à des moments exceptionnels, pas plus d'une fois par mois.

Farineux : attention !

On parle beaucoup d'intolérance au gluten aujourd'hui, et cela ne surprend guère lorsque l'on voit la quantité de farines blanches qui est absorbée chaque jour ! Le matin au petit-déjeuner, ce sont pains, viennoiseries, gâteaux, céréales soufflées sucrées-salées. En milieu de matinée, bis- cuits ou viennoiseries. À midi, pain plus pâtes ou pain plus riz, ou pain plus pommes de terre, comme si le pain était un truc neutre qui ne sert qu'à pousser, immatériel, non comptabilisé dans nos prises alimentaires ! Le pain est une céréale à part entière et si vous consommez trois grosses cuillerées de riz complet, le pain est vraiment en trop ! Il faut choisir l'un ou l'autre et pas les deux !

Continuons la journée avec petits gâteaux ou viennoi- serie à 16 ou 17 heures puis le soir au dîner pain plus pâtes, pommes de terre et bien souvent, après le repas, un petit gâteau, juste un ! Il y a là bien de quoi affoler l'intestin ! Surtout si celui-ci reçoit, en plus, du mauvais gras ! Nous mangeons comme des poules d'élevage, du grain toute la journée, alors que nous sommes omnivores !

Si chacun de nous devait cultiver son lopin de terre pour se nourrir, comment ferions-nous ? Nous garderions les céréales pour les périodes où fruits et légumes manquent le plus, ce qui veut dire que nous consommerions plus de farineux en hiver et plus de fruits et de légumes en été. Notre pancréas, petite glande, ne travaillerait pas désespérément toute l'année, il se reposerait pas mal entre le printemps et l'automne ! En automne, nous salerions le cochon pour l'hiver et nous ne tuerions pas de bêtes en hiver et attendrions les œufs des poules jusqu'au printemps. Demandez à vos arrière-grands-parents comment ils faisaient, eux qui atteignent aujourd'hui 90 ou 100 ans ! Car ceux qui arrivent en bon état aujourd'hui, ce sont ceux qui ont mangé comme eux ! Pas ceux qui sont nés durant le baby-boom et la junk-food [1] !

Les pâtes

Les pâtes sont le pain des Italiens et de tous les pays où elles sont consommées. On ne les pousse donc pas avec du pain ! Le Dr David Servan-Schreiber [2] fait clairement la distinction. Font partie des aliments qui favorisent le cancer les pâtes blanches, cuites molles à la française, et assaisonnées au beurre. Notons que sous cette forme, elles collent parfaitement à la paroi intestinale où le gluten peut faire des ravages. À l'inverse, font partie des aliments **anticancer les pâtes de semoule de blé dur, semi-complètes ou complètes**, j'ajoute bios, **cuites à l'italienne** *al dente* et assaisonnées à l'huile d'olive. Les pâtes ne doivent pas *glisser toutes seules* dans l'estomac, on doit être vraiment obligé de les **mastiquer** correctement.

---

1. Nourriture frelatée !
2. *Anticancer, op. cit.*

Macha Méril[1] raconte comment, victime d'une inflammation chronique de l'intestin accompagnée de selles toujours liquides, elle a été définitivement guérie par un vieux médecin italien qui lui a fait manger des pâtes et exclusivement des pâtes à l'italienne durant huit jours, assaisonnées exclusivement d'huile d'olive. Plusieurs personnes m'ont signalé des résultats similaires.

Le pain

Le pain est une base alimentaire qui dans notre pays accompagne les autres aliments. En Chine, c'est le riz qui tient ce rôle, en Afrique du Nord c'est la semoule de blé, en Italie les pâtes, chez les Maoris le *maïoré* ou fruit à pain. Lorsque l'on met du pain à table, il n'y a pas lieu d'ajouter du riz ou des pâtes, le pain est une céréale au même titre que le riz ou les pâtes. À table, il faut donc absolument choisir entre l'un ou l'autre : dans un régime équilibré, on ne consomme pas deux céréales au même repas. Ou si on veut le faire, on réduit de moitié le volume de chaque céréale.

Pour être minéralisant et bien nutritif, le pain doit être fabriqué à partir de froment ou d'épeautre[2] bio complet ou semi-complet, au levain naturel (farine et eau fermentées) qui lève la pâte très lentement, il doit être pétri à nouveau et levé lentement une seconde fois. C'est la seule manière de détruire l'acide phytique qui est très déminéralisant. Sachez que les machines à pain à usage familial ne peuvent pas fabriquer toutes seules ce pain-là, on est obligé d'utiliser de la levure de boulanger déshydratée qui lève plus vite.

---

1. Sur Europe 1 en 2007.
2. Forme primitive de blé.

Le saviez-vous ?

Une baguette de pain blanc contient 4 à 6 g de sel. Le pain blanc est donc très salé. Le sel est ajouté à la farine pour que le pain ait une meilleure tenue. Le sel stimule l'appétit.

Pour faire du **pain blanc**, on ajoute en moyenne, au plan national, **16 g de sel par kilo de farine**. C'est une moyenne. Cette farine ayant perdu tous les sels minéraux naturels, on ne peut l'utiliser autrement pour faire ce que l'on nomme du « bon pain », pour lui donner de la consistance et de la saveur. En plus le sel donne soif et excite l'appétit, ce qui incite à manger plus de pain.

Pour faire du **pain complet**, il est totalement inutile d'ajouter du sel, le pain a toujours une bonne tenue et de la saveur. Cependant, un peu de sel est parfois ajouté, de 5 g pour l'épeautre jusqu'à 9 g maximum par kilo pour un pain moins complet car les acheteurs se sont tellement habitués au pain salé qu'ils ne veulent pas acheter de pain sans sel, pourtant très savoureux. Ce qui fait en moyenne **7 g par kilo de farine**. Soit **la moitié du sel contenu dans le pain blanc**. Un pain d'épeautre sans sel ajouté est un vrai régal pour les papilles, il a une exquise saveur. Malheureusement, il suffit que le boulanger, croyant bien faire, signale qu'il est sans sel ajouté pour que les clients, mal informés, imaginent que ce pain n'a pas de goût ou est fade ou bien destiné à des malades. Du coup on n'en trouve pas souvent. Quel dommage ! Demandez-le, vous ne le regretterez pas ! C'est le cas de la boulangerie de l'Arche dans l'Isère [1].

---

1. Le pain du Moulin de l'Arche, M. Perraudin, à Bouvesse-Quirieu.

On ne se *remplit* pas de pain bio.

Ces pains étant vraiment nutritifs, on en consomme toujours moins que du pain blanc. Il se conserve bien et on n'en jette jamais le moindre morceau. Vous remarquerez qu'en général, les pains bios de boulangeries bios (à ne pas confondre avec les pains levés trop rapidement, faits de farine bio dans des boulangeries ordinaires ou dans bien des supermarchés !) ne créent pas de manière aussi forte le besoin de se gaver de pain. **Il ne faut pas confondre le besoin provoqué par le sel d'avaler beaucoup et l'appétit !** Et il faut comprendre que la satiété apportée rapidement par un vrai pain complet bio ne signifie pas que ce n'est pas bon, qu'on n'aime pas, mais que le cerveau envoie rapidement le signe de satiété car le corps est assez nourri avec quelques bouchées ! Ce n'est pas la même chose !

Et encore une bien bonne : 109 additifs dans le pain blanc !

Savez-vous que la farine panifiable qui arrive dans les boulangeries ordinaires peut contenir jusqu'à 109 additifs différents ? Alors que la **farine bio** ne contient absolument AUCUN additif !

Savez-vous combien de sacs d'un mètre de haut, pleins de pains rassis, sont jetés chaque semaine par un restaurant (donnés aux chevaux, aux chiens, etc.) ? Chaque semaine, une de mes amies en collecte trois grands sacs, dans un seul petit restaurant. Dans le bio, il n'y a pas de pain en trop, pas de pain jeté ni donné aux animaux !

Pratique

Il existe dans les magasins bios des **pains précuits** vendus sous vide hors frigos et qui **se conservent plusieurs mois**

dans un placard. Ces pains sont une alternative commode pour consommer du pain bio si l'on habite loin de la boulangerie bio. Sur l'emballage, il est conseillé de faire cuire ce pain au four en posant une coupelle d'eau près du pain dans le four. On peut faire bien plus simple : on coupe la tranche dont on a besoin et on la fait cuire dans un grille-pain, ce qui donne une tranche délicieuse et permet de conserver le reste du pain précuit dans son emballage ou dans une boîte sous vide au réfrigérateur.

Le pain bio est toujours moins cher que le blanc ordinaire !
Comparaison à Lyon entre une boulangerie du 8e arron-dissement et La Vie Claire[1] du même quartier faite le jeudi 26 février 2009. Nous avons choisi la baguette blanche ordinaire la moins chère du quartier. Elles pèsent toutes 200 g et leur prix varie de 0,95 € à 1,12 €. Nous choisissons le prix le plus bas, soit 0,95 €.

Nous la comparons à une baguette complète bio, dans le magasin La Vie claire du même quartier : elle pèse 300 g et coûte 1,26 €.

Rapportons les deux baguettes à 200 g :
La baguette blanche 200 g coûte 0,95 €.

La baguette bio complète 200 g coûte 0,84 €, soit **0,11 € de moins** que la baguette blanche sur 200 g seulement !

Ce n'est pas la seule différence ! Un adolescent peut manger la baguette blanche entière au petit-déjeuner et, une heure plus tard, avoir faim et très soif, la blanche étant très salée. Par contre, il ne pourra pas consommer plus de la moitié de la baguette bio, il sera rassasié et n'aura pas

---

1. En Biocoop, c'est moins cher.

faim ni soif une heure plus tard. Quel est le plus avantageux ? Il aura consommé 0,42 € de pain en bio contre 0,95 € en pain blanc !

Bien des gens commencent à le comprendre : on vend de plus en plus de pain bio dans les magasins bios. On comprend que les « non-bio » commencent à *perdre leurs nerfs* ! Mais pourquoi continuent-ils de clamer que le bio est plus cher ?

Attention à la tradition du pain à tout prix ! Au temps où le pain était la base du repas, on ne consommait ni pâtes, ni riz. Avant Parmentier et la pomme de terre, c'était le pain qui épaississait la soupe. Aujourd'hui, trop de familles ont gardé le pain obligatoire à tous les repas en ajoutant les céréales et les tubercules. Ce que je conteste, c'est le fait que les parents l'imposent à leurs enfants : « On pousse avec du pain ! On ne mange pas son fromage sans pain ! » Il y a là une suralimentation manifeste. Sachez aussi qu'un morceau de **fromage se digère beaucoup mieux** accompagné d'un **fruit acide**, ou mieux d'une **salade verte** assaisonnée à l'huile d'olive et au citron que d'un morceau de pain !

Sans gluten : lequel ?

Le sans-gluten commercial

Certaines personnes, à force de consommer trop de produits raffinés dépourvus de fibres, de manger des pâtes blanches, molles et au beurre à la française, des farineux tous les jours toute l'année plusieurs fois par jour sous forme de quiches, pizzas, viennoiseries, sandwiches, petits gâteaux, ont des problèmes de gluten. Certaines sont intolérantes au gluten dès la naissance, mais c'est plus rare. Peut-être aussi que les futures mamans qui consomment trop de farineux peuvent favoriser ce problème. Mais quand on sait qu'il peut y avoir jusqu'à 109 additifs dans la farine blanche qui sert ne serait-ce qu'à faire le pain, on est en droit de se poser quelques questions concernant pizzas, quiches, viennoiseries, biscuits, barres de céréales industrielles !

Notre méthode ici a justement pour but de nous rendre de nouveau aptes à consommer des farineux contenant du gluten, mais bio ! Et on n'en mange pas à tous les repas et à tous les goûters !

Venons-en aux produits sans gluten vendus dans des magasins bios. Quand on lit tout ce qui se trouve sur les **étiquettes**, on s'interroge vraiment sur l'opportunité de la présence de tels produits en bio. Rappelons que les Italiens les vendent en pharmacie. **En France**, les personnes auxquelles le médecin a prescrit le **sans-gluten** se font faire par le magasin qui les vend une facture qu'elles envoient à la **Sécurité sociale** *(sic)* qui en rembourse apparemment au moins une partie ! La France pourrait comme l'Italie les mettre en rayon dans les pharmacies ! Mais cela serait pour le moins désordre ! Car que trouve-t-on ? Jugez plutôt !

Des petits pains vendus par quatre à 2,70 €, 2 petits pains de table à 2,60 € les 110 g, pain rustique style pain de mie à 3,75 € les 400 g, des pâtes, des coquillettes près de deux fois plus chères qu'en bio, des cornflakes au chocolat à 3,60 € les 220 g, des biscottes à 4,10 € les 200 g, de la chapelure, des fonds de pizza, des pains suédois à 3,50 € les 110 g, des barres chocolatées, des gaufrettes, une ribambelles de **produits**, en dehors du pain et des pâtes, **qu'une personne** qui se met à une alimentation **bio n'achète jamais**! Et lisez bien les étiquettes des petits pains, c'est un vrai programme! Que font-ils dans nos magasins bios?

Chère Sécurité sociale!

Si notre Sécurité sociale au grand cœur veut vraiment aider les enfants de notre pays à ne plus avoir d'allergies, au lieu de rembourser toutes ces friandises et petits pains garnis de toutes sortes de produits, le plus simple serait de nous **rembourser le lait de nos seins**, une rémunération supplémentaire qui permettrait à bien des femmes d'allaiter au moins un an en prenant une nounou à proximité de leur lieu de travail. Cela existe déjà dans quelques entreprises. Le lait n'est pas payé mais la garderie est dans l'entreprise, accessible aux mamans! **Les effets sanitaires seraient beaucoup plus spectaculaires que le remboursement des gaufrettes au chocolat sans gluten!**

Le sans-gluten vraiment bio

Les vrais consommateurs bios savent très bien trouver dans leurs magasins tout ce qui est sans gluten : fruits et légumes frais, farines de riz, de sarrasin, petit épeautre, quinoa, sarrasin en grain, semoule de maïs, riz complet, pâtes complètes de semoule de blé dur cuites *al dente* et assaisonnées d'huile d'olive, légumineuses. Il y a bien là de quoi se faire du bien sans additifs d'aucune sorte! Et cela ne ruine certes pas la Sécurité sociale!

Les céréales soufflées

Bios ou pas, ce sont des friandises, pas des aliments. Gérard Pouradier et Fabien Perruca[1] les qualifient de «plus belle escroquerie du siècle!» On vous remplit un sac d'une poignée de grains et du vent! L'emballage coûte plus cher que le grain qu'il contient. Regardez-les comme des friandises, ne comptez pas sur elles pour vous nourrir ou nourrir correctement vos enfants. Que dire alors lorsqu'elles sont additionnées de sucre, sel, glutamate comme le font des marques célèbres! Dans un bol de corn-flakes du grand commerce, il y a en sel l'équivalent d'un bol d'eau de mer! Le tout est masqué par le sucre et le glutamate.

Si vous voulez donner à vos enfants des céréales, prenez des flocons d'avoine baby que vous préparez à froid comme dans ma recette *Flocons d'avoine du marin*[2], surtout ne faites pas chauffer pour ne pas faire de la colle qui dégoûte les enfants!

Quant aux galettes de riz que je qualifie de polystyrène expansé, ce sont des amuse-bouche plus que des aliments, quelques grains de riz avec du vent là aussi! Celles qui sont cuisinées en bio en Italie sont beaucoup plus fines et contiennent de vrais morceaux de poivron, tomate ou oignons bien identifiables! Elles sont servies en apéritif.

---

1. In *Des Poubelles dans nos assiettes*, Éditions Michel Lafon, 1996.
2. In *La Cuisine selon France Guillain, op. cit.*

Les biscuits, gâteaux, confitures, barres chocolatées et autres friandises

Tout cela fait encore partie des friandises, ce ne sont pas, à nos yeux, des aliments. Il est parfaitement inutile d'en consommer chaque jour. Une fois par semaine tout au plus, mais pas plus si vous voulez garder une bonne forme et de belles formes. Il y a soixante ans, il ne venait à l'idée de personne d'avoir un paquet de biscuits dans son sac ! On emportait des amandes, des fruits séchés, une pomme. Les biscuits étaient réservés aux jours où l'on recevait une vieille tante autour d'un thé. Au petit-déjeuner, on mangeait une soupe, pas des tartines. La confiture était gardée pour l'hiver ou le dimanche ! Dans les familles simples, on n'en mangeait pas toute l'année.

Reprenons ces bonnes habitudes et la crise passera sur nous comme l'eau sur les plumes d'un canard. Il y a mille autres choses à faire dans une journée que de grignoter des gâteaux ! On peut lire, bricoler, aller courir un moment, faire une marche ! Le plus simple est de ne pas avoir chez soi en permanence ces friandises. Faites vos courses en sortant de table !

Les envies de sucré

Vous remarquerez peut-être que c'est souvent le soir que, seul ou en famille, on a envie de sucre. Certains attribuent cela au stress, à la solitude, à l'ennui. Pourtant cela touche les personnes les plus épanouies et heureuses, bien entourées. C'est que le problème me semble être ailleurs. Mon explication est celle-ci : la nuit, notre cerveau a extrêmement besoin de sucre (glucose) et d'huile (gras). Il doit refaire, pendant le temps de sommeil, tout ce qu'il a fait dans la journée afin de trier, classer, mémoriser. Il est donc logique, le moment du sommeil approchant, qu'il réclame ce qu'il n'a pas reçu en quantité suffisante dans la journée. Nous percevons cette demande de sucre et de gras, mais nous nous trompons sur la nature de ce sucre et de ce gras. La meilleure réponse serait de consommer une belle figue séchée avec quatre amandes ou des noix ou quelques raisins secs et des pignons de pin par exemple. Mais nous choisissons les gâteaux ou le chocolat au lait. Nous choisissons les mauvais sucres et les mauvais gras.

Les personnes qui consomment le Miam-Ô-Fruit voient peu à peu ce besoin se dissiper puis disparaître complètement, car cette recette apporte probablement la quantité nécessaire au corps et au cerveau pour vingt-quatre heures. N'oublions pas que le cerveau consomme à lui seul 20 % de ce qui est dans notre assiette, soit dix fois plus que tout le reste du corps !

Les fibres

On appelle fibres, d'une manière générale, tout ce que le corps rejette lorsque nous avons consommé des végétaux. Nous connaissons la cellulose, les pectines, les gommes, les gélifiants, les extraits des algues. On classe les fibres en deux grandes classes, les fibres solubles et les fibres non solubles. Vous faites cuire une énorme laitue, il ne vous reste qu'une cuiller à soupe de matière : la laitue est constituée principalement de fibres solubles. Vous déshydratez un gros haricot rouge sec, il vous reste un haricot rouge : la légumineuse est faite principalement de fibres non solubles.

Riches en fibres solubles : tous les légumes et fruits frais, y compris les petits pois en boîte.

Riches en fibres non solubles : les légumineuses battent tous les records ! Viennent plus loin les céréales complètes, les figues sèches, mais aussi la papaye, la patate douce, les graines oléagineuses, la goyave, la pomme.

Fibres solubles et non solubles sont indispensables à notre intestin qu'elles protègent. **Elles ont en commun** de produire des vitamines et des enzymes qui permettent l'**absorption** par notre organisme des vitamines et des sels minéraux. Mais il faut que les vitamines trouvent les enzymes des fibres avec lesquelles elle se trouvent dans la nature. Donc on ne peut pas prendre les fibres d'un fruit pour assimiler les vitamines et sels minéraux d'un autre fruit. D'où l'absurdité des jus de fruits commercialisés, des soupes de légumes toutes prêtes, car tout cela est préparé dans de grandes cuves où tout est mélangé ! De même pour les plats cuisinés avec des légumes.

Les fibres non solubles ont d'autres propriétés. Ce sont elles qui assurent le deuxième signe de **satiété entre deux repas**, au niveau de l'intestin grêle. Elles empêchent donc le grignotage. Elles aussi qui **capturent** pour les expulser les excédents de **sucre**, de **gras** que le cerveau a détecté **si vous mastiquez bien,** mais a dû laisser passer afin de profiter d'autres éléments nutritifs. Elles **régulent** donc le taux de **cholestérol** et le **poids** et le **volume** du corps. Il y a déjà plus de quarante ans qu'aux États-Unis on connaît le pouvoir anti-cholestérol des gros haricots rouges, à condition de bien respecter les quantités, **une grosse cuiller à soupe** par repas, surtout pas plus, de les mastiquer lentement et de ne pas y ajouter des sauces industrielles stupides! Ces fibres non solubles ont aussi la faculté de se gonfler de vingt fois leur volume, ce qui permet, avec seulement une cuillerée à soupe par repas, de former des selles de qualité et d'**éviter** ainsi la **constipation**. Si vous avez tendance à la constipation, essayez absolument la cuillerée de légumineuse midi et soir, même si vous êtes végétarien et consommez beaucoup de céréales complètes et de légumes. Attention, le trop n'est pas l'ami du bien. Ne consommez pas une assiette entière de haricots blancs ou rouges : en gonflant de vingt fois son volume, cela provoque des fermentations! Si vous cultiviez et récoltiez vous-même vos haricots, vous les dégusteriez un à un et en petite quantité, ce que les plus anciens du Sud-Ouest de la France du cassoulet savent bien vous expliquer!

Sucre et sel, attention à l'alimentation industrielle

Le sucre et le sel se trouvent de manière naturelle dans les aliments crus de qualité. Un enfant à qui l'on offre une alimentation naturelle dès la naissance n'aime pas ajouter de sucre ni de sel. Faire goûter du sucre ou du sel dès la naissance comme on le voit dans certaines études pour observer la réaction du nouveau-né n'est pas du tout à mes yeux de maman de cinq enfants la preuve que le sucre sous cette forme correspond à un besoin [1]. Le bébé reconnaît les saveurs fortes, sucre et sel, absorbées

---

1. Un bébé né d'une mère alcoolique ou héroïnomane a besoin d'être sevré durant les premières semaines, sinon il sourit lorsqu'on lui donne de l'alcool ou de l'héroïne! Tout ce qui est excitant fait sourire... ou pleurer!

par sa mère et qu'il percevait forcément *in utero*. Pour être juste, il conviendrait de faire le même test auprès de nouveau-nés de mères n'ayant jamais consommé de sel ni de sucre, en dehors des aliments naturels. Je l'assimilerai plutôt à une *drogue*, quitte à choquer bien du monde. J'en tiens pour preuve qu'un enfant qui a toujours connu une alimentation naturelle, si sa mère ne consommait ni sucre ni sel ajoutés, rejette ce qui a été sucré ou salé. Il pose ses dents sur la barre chocolatée, retire les dents et ne mange pas. Il préfère de loin les fruits crus, pas les compotes. Même dans les écoles maternelles, on peut voir les enfants chinois, indiens ou européens qui ne veulent pas du gâteau d'anniversaire ni des bonbons. Il en existe encore. Ils se précipitent sur la belle part appétissante, y goûtent et laissent leur assiette. Ce n'est que plus tard, à force d'entendre les adultes leur dire que *c'est bon* qu'ils finissent par en consommer puis à devenir accrochés au sucre ajouté. Car le sucre, le Dr Shelton l'a bien étudié, crée une véritable dépendance. Il vous suffit de faire l'essai de ne rien consommer durant huit jours contenant du sucre ou du sel ajouté. Vous pouvez continuer de consommer fruits, légumes, etc., mais pas de sucre, vous verrez ! Pas de biscuits, pas de confiture. Entendons-nous bien ! **Le sucre est indispensable au fonctionnement de l'organisme**, en particulier associé au gras pour notre cerveau. Il nous en faut tous les jours. Mais le sucre qui nous est nécessaire n'est pas la poudre blanche ou brune qui nous est vendue. Le sucre nécessaire est celui des fruits frais ou séchés, des légumes, des céréales, des tubercules et des racines.

Les problèmes engendrés par la consommation excessive de **sucre** sont entre autres les caries dentaires, l'athérosclérose et les maladies cardio-vasculaires, l'obésité, le diabète. Le sucre est soupçonné de favoriser le développement de cancers.

Pour éviter le besoin de sucre, le plus simple, le plus rapide est de consommer une fois par jour le **Miam-Ô-Fruit**. On peut compléter par la poignée quotidienne de fruits séchés et graines oléagineuses.

Le sel, sous forme de condiment, **doit absolument être limité** lui aussi. Notre alimentation en France est particulièrement riche en sel, et c'est en France qu'il y a le plus d'hypertension. Rien que pour le pain blanc, c'est impressionnant! Il est ajouté en moyenne 16 g de sel par kg de farine. Une baguette de pain contient à elle seule au moins 6 g de sel, soit déjà plus qu'une personne ne doit en absorber chaque jour, la bonne mesure étant 3 g par jour en sel ajouté.

Les problèmes engendrés par trop de sel : en premier lieu, l'**hypertension**. Mais il ne suffit pas de supprimer le sel pour faire baisser la tension, il faut en plus consommer beaucoup de fruits, de légumes, deux cuillerées à soupe par jour de légumineuse. Il y a aussi le **vieillissement prématuré des cellules** avec tout ce que cela entraîne pour les organes, les os, les muscles, les neurones et donc le cerveau. Enfin, il faut ajouter la **rétention d'eau** et certains **cancers** du tube digestif, liés à la surconsommation de sel.

Les aliments naturels contiennent suffisamment de sel

Ainsi pour 100 g, une orange en contient 4 mg, le beurre 5 mg, une tomate 1 mg, la viande de bœuf 45 mg, le lait entier 50 mg, le vin 70 mg, le poisson

75 mg, le veau 85 mg, l'œuf 130 mg. Chez les Maoris [1], il n'y a pas si longtemps, il n'y avait ni sel ni sucre et la durée de vie était très longue, 90 ou 100 ans, la mortalité infantile presque nulle.

L'intérêt du sel ajouté réside dans son apport en iode, ce qui n'est vrai que pour le sel marin. Et il existe des sources naturelles d'iode : c'est le cas des fruits de mer, des calamars et des seiches, du poisson de mer, des œufs puisqu'un œuf contient à lui seul 32 % de nos besoins journaliers en iode. Les personnes qui vivent au bord de la mer n'ont en général pas de déficit en iode [2] !

Pour éviter de saler

Pour que les aliments aient une bonne saveur : il faut les cultiver soi-même ou les acheter bios, le plus près possible du lieu de production. Attention aux pommes bios qui arrivent de l'autre bout du monde dans les grandes surfaces ! Il faut les consommer crus ou cuits de telle sorte qu'ils gardent leur saveur : à la vapeur, à l'étouffée. Il ne faut jamais saler avant ni après la cuisson, mais laisser chacun apprécier, goûter d'abord, ajouter du sel ensuite si c'est nécessaire. Certaines personnes n'aiment pas du tout saler, elles disent qu'elles ne sentent plus le goût de l'aliment. Pourtant, combien de fois entend-on dans les

---

1. Population du Pacifique beaucoup étudiée par le Pr Louis-Claude Vincent, membre de l'Institut. J'ai eu le temps de connaître les Maoris vivant de manière naturelle ! Leur régime traditionnel est actuellement utilisé aux États-Unis pour aider les diabétiques !
2. Le manque d'iode est à l'origine d'une maladie, le crétinisme (crétin des Alpes, montagnes loin de la mer, le sel iodé était plus facile à transporter que les fruits de mer périssables !).

familles dire « attends avant de te servir ! Je n'ai pas encore salé ! Ça va pas être bon ! ». Voilà un conditionnement qui sera lourd de conséquences sur la santé ! Il faut savoir qu'en France on sale trop, que les produits industriels sont trop salés, que les familles consomment beaucoup trop de sel.

En écrivant ces lignes, je me régale d'un grand verre de l'eau de cuisson délicieusement goûteuse de deux poireaux bios, qui ont cuit sans sel !

Qu'est-ce qu'on boit ?

De l'eau ! Tout ce qui n'est pas de l'eau est une mauvaise réponse à la soif. Tout ce qui n'est pas de l'eau est considéré par le cerveau comme un aliment. De l'eau citronnée est traitée comme l'aliment citron. Au lieu de bien hydrater les cellules, l'eau sera utilisée pour expulser les déchets de l'aliment citron. Le Dr Batmanghelidj [1] explique très bien comment tout ce qui n'est pas de l'eau se comporte comme un diurétique.

– Lorsque vous buvez un verre d'eau seule, vous expulsez un verre d'eau.

– Vous buvez une tasse de thé et rejetez deux tasses d'eau.

– Une tasse de café, trois tasses d'eau.

– Si vous buvez un verre d'eau avant le café, ce qui se fait en Italie, vous expulsez trois tasses d'eau.

– Mais si vous buvez l'eau après le café, vous expulsez alors trois tasses de café plus trois tasses d'eau, car l'eau a été traitée comme le café.

---

1. *Votre corps réclame de l'eau*, Fereydoon Batmanghelidj, Éditions Jouvence, 2007.

Sur une table bien servie, un grand verre pour l'eau est placé à côté du petit verre de vin. On se désaltère donc avec l'eau et on déguste ensuite le vin.

Avant toute boisson quelle qu'elle soit, buvez d'abord de l'eau.

Attention : depuis plus de vingt ans, on entend dire un peu partout qu'il faut boire beaucoup d'eau, que c'est bon pour éliminer, qu'un litre et demi par jour est la dose nécessaire. Il y a bien vingt ans que je m'élève moi-même contre ce dictat qui nous vient essentiellement des marchands d'eau en bouteille, comme par hasard d'un litre et demi tout juste. Quelle aubaine que de vendre un litre et demi d'eau (l'eau ne coûte pas grand-chose, c'est sa mise en bouteille qui est coûteuse !). Faites le calcul de rêve, six milliards d'habitants buvant chacun un litre et demi d'eau en bouteille par jour, même gagner au loto n'arrive pas à sa cheville ! Je plaisante bien sûr mais il est important de rire, c'est excellent pour la santé, ça, c'est réellement prouvé !

Par contre, le litre et demi est aujourd'hui dénoncé par les urologues, spécialistes des reins, et on les comprend ! **Patricia** m'a demandé un jour comment réduire son gonflement, elle **faisait de la rétention d'eau**. Je lui demandai combien elle buvait d'eau. Un litre et demi tous les jours me dit-elle, cela m'a été recommandé par mon médecin, car il faut que j'élimine. Je lui demande alors combien elle élimine (urine) chaque jour, elle n'en sait rien ! Elle se met donc à recueillir ses urines pour en savoir plus. Patricia expulse moins d'un litre d'urines par jour. Rien de surprenant alors qu'elle gonfle, elle garde l'eau ! Retenez que **nous devons éliminer la quantité que nous absorbons**. Il n'est pas excellent non plus de courir aux toilettes toute la journée ! Il est inutile, voire dangereux de se forcer à boire trop.

Si vous ne buvez jamais d'eau, il est possible comme l'indique le Dr Batmanghelidj [1] que vos cellules indicatrices de la soif soient elles-mêmes déshydratées et ne fonctionnent pas. Le plus simple est alors de prendre, le matin au réveil, un grand bol d'eau chaude. Puis, dans la journée, à chaque fois que vous êtes tenté de boire un thé ou du vin ou même un jus de fruit, boire un peu d'eau avant. Mais ne vous forcez pas à boire en particulier à partir de midi sinon vos reins travailleront toute la nuit et vous risquez même de vous réveiller pour aller aux toilettes, ce qui ne doit pas se produire.

Si vous consommez le Miam-Ô-Fruit tous les jours, plus des crudités et une alimentation correcte, vous n'aurez pas besoin de grandes quantités d'eau. Mais pensez tout de même à en prendre un verre avant toute boisson.

Le Bain dérivatif (poche de gel) est excellent pour résorber les œdèmes et tous les problèmes de rétention d'eau, et cela d'autant plus vite que vous l'accompagnez du Miam-Ô-Fruit.

Le vin

En mai 1997, une étude [2] à peine commencée sur les effets du vin sur la maladie d'Alzheimer et sur les problèmes cardiaques avait été reprise par certaines radios et un débat télévisé dans le but de nous convaincre que boire du vin aux repas serait bon contre ces maladies ! Depuis lors, on ne cesse de nous le répéter, bien à tort ! Il se trouve

---

1. *Votre corps réclame de l'eau, op. cit.*
2. Très contestée par *Que Choisir*, mai 1997, avec le Dr Jean-Marc Orgogozo, expert à l'Office international de la vigne et du vin !

qu'une étude similaire et aussi peu consistante a été faite aux Pays-Bas à partir de la bière, avec les mêmes conclusions. Quel est le seul point commun entre la bière et le vin ? L'alcool !

Pour ce qui concerne le vin, les éléments intéressants qu'il contient sont encore plus concentrés dans le raisin, les raisins secs, les jus de raisin. Le chocolat noir contient trois fois plus de polyphénols. Et personne aujourd'hui ne peut plus nier les effets ravageurs de l'alcool. Sachez que dans un verre de vin, il y a autant d'alcool que dans un verre de whisky, la seule différence est que l'on remplit mieux le verre de vin que celui de whisky. On sait que l'alcool détruit les neurones, il est donc destructeur pour notre cerveau. Que les femmes ne métabolisent pas l'alcool, ce qui permet à l'alcool de se promener dans le corps et de détruire des neurones plus longtemps. Boire de l'alcool vieillit prématurément les cellules, ce qui se voit tout particulièrement sur une femme, un verre par jour suffit pour que ce soit visible à son teint, sur sa peau et ses cheveux. Alors, attention au vin. Une femme qui est en puissance d'enfant ne devrait jamais boire de vin ni d'alcool, ni fumer. Les études de l'INSERM montrent qu'il faut arrêter ce type de consommation neuf mois avant la date de conception. Voyez le chapitre « Grossesse ».

Bien sûr, **les bons vins font partie des réjouissances de la vie**. À nous de les consommer avec intelligence, comme du temps où nous étions pauvres ! Mon grand-père paternel avait une vigne dans les garrigues de l'Hérault : il gardait son vin pour le vendre et n'en buvait pas à chaque repas ! Lorsque l'on veut se régaler d'un bon vin, le plus simple est de se désaltérer avec de l'eau et de savourer ensuite son vin, en n'en prenant pas plus d'**un doigt** dans son verre, **à l'horizontale** bien sûr, pas à la verticale ! N'oublions pas de le **choisir bio**, car dans ceux qui ne le sont pas, des études récentes pointées par l'OMS ont révélé que nos vins contenaient de 2 000 à 6 000 fois plus de pesticides que le maximum toléré pour l'eau ! Pire encore, plus le vin est cher, plus le taux de pesticides est élevé. On ne peut tout de même pas prendre de risque avec des grands vins, n'est-ce pas ? Une vigne a tellement plus de valeur que celui qui en boit le fruit !

Le café et le thé

Choisissez des cafés et des thés bios. Ce qu'il faut savoir :

À partir de trois cafés par jour, cela devient toxique par excès de goudrons et de caféine.

Un café serré à l'italienne, donc au goût très fort, contient moins de caféine qu'un café long, car la caféine est libérée par l'eau. Plus le passage de l'eau est long, plus il y a de caféine.

Plus votre café attend longtemps dans la cafetière, plus il est concentré en caféine.

Un café bio est torréfié à température beaucoup plus basse qu'un café non bio, et donc contient moins de goudrons.

Buvez toujours de l'eau avant de boire le café et pas le contraire.

L'abus de café ou de thé irrite la vessie.

Le thé contient aussi de la caféine ou théine, mais elle passe plus lentement dans le sang.

L'abus de thé vert fait fuir les hormones.

Du jus de citron dans le thé permet de fixer le fer.

Les thés verts existent au jasmin, earl grey, goût russe, à la cardamone, à la menthe ; le choix est grand.

Les thés verts sont riches en antioxydants, surtout le sencha.

Enfin, il est plus facile et efficace de retrouver une belle silhouette en consommant chaque jour le Miam-Ô-Fruit et en mettant des poches de gel qu'en buvant du thé !

Le chocolat

Une pure merveille dont on aurait tort de se passer, à condition qu'il soit bio et noir !

Le chocolat contient au moins huit cent molécules différentes, nous n'en connaissons que dix-sept ou dix-huit, ce qui est bien peu. Certains lui reprochent la théobromine, qui est un euphorisant certain, mais ce dont il faut se méfier, c'est des traitements qui lui sont infligés : traitements aux pesticides, torréfaction. Comme pour le café, les goudrons sont fonction de la température de torréfaction, et c'est en bio qu'elles sont au plus bas. D'ailleurs les très grands chocolatiers n'utilisent que le cacao bio, bien plus riche en saveurs et en flaveurs.

Attention aussi à ce qui lui est ajouté, c'est pourquoi le chocolat noir est plus intéressant que le chocolat au lait. **Si vous n'en consommez qu'à Pâques et à Noël, ce n'est pas très important.** Mais si vous en consommez chaque semaine ou même chaque jour (ah les gourmands !) il est recommandé de le choisir noir. Longtemps, les chocolats bios ont été tristounets par manque de véritables artisans chocolatiers pour les confectionner, ce qui est vraiment tout un art d'une précision impressionnante ! Ces temps sont révolus, on trouve aujourd'hui d'excellentes préparations dans les rayons bios.

Les produits laitiers

Dans les produits laitiers il y a le lait et les dérivés du lait : beurre, fromages traditionnels (roquefort, brie, comté, maroilles, gex, camembert, etc.), fromages industriels (Caprice des Dieux, pâtes molles à étages *façon copie de gex*, Vache qui rit [1] – et pleure !), les fromages blancs, les yaourts et toutes les crèmes dessert, lactées, les yaourts à boire, les smoothies au lait, etc.

Il y a cinquante ans, le rayon produits laitiers d'un grand supermarché parisien (UNIPRIX) ne couvrait qu'un mètre carré : bouteilles de lait, crème fraîche, motte de beurre et fromage de saison et du terroir. On voyait apparaître les premiers petits-suisses, réservés aux bébés et aux enfants de moins de trois ans, de même que les yaourts. Je me souviens avoir acheté un yaourt pour ma fille d'un an, ni son père ni moi-même n'aurions eu l'idée de le consommer, même si nous avions du plaisir à le terminer s'il en restait ! C'était un geste régressif, une forme de retour au biberon ! Très peu de personnes dans le monde consommaient de produits laitiers. Très peu, aujourd'hui encore, ont la capacité de les digérer correctement.

La chasse au gras inutile

Ces dernières décennies, face au développement de l'obésité et du diabète, on a beaucoup mis l'accent sur le sans-gras. Il a donc été mis sur le marché une gamme complète de produits qui affichent leurs 20 %, 10 % et

---

1. Coucou Anne Courtois : c'est ton papa qui l'a inventée. Tu nous disais que sachant comment c'était fait, tu n'en mangerais jamais ! Nous avions 15 ans !

0 % de matière grasse. Toute la saveur résidant dans le gras, il a fallu parfumer, exciter les papilles. Les personnes voulant maigrir se sont jetées sur ces produits qui par ailleurs sont chargés de sel et de sucre. Le résultat ne fut donc pas l'amaigrissement ! C'est tout simplement parce que ce qui fait vraiment grossir dans les produits laitiers, ce n'est peut-être pas le gras à lui seul ! Puis il y a eu le sans-gras et sans-sucre, mais avec de faux sucres ! Le résultat n'est pas meilleur !

Les hormones qui font grossir

C'est pourtant bien simple et relève du bon sens le plus élémentaire ! **À quoi sert le lait d'un animal** quel qu'il soit, petit, grand, sauvage ou d'élevage ou même humain ? **À faire grandir** et **grossir** le plus **rapidement** possible un nouveau-né pour le conduire en peu de temps à la taille adulte ! Chez les humains, c'est uniquement pour atteindre la taille d'un à trois ans tout au plus. Mais chez les animaux, c'est la taille adulte en moins d'un an ! Imaginez alors la masse d'hormones de croissance que peut contenir un lait animal ! Pensez à la différence de taille entre un veau et sa mère, entre un chevreau nouveau-né ou un agneau et sa mère[1] ! Pas de doute, lorsque nous consommons des produits laitiers tous les jours, pour ce qui est de notre volume, c'est très réussi ! **Pas besoin d'être chercheur pour le comprendre !** Donc plus nous consommons de fromages, laitages, plus nous avalons d'hormones de croissance et plus nous grossissons, c'est normal et le résultat est exac-

---

1. J'ai toujours rêvé de voir un jour un bébé de souris à la naissance, tétant sa mère ! Quand on sait qu'il peut y en avoir douze dans un ventre de souris !

tement le même avec des poussins auxquels on donne un petit peu[1] de yaourt déshydraté à zéro pour cent de matière grasse tous les jours : en trois semaines ils sont deux fois plus gros que leurs copains élevés au grain seul ! Cherchez l'erreur ! Comment voulez-vous éviter de grossir avec un produit laitier par repas, même à zéro pour cent ! Et si l'hormone de croissance fait grossir, elle fait tout grossir, y compris les tumeurs ! Des tumeurs qui auraient pu rester très petites, ne pas se développer ni se manifester jusqu'à notre mort naturelle comme on le constate en Chine !

La fuite du calcium

Un autre effet catastrophique de l'abondance des produits laitiers est la fuite du calcium. Curieusement, c'est dans les pays les plus gros consommateurs de produits laitiers, comme la Suède, que les os sont le plus fragiles dès l'âge de cinquante ans, qu'il y a le plus de problèmes d'ostéoporose ! Ostéoporose qui est presque inconnue dans les pays qui n'ont pas de produits laitiers ! Curieux non ? Même l'OMS l'a souligné en 2002 lors d'un congrès international sur... les produits laitiers[2] ! Diverses autres études, dont il a été fait état à la télé sur Arte en 2008 montrent qu'il y a quatre fois plus de cancers de la prostate chez les hommes mangeurs de fromages quotidiennement.

On ne peut que vous recommander de lire avec beaucoup de soin *Lait, Mensonges et Propagande* de Thierry

---

1. À raison de 20 % de la ration alimentaire journalière.
2. *Santé, Mensonges et Propagande* de Thierry Souccar et Isabelle Robard, Éditions du Seuil, 2004.

Souccar[1] rend compte des recherches, études et compte rendus de l'OMS qui ne laissent planer aucun doute. Consultez aussi les cartes du monde des cancers comparées à la consommation de produits laitiers dans *Anticancer* de David Servan-Schreiber[2], vous serez édifié et renseigné!

Comment faire avec les laitages et les fromages? Si vous n'avez aucun problème osseux, que vous n'avez pas de kystes ni de tumeurs, un petit bout d'excellent fromage de terroir deux ou trois fois par semaine, dans des repas sans viande ni poisson, c'est bon. Une fois ou deux par mois un *laitage plaisir régressif* style fromage blanc, yaourt ou crème dessert, c'est bon. Mais évitez d'aller au-delà. Et surtout, ne consommez que des produits laitiers bios! Les animaux n'y sont pas survaccinés! Et dans les magasins bios, il est encore possible d'acheter un yaourt à la pièce ou par deux. Fuyez les immenses rayons où les produits sont vendus par douze, dix-huit ou même vingt-quatre! Vous ferez de belles économies!

Si vous avez de la perte osseuse, arrêtez tous les produits laitiers. Mais une fois par mois, faites la fête du fromage. Vous traversez la France pour trouver le meilleur fromage du moment chez le meilleur affineur, vous l'accompagnez d'une belle salade verte, d'un excellent pain bio tout frais, d'un verre de vin bio adapté et vous partagez avec des amis à qui vous donnez les restes de fromage en fin de repas pour ne pas être tenté d'en manger toute la semaine! Vous vous

---

1. *Lait, Mensonges et Propagande*, Thierry Souccar, Éditions Thierry Souccar, 2007.
2. Déjà cité.

formerez ainsi de belles images, vous saliverez pendant un mois jusqu'à la prochaine fois, vous aurez cultivé le désir et en aurez par conséquent bien plus de plaisir !

Si vous avez de l'ostéoporose : faites ce qui est conseillé par le Dr Dominique Lanzmann-Petithory [1] :
– Une poignée de graines de lin chaque jour.
– Deux cuillerées à soupe au moins d'huile de colza bio.
– Une cuillerée d'huile de sésame bio (ça ne vous rappelle rien ?? Le Miam-Ô-Fruit !).
– Et faites de l'exercice, par exemple marchez tous les jours au moins une demi-heure d'un bon pas avec des haltères de cinq cents grammes dans chaque main, ou une petite bouteille d'eau (pleine !) dans chaque main !
– N'oubliez surtout pas que le Miam-Ô-Fruit décrit dans ce livre est extrêmement reminéralisant !

Les deux signes de satiété

Il y a deux signes de satiété.
– **Le premier** se trouve **dans la bouche**. Vous mangez du persil et rapidement la saveur ne vous plaît plus : le cerveau estime que vous en avez assez mangé et vous coupe l'appétit.
– **Le second** est dans la partie supérieure de **l'intestin grêle** : si vous avez consommé correctement des fibres non solubles (une cuillerée à soupe de légumineuse) les fibres tapissent cette partie de l'intestin et vous coupent l'appétit entre deux repas. Les personnes qui ont tendance

---

1. In *La Diététique de la longévité, op. cit.*

au grignotage arrivent rapidement à perdre cette habitude en ajoutant à leur repas la cuiller de légumineuse. Relisez le chapitre « Les fibres » !

La conservation des aliments

Attention à la conservation des aliments. Lorsque vous faites cuire des pâtes, du riz, ne laissez pas la casserole sur la cuisinière toute la journée. Mettez-la au frigo dès que tout le monde est servi. Bien souvent le fond de la casserole commence à fermenter en fin de journée et en réchauffant, on fait cuire le début de la pourriture ! Bon appétit !

Le réfrigérateur doit être à bonne température, 1 °C partout sauf dans le bac à légumes, qui doit être à 4 °C. Vérifiez avec des thermomètres, vous aurez des surprises. La plupart des réfrigérateurs dans nos pays souffrent d'un manque d'hygiène. La température est rarement respectée, ce qui entraîne « une odeur dite de frigo » dès qu'on l'ouvre. Par ailleurs le réfrigérateur doit être **nettoyé chaque semaine** et désinfecté à l'eau savonneuse au moins une fois par mois.

Prenez l'habitude d'**envelopper chaque aliment** séparément et si possible dans des boîtes **sous vide**. Vous gâcherez beaucoup moins et vous pourrez préparer des légumes pour la semaine sans qu'ils s'abîment.

Si vous rapportez de vos courses des aliments emballés, ôtez tout ce qu'il est possible : carton, boîtes, etc.

Ne mettez jamais un aliment encore chaud dans le réfrigérateur, sinon vous faites monter la température pendant un moment, ce qui favorise le développement des germes.

Lavez-vous toujours les mains si vous arrivez de l'extérieur ou des toilettes avant d'ouvrir le réfrigérateur.

Comment faire pour manger des légumes frais tous les jours quand on manque de temps ?

Savez-vous que des carottes râpées achetées chez le traiteur coûtent 633 fois plus cher que celles que vous râpez vous-même ? Et que dire de la poêlée faite de faux légumes à base de caoutchouc[1] ?

Une fois par semaine, en rentrant du marché, épluchez, lavez, **coupez d'avance les légumes et salades de la semaine** et mettez-les **sous vide** dans des boîtes prévues à cet effet.

Chaque jour, au moment du repas, prélevez juste la quantité nécessaire et refaites le vide dans la boîte. Vos légumes, fruits, salades se garderont toute la semaine aussi beaux et parfaits qu'au premier jour ils ne s'oxyderont pas, le bord ne jaunira pas, ils ne seront pas racornis !

Il vous suffira de prendre une poignée d'oignons, de courgettes et de poivrons que vous jetterez dans une poêle avec un peu d'huile d'olive. Vous ajouterez l'ail pelé en même temps que les légumes, des herbes de Provence et en **trois minutes chrono**, ce sera cuit ! Vous couvrez la poêle et la cuisson se termine toute seule à la chaleur de la poêle. Servi avec un riz complet, une cuiller de légumineuses que vous avez mise à dégeler la veille, un œuf ou une sardine, une bonne huile, le plat est complet et prêt !

Les graisses fluides

Dans le livre *Le Bain dérivatif* ou D-CoolinWay[2], neuf pages sont consacrées aux graisses fluides, car parmi les

---

1. Oui, en France, pas chère du tout, vue sur *Envoyé spécial* !
2. *Op. cit.*

quatre fonctions fondamentales du Bain dérivatif, il y a la circulation et la mise en fonction des graisses. Nous ne pouvons que vous recommander de les lire avec attention. Il reste cependant à bien comprendre comment fabriquer les graisses fluides, que représentent les graisses épaisses ?

Lorsque l'on dépiaute une poule, un cochon ou une vache d'élevage, on trouve **trois sortes de graisses**. Des graisses blanches très épaisses et dures, des graisses jaunes plus floconneuses et des graisses fluides brunes, par exemple autour de la cervelle. Ces trois types de graisses existent aussi chez les humains... d'élevage ! Mais chez les animaux vraiment sauvages, et chez les humains qui mangent et vivent encore comme autrefois, il n'y a que des graisses fluides. Une vache sauvage normale est efflanquée, elle peut vous paraître maigre, ses pis ne pendouillent pas, ils sont rétractés comme ceux d'une jument, ce qui permet à la vache de courir et sauter par-dessus les barrières sans se racler les bouts des seins !

Ces graisses sont contenues dans **un système nommé le fascia**, fait de milliers de petits canaux, qui se resserre autour de chaque organe, chaque muscle et des os. Ces graisses partent de l'intestin grêle, elles circulent dans tout le corps et sont éliminées à l'autre extrémité de l'intestin, se dirigeant vers la sortie, à condition que le fascia fasse son travail, ce qui ne se produit correctement que sous l'effet de la fraîcheur au périnée, d'où l'importance capitale du Bain dérivatif.

Comment les fabriquer ? L'histoire de la petite poule permettra, je l'espère, de bien comprendre.

Une poule sauvage est un oiseau comme les autres. Elle est très légère, agile, vole très haut, se perche dans les arbres pour dormir. Elle est intelligente. Si on place une poule sauvage et une poule d'élevage devant un filet de foot, en posant de la nourriture derrière le filet, la poule sauvage fera le tour du filet tandis que la poule d'élevage courra en piaillant d'un bord à l'autre du filet durant des heures sans avoir l'idée d'en faire le tour[1]. On fait le même constat avec des poussins sauvage et d'élevage. L'un est plus intelligent que l'autre. Comment vivent-ils?

Une poule sauvage vit en couple avec un coq. Si vous allez vous promener en Afrique du Nord, dans l'Atlas, vous verrez les poules se promener librement dans la nature, deux par deux, en couple. Ceci est aussi valable aux Antilles, en Polynésie et probablement partout dans le monde! Donc une poule sauvage a le plaisir de vivre en couple comme la plupart des oiseaux, au moins par périodes. Elle a une vie sexuelle naturelle. Elle fait son nid, pond des œufs et les couve. Les poussins naissent et la mère poule, très maternelle, les protège, les nourrit, les éduque, pour les chasser ensuite, tout va bien, pas de *Tanguy*[2] à la maison! La poule sauvage est libre, elle peut explorer la terre entière, elle n'a pas de limites, pas de barrières. Mais la poule sauvage doit assurer sa sécurité: veiller à ne pas se faire croquer par le renard, veiller aussi à ne pas s'empoisonner en se nourrissant dans la nature. Notre poule sauvage a donc bien des plaisirs dans la vie, de belles terreurs aussi lorsqu'il y a danger,

---

1. Combien parmi les humains d'élevage ont peur de sortir des limites! Peur de faire le tour du filet! Ont le respect absolu des barrières!
2. *Tanguy*, film-comédie dont le personnage principal est un garçon qui n'arrive pas à quitter ses parents alors qu'il est adulte et travaille.

et tout cela attise sa vigilance, développe son intelligence! Comme nous, la poule a deux hémisphères cérébraux et des neurones, les mêmes que les nôtres, même s'il y en a moins. Elle possède aussi un petit noyau de survie, comme nous, le noyau accumbens ou NAC, qui lui indique sans cesse ce qui est bon et agréable, pas bon et désagréable ou dangereux pour elle.

Observons comment elle mange

Une poule sauvage mange vraiment **de tout**, elle est omnivore comme nous : mouches, guêpes, larves, mille-pattes et scolopendres, escargots ou limaces, herbe, fruits, légumes, céréales, tout est délicieux pour une poule et cha-cune a ses préférences. Les personnes qui élèvent des poules en liberté, ce qui fut mon cas, peuvent savoir, en examinant la couleur des œufs et la couleur du jaune, quelle poule a pondu quel œuf et que mange de préférence cette poule!

À chaque poule son œuf!

J'habite Paris. Une de mes amies m'ayant rapporté des œufs des poules de sa mère fut très étonnée lorsque je lui décrivis les diverses races de poules que possédait sa mère, qui n'en avait qu'une dizaine. Je sus lui dire quel œuf avait pondu la noire, la blanche et la grosse rousse!

Oublions déjà l'idée reçue qu'une poule ne se nourrit que de grain! Dans la vraie nature, il n'y a pas de champs de blé ou de maïs, mais un épi par-ci et un épi par-là! La plupart des grains sont mangés par les uns et les autres, quelques-uns arrivent à se reproduire et c'est au hasard d'un grattage de sol que notre poule sauvage en trouve un! Attention, tout se passe très vite, mais tout se passe dans l'ordre que j'ai pu observer maintes fois lorsque, enfant, tapie au milieu des bananiers, dans la brousse, j'observais durant des heures. J'aimerais beaucoup pouvoir filmer ces scènes dans des lieux encore vierges et les projeter au ralenti !

Donc notre poule sauvage a trouvé un grain de blé ! Merveille ! Mais ne nous précipitons pas. Elle regarde d'abord autour d'elle si personne ne l'a vue. Puis elle examine le grain du regard, penche la tête d'un côté puis de l'autre. Il est joli ce grain, très beau. L'information arrive à son cerveau, son NAC lui envoie du plaisir. Prudente, elle le flaire. C'est la seconde information envoyée au cerveau qui analyse l'odeur. Il faut savoir que la nature n'est jamais traître. Seuls les humains peuvent l'être. Lorsque dans la nature une graine est empoisonnée, ce n'est pas dans le but de tuer mais pour ne pas être mangée ! Pour pouvoir se reproduire. La graine envoie alors un signal qui peut être son aspect, son odeur, sa viscosité.

Ceci est si vrai qu'il existe depuis plus de trente ans en France un excellent botaniste nommé François Couplan, (auteur de plusieurs ouvrages sur les plantes sauvages et travaillant avec Marc Veyrat, toque célèbre), qui organise des randonnées où l'on part les mains vides pour se nourrir exclusivement de ce que l'on trouve dans la nature en apprenant à détecter ce qui est mangeable ou non.

Notre petite poule a déjà deux informations : l'aspect est beau, l'odeur est bonne. Je signale que si un humain a touché le grain et laissé son odeur, la poule ne le mangera pas, la présence humaine signifiant *danger, piège* !

C'est alors que, tout en surveillant les environs, notre poule casse le grain avec son bec, en observe puis flaire l'intérieur jusqu'au moment où elle l'attrape du bout du bec et là, d'un ou deux petits coups de langue rapides, en teste la saveur, dernière information qui doit être positive via son NAC avant d'avaler. Et même lorsqu'elle avale, je la soupçonne encore de réfléchir à la sensation qu'elle éprouve. Elle redresse le cou à se le dévisser, comme si elle en surveillait le cheminement. Toutes ces observations ont donné le temps à son cerveau, si petit soit-il, d'analyser l'aliment, de prévenir la digestion, l'assimilation et l'expulsion, ce qui permet à notre poule de ne fabriquer que des graisses fluides qui font d'elle une athlète en légèreté ! Si vous dépiautez une telle poule, vous serez probablement déçu et apitoyé devant la maigreur et l'absence de gras ! La pauvre n'a vraiment que la peau sur les os ! **Elle n'a que des graisses fluides !** Oui, mais elle est normale, en bonne santé et elle est intelligente ! Car à devoir assurer sa sécurité totale, elle développe des synapses, elle fait travailler ses neurones ! Souvenez-vous de sa réaction devant le filet de foot ! Elle n'est pas bornée, limitée, coincée, étriquée !

Voyons sa cousine d'élevage. Elle n'a pas de mâle attitré, même pas pour une saison le temps de faire quelques petits ! Non seulement elle doit, dans le meilleur des cas, partager un coq à trente ou cinquante, mais parfois il n'y a même pas de coq : la loi des services sanitaires d'État l'interdit par exemple dans les élevages bios ! Vivre à deux cents femelles parquées toute l'année, merci bien ! Les bagarres entre poules ne manquent pas et il suffit que l'une d'entre elles soit blessée et saigne pour que les autres se précipitent sur elle pour l'achever, ce qui ne se produit pas dans la nature ! Elle n'a donc pas de vie sexuelle, pas de vie de couple, même pas de vie de maman car ses œufs sont couvés par des machines. Elle n'a pas le plaisir de bichonner ses bébés, pas le plaisir de les chasser non plus ! Elle n'a pas le droit de sortir des barrières qui lui sont imposées, même s'il y a de la place, elle ignore à quoi ressemble le monde hors du poulailler. Elle a de la vie une vision réduite, très limitée. Elle n'a pas besoin d'assurer sa sécurité, ni physique, ni alimentaire. Elle n'a donc pas besoin d'être sans cesse sur ses gardes et ne développe plus de synapses. Trop d'assurances et de sécurités dans la vie ne sont jamais très bons pour le développement de l'intelligence ! Elle ne peut jamais *se mettre en danger*, et ça lui manque beaucoup. Avec si peu de réjouissances dans la vie, il ne lui reste qu'un bonheur : la distribution du grain : bouffer, se remplir, se gaver. Il faut voir comment elles se jettent les unes sur les autres, montent sans vergogne et sans pitié sur les copines les piétinant pour essayer d'avaler le plus vite possible le plus de grain jusqu'à ce qu'elles soient obligées de desserrer la ceinture de leur jabot ! Là, si le grain est empoisonné, elles meurent toutes ! C'est sûr ! Elles font une totale confiance au fermier, comme nous aux magasins ! C'est QUI au fait les magasins ? Nous faisons confiance à QUI ? Le jour où une chaîne alimentaire sera empoisonnée, il y aura beaucoup de morts !

Et leur alimentation est faite au minimum à 90 % de grain, de farine, *tiens, tiens*, comme tellement de gens aujourd'hui du matin au soir ! Voyez le chapitre « Farineux : attention ! » Ce n'est pas l'alimentation d'une poule dans la nature.

Pourquoi elle est devenue stupide !

Et notre poule d'élevage, qui n'a pas fait travailler son cerveau, digère n'importe comment, a besoin de boire beaucoup d'eau là où la poule sauvage se contente de gouttes de rosée ! Et elle devient grosse, grasse, lourde, pour le plus grand bonheur du fermier. **Elle a essentiellement des graisses épaisses, jaunes ou blanches.** Mais elle est une énorme dondon, incapable de voler, incapable d'imaginer faire le tour du filet de foot du début de cette histoire ! Elle devient idiote, bête comme une poule vous dites ? Oui, comme une poule de poulailler !

Et si, pour nous aussi, dans notre tête, comme pour la poule, notre façon de vivre, de manger, agissait aussi sur notre intelligence ? Il semble bien que oui. Bien des études tendent à le prouver et même le Dr Jean-Marie Bourre ne dit pas autre chose dans *La Nouvelle Diététique du cerveau* ! D'accord, l'alimentation ne fait pas TOUT, mais elle fait bien sa part corporelle, la moitié de ce que nous sommes !

Si vous avez bien tout suivi, vous avez compris comment on fabrique des graisses fluides. On ne se gave pas de farineux à chaque repas, on mange de tout, des produits naturels que l'on observe, prépare et savoure lentement, laissant à notre cerveau le temps nécessaire !

Finalement, **à chacun de choisir s'il veut ressembler à la petite poule sauvage ou à la grosse dondon d'élevage !**

À quoi servent ces graisses fluides ?

Au minimum à nous faire un corps parfait, sans bourrelets disgracieux, aux formes doucement arrondies aux articulations chez les femmes qui doivent en avoir sous la peau une épaisseur deux fois plus importante que celle des hommes dont le corps est plus anguleux. Attention, je n'ai pas écrit que les femmes sont deux fois plus grosses ! Mais elles ne doivent pas avoir l'air d'un sac d'os ! Les femmes ont un système hormonal très complexe et très sollicité toute la vie. Leur pli cutané doit donc être plus épais que celui des hommes. **Les fonctions de ces graisses sont en résumé les suivantes**, mais sachez bien que **sans la pratique du Bain dérivatif**, toutes ces fonctions sont **en SOMMEIL** ! Au ralenti !

– Elles chassent les graisses épaisses. Plus nous faisons l'effort de nous alimenter correctement, plus les graisses épaisses s'en vont.

– Elles nous protègent de la chaleur et du froid et évitent la rétention d'eau. Plus de pieds froids dans le lit !

– Elles sont notre carburant mécanique.

– Elles sont l'alimentation continue des muscles, des os, des organes : pas de perte musculaire ni osseuse !

– Elles emportent vers la sortie les déchets de fonctionnement interne.

– Elles emportent vers la sortie les déchets venus de l'extérieur.

– Elles prennent le relais des hormones à tout âge, en particulier à la ménopause : s'il y a suffisamment de graisses fluides et qu'elles circulent bien (Bain dérivatif !) il n'y a pas de bouffées de chaleur, pas de sécheresse des muqueuses, pas de peau qui s'abîme, pas d'os qui s'effritent, pas de libido en berne, pas de cheveux qui s'abîment.

– Elles transportent (grâce au Bain dérivatif !) des millions de cellules souches adultes capables de réparer n'importe quoi dans le corps ! Y compris les cheveux !

Nous ne le diront jamais trop, tout cela ne fonctionne correctement que si et seulement si le périnée se trouve au frais le plus souvent possible chaque jour! Pour en savoir plus, reportez-vous au *Bain dérivatif* ou D-CoolinWay[1].

Et nous, comment fabriquer ces graisses fluides?
– En ayant une alimentation variée.
– En mangeant de petites quantités.
– En prenant le temps de mastiquer tranquillement. Quand on ne dispose que de peu de temps, on mange peu.
– En consommant chaque jour des plats qui permettent de fabriquer plus vite des graisses fluides. Le champion en la matière étant le Miam-Ô-Fruit à consommer tous les jours. L'autre combinaison efficace depuis des siècles : le repas à cinq éléments décrit ici.

Les clefs de l'alimentation
Je les ai recueillies avec bonheur il y a quinze ans dans *La Diététique du cerveau* du Dr Jean-Marie Bourre.

– **Chacun de nous finit par devenir ce qu'il mange.** Les hygiénistes le disaient, des chercheurs l'ont montré. Si vous vous nourrissez d'aliments dont les cellules sont fatiguées, en mauvais état, si vous ne mangez que de pauvres poulets qui arrivent épuisés à l'abattoir après une triste vie sur quelques centimètres carrés, vos cellules seront très vite dans le même état. De la qualité de nos aliments dépend celle de nos cellules.

– **Notre cerveau est notre meilleur guide.** Personne ne sait mieux que nous ce dont nous avons besoin à chaque instant. Notre cerveau est mieux qu'un superordinateur, il analyse en permanence nos besoins. Vous me direz que le

---

1. Éditions du Rocher, 2009.

vôtre vous envoie vers les sucreries, le tabac ou l'alcool. C'est qu'il a détecté du stress et il va naturellement vers les antistress que l'on vous a appris à reconnaître. Lorsque vous étiez petit, pour calmer votre chagrin, on vous a peut-être proposé une tétine, un bonbon, un gâteau, quelque chose à mettre dans la bouche. Puis en grandissant vous avez entendu dire « j'ai pas le moral, je vais fumer une cigarette ! » Ou bien « je vais boire un petit coup et ça ira mieux ». Rien de plus normal que votre cerveau vous conduise vers ces éléments que vous avez identifiés par votre culture, votre éducation. Si depuis l'enfance on vous avait appris, comme dans d'autres pays, à éloigner votre peine en chantant ou en dansant, vous chanteriez ou danseriez à chaque fois que vous êtes stressé, y compris lors de la perte d'un parent cher. C'est totalement culturel. Dès que le stress s'en va, votre cerveau sait très bien vous guider vers les fruits, les légumes, le poisson, tout ce dont vous avez besoin, pour peu que vous fassiez l'effort de lui présenter de vrais aliments simples et naturels et pas des plats tout prêts industriels ! Le Bain dérivatif[1] a pour premier effet de déstresser, et ceux qui le pratiquent tous les jours voient leurs attirances alimentaires changer, devenir plus naturelles et bonnes pour eux.

Ce que pense notre cerveau est fondamental. Plus vous donnez d'informations au cerveau sur ce que vous mangez, plus l'aliment est bien digéré. L'information parvient au cerveau par nos cinq sens. La vue renseigne sur la forme, la couleur, le lieu de récolte ou d'achat, mais aussi sur ce qui

---

1. *Le Bain dérivatif, op. cit.*

est écrit sur la cagette ou sur l'étiquette, la provenance, la certification bio, les produits intégrés, les conservateurs et autres additifs. Elle enregistre aussi la lecture des livres, de la presse, les émissions de télé. Une étiquette chargée de conservateurs et colorants vous empêche d'acheter un produit. L'oreille renseigne sur le craquant ou le mou, la présence d'eau dans le coco, mais aussi tout ce qui est dit sur cet aliment, ce qui est entendu à la radio, ce que d'autres personnes ont dit. Si on vous apporte de belles cerises en vous disant qu'elles ont été cueillies dans le jardin, votre cerveau sera enchanté! Le toucher indique la consistance et le degré de maturité. On ne mange pas une poire molle! L'odorat permet de choisir la tomate ou la pomme mûre à point, contrôle le degré de cuisson, la qualité des mélanges. Enfin le goût est le dernier barrage: est-ce mangeable ou non? Bon ou mauvais?

La performance du corps et de notre esprit ne peut faire l'économie du plaisir gustatif!

Je ne sais pas si l'on peut aller jusqu'à dire qu'il vaut mieux manger mal joyeusement plutôt que bien tristement, mais je suis très près de le penser! Ce qui est certain, c'est qu'il est très important de se régaler à chaque repas. On ne fait pas du remplissage d'estomac, on se délecte! Et pour se délecter, on se cuisine soi-même des plats simples et savoureux.

Les classes d'aliments

Il y a trois classes d'aliments que nous avons intérêt à consommer tous les jours. La quatrième est à réserver aux dimanches et jours de fête.

– **Les aliments qui régénèrent les cellules**: graines germées, graines oléagineuses (amandes, noix, etc. non grillées ni salées), les huiles de première pression à froid crues et le lait maternel.

– **Les aliments qui activent les cellules** : tout ce qui est cru et de bonne qualité, fruits, légumes, œufs, lait, viande, poisson. Et le lait maternel. Ce qui ne signifie pas que vous êtes obligé de manger tout cela cru !

– **Les aliments qui maintiennent les cellules** : ce qui est cru de moins bonne qualité (la carotte qui traîne dans le bas du frigo depuis quinze jours !), les aliments simples mais cuits, les conserves en boîte, bocaux, congelés, surgelés, les préparations simples familiales ou du commerce (pois chiches en boîte cuits à l'eau). On y trouve aussi les biscuits bios, le chocolat noir, les gâteaux faits maison avec des produits simples (tarte aux pommes) les sorbets. Et le lait maternel.

– **Les aliments qui favorisent la dégénérescence cellulaire** : la quasi-totalité des rayons de produits laitiers des grandes surfaces, des rayons entiers de friandises, barres chocolatées, viennoiseries, chips de toutes sortes, les plats cuisinés en boîte ou surgelés, les glaces, les huiles hydrogénées et les huiles qui ne sont pas de première pression à froid, les boissons sucrées ou aromatisées même et surtout pour enfants, la liste est très longue !

Les radicaux libres

Ce sont des éléments tels que l'hydrogène, H, l'oxygène, O et tous leurs *copains* qui ne supportent absolument pas de vivre seuls, bien qu'ils se trouvent souvent seuls sur notre peau ou dans notre estomac. Par exemple si un oxygène O rencontre dans votre estomac du fer Fe, il peut le capturer pour faire de la rouille (Fe_2O_3) et vous ne profitez pas du fer qui n'ira pas dans votre sang. Nous avalons chaque jour, en respirant, en buvant, en mangeant des millions de radicaux libres qui partent à la chasse d'éléments nutritifs dont nous avons absolument besoin.

Que faire ?

C'est facile ! Il suffit d'avaler chaque jour des millions d'anti-radicaux libres ou antioxydants. Le Miam-Ô-Fruit en est une véritable mine d'or ! Chaque plat de crudités que vous dégustez, chaque fruit que vous croquez contient des millions d'antioxydants qui fonctionnent d'autant mieux que vous en consommez de plusieurs catégories en même temps. Voilà pourquoi j'insiste tant pour que l'on mette au moins trois fruits différents en plus de la banane dans cette préparation !

Les dangers : glutamate, faux sucres

Le glutamate

C'est une hormone de l'appétit fabriquée naturellement par le cerveau. Tant qu'elle loge bien là-haut, pas de problème. Ce qui ne va pas du tout, c'est de la trouver dans notre assiette. On l'associe un peu facilement à la restauration chinoise. Sauf que c'est dans le repas chinois qu'elle est la moins dangereuse si, comme les Chinois, vous mangez BEAUCOUP de riz : le riz absorbe le glutamate.

Ce que nous savons moins, c'est qu'elle est classée condiment au même titre que le poivre et le sel. Qu'il n'y a pas d'obligation de la signaler dans la liste des ingrédients. Qu'on la trouve partout, car c'est un exhausteur de goût !

Le procédé est simple. Lorsque nous avons envie de manger beaucoup de quelque chose, nous avons le sentiment que c'est parce que c'est bon, que nous aimons. Nous confondons le besoin de manger beaucoup et l'appétit !

Lorsque l'aliment est naturel, prenons des framboises ou des mûres que nous cueillons nous-mêmes sur les haies, l'information que reçoit le cerveau est tellement bonne que nous avons envie d'en manger beaucoup.

Avec le glutamate[1], il en va tout autrement. Cette poudre blanche déclenche instantanément une envie de manger beaucoup, et peu importe alors ce qui se présente, on a l'impression que c'est très bon, parce que l'on se trouve en situation d'appétit artificiel, on a envie d'engloutir.

On vous sert des légumes qui ont bouilli longtemps, qui ont été surgelés, réchauffés : ils ont perdu leurs sels minéraux, ils ont un aspect triste et n'ont plus aucune saveur et grâce au glutamate, vous les engouffrez. Cela vous donne beaucoup plus envie d'avaler, de se remplir plutôt que de goûter et savourer lentement.

Voilà qui **participe grandement à la suralimentation**, qui est déjà un problème en soi. Mais il y a pire. Le glutamate est de plus en plus soupçonné de jouer un rôle dans la destruction des neurones en matière d'**Alzheimer** et aussi en ce qui concerne l'autisme.

Saviez-vous que l'**on trouve du glutamate partout** ? Dans les restaurants autres que chinois, dans des yaourts à boire, dans les céréales pour petit-déjeuner, dans les friandises, les chips, les barres chocolatées, dans les boissons sodées sucrées, dans les bonbons et la plupart des friandises, dans les plats cuisinés en conserve ou surgelés, et même dans

---

1. Le glutamate est vendu en boîtes de trois tailles différentes dans le commerce. Il y a quarante ans, il était en très gros bocaux et se nommait *le Goût*.

des plats surgelés bios où le glutamate est signalé sous le nom d'extraits de levures ! Vous comprenez mieux pourquoi quand on a croqué trois chips on est capable de manger tout le paquet ! Pourquoi après un bol de corn-flakes, on peut en avaler un second puis un troisième. Pourquoi on peut boire sans sourciller un litre et demi de boisson sodée sucrée ! C'est que plus on en prend et plus on a envie, besoin d'en prendre.

La raison n'est pas notre faiblesse, notre manque de volonté ou le stress. Non, la raison est que le glutamate agit comme une drogue en excitant l'appétit. L'ennui est qu'en plus il est soupçonné de détruire peu à peu le cerveau !

Les faux sucres

Le Dr Jean-Marie Bourre, dans *La Diététique du cerveau*, écrit qu'utiliser des faux sucres, c'est choisir entre la peste et le choléra. Si vous donnez au cerveau l'information fausse du sucre, le cerveau prévient toutes les cellules de l'arrivée du sucre. Manque de chance, les cellules ne trouvent pas le sucre. Alors elles capturent ce qu'elles trouvent, des graisses qui auraient dû être éliminées. Les faux sucres n'empêchent pas de stocker du mauvais gras. S'ils permettaient de mincir, l'Amérique entière serait très mince, car depuis le temps qu'on en met partout chez eux, personne ne devrait grossir ! Eux aussi détruisent les neurones, sont soupçonnés d'être cancérigènes (certains pays disent l'avoir démontré) et ils peuvent rendre aveugle.

Les huiles

Si nous n'étions que des primates, nous n'aurions pas besoin d'huile. Quelques poignées de graines oléagineuses par jour suffiraient à notre cerveau. Mais voilà, nous sommes des humains et nos besoins d'huile pour le cerveau n'ont peut-être jamais été aussi importants depuis quelques milliers d'années. Ils ont même augmenté en l'espace de soixante ans. En effet, il y a encore cinq ou six décennies, il était tout à fait possible de travailler toute une vie très correctement sans savoir lire ni écrire. On peut avoir un large vocabulaire, de larges connaissances et une bonne expérience manuelle sans savoir lire ni écrire. Mais depuis quelque temps, ce n'est plus possible, les personnes qui ne savent ni lire ni écrire sont exclues de presque tous les métiers même les plus simples. Notre cerveau est beaucoup plus sollicité, et comme en plus il est soumis à plus de stress, il lui faut beaucoup plus d'huile qu'autrefois.

Depuis quarante ans, malgré tout ce que le Dr Kousmine avait écrit sur l'importance des huiles, on n'a eu de cesse de nous dire et de nous répéter qu'il fallait limiter le gras, consommer le moins possible de corps gras, mettant dans un même sac les huiles chauffées, les graisses hydrogénées qui ne sont toujours pas interdites en France alors qu'elles le sont aux États-Unis ! Les margarines, le beurre, les huiles de première pression à froid. Cela n'a aucunement empêché la population de grossir et cela a certainement favorisé la dégénérescence cérébrale de bien du monde, ainsi que la dégradation générale du corps.

Nous n'allons pas ici entrer dans une explication complète sur les omégas, les acides gras cis et trans. Ce qui nous intéresse ici est de savoir quoi mettre dans son assiette !

Tous les chercheurs s'accordent sur trois ou quatre huiles fondamentales. Ce sont aussi les moins chères et elles sont connues depuis très longtemps, plus de cinq mille ans pour les huiles de colza et d'olive, des milliers d'années pour le sésame, et l'huile de noix n'est pas apparue hier !

Idéalement, vous pouvez consommer 2 cuillerées à soupe de colza bio crue dans le Miam-Ô-Fruit et 3 cuillerées à soupe d'huile d'olive crue de première pression à froid réparties dans les autres repas. L'huile chauffée ne compte pas.

Le saviez-vous ?

Si l'on met à plat l'ensemble de vos membranes cellulaires, on peut envelopper la planète ! Or, 60 % de la membrane cellulaire est constitué d'huile. Vous pouvez ainsi mesurer l'énorme préjudice à la santé du corps et des neurones que cause la peur de l'huile crue de première pression à froid ! L'huile crue, non seulement n'a jamais fait grossir personne, mais elle aide à chasser le mauvais gras et en particulier la cellulite !

Mais vous pouvez aussi, pour une alimentation plus riche en calcium, faire : **2 colza, 2 olives, 1 sésame**. Ou bien, pour aider la vessie et la prostate : **2 colza, 2 olives** et **1 pépin de courge**.

L'huile de noix est excellente, mais il est extrêmement rare qu'elle soit vraiment pressée à froid, elle est alors assez chère, aussi je préfère manger quelques noix chaque jour.

Bien sûr il existe bien d'autres huiles : noisette, argan, cameline, tournesol, lin, bourrache, onagre, etc. Tournesol est moins intéressante aujourd'hui car elle est riche en omégas 6 trop répandus dans notre alimentation depuis cinquante ans !

On vous vantera les qualités exceptionnelles de telle ou telle huile pour vous la vendre et on ne vous aura pas menti. Il est possible de créer une nouvelle huile à chaque seconde, il y a des milliards de graines différentes dans la nature ! Chacune étant bien entendu exceptionnelle ! Mais si vous devez gérer un budget qui n'est pas extensible, qui a même parfois tendance à rétrécir avec l'âge de la retraite, soyez tout à fait rassurés. Avec colza-olive vous pouvez aller joyeusement jusqu'à cent ans, vous pouvez aussi faire colza-olive-sésame ou bien colza-olive-pépins de courge sans vous ruiner.

À ceux qui sont toujours très attirés par les chinoiseries ou par le Pays du Soleil-Levant à savoir le Japon, une émission passée sur Arte en 2008 nous a montré **un professeur de cardiologie japonais âgé de 97 ans** qui dirigeait le service de cardiologie de son hôpital. C'est homme allait d'un pas alerte, donnait des conférences et des cours aux médecins. C'est alors qu'un journaliste occidental lui tendit un micro pour lui demander quel était son secret, certainement japonais, qui le maintenait dans un tel état de jeunesse et d'énergie. À quoi le professeur, avec un petit sourire narquois, répondit : « Vous n'avez jamais entendu parler du **régime crétois**, vous savez, en Méditerranée, avec beaucoup d'**huile d'olive** ! Beaucoup, beaucoup, d'huile d'olive ! Il faut vraiment beaucoup d'huile pour le cerveau, et de l'huile d'olive ! Depuis trente ans, tous les jours, cinq, six cuillères d'huile d'olive ! » Quel joli pied de nez à ceux qui ne voient de salut que chez les Japonais !

Équilibre acido-basique

Nous avons déjà évoqué au paragraphe « **Je suis très acidifié paraît-il** » le problème de l'acidité des urines.

Nous n'allons pas entrer dans les détails, car ce qui nous intéresse ici, c'est de savoir ce que nous devons faire pour éviter les problèmes d'acidité. Sachez que d'une manière générale, les produits animaux sont acidifiants, bien des aliments cuits le sont également.

Les personnes en état d'acidité sont plus **frileuses**, facilement **stressées** et soucieuses, peut-être moins optimistes que celles qui sont en pH7, donc neutre. Sachez que le pH peut être mesuré soit avec un pH mètre au dixième de degré près, soit avec des bandelettes vendues en pharmacie, moins précises. Il varie du matin au soir et du soir au matin et change selon ce que vous avez mangé ou bu. Ce qui est important, c'est la moyenne tous les jours à la même heure. Ne prenez pas la première urine du matin qui est toujours plus acide, car la nuit on élimine l'acidité.

Le plus simple pour éviter ces problèmes est de consommer le Miam-Ô-Fruit de cet ouvrage tous les jours, prendre l'habitude de boire tous les jours le jus d'un citron en deux fois, toujours bien dilué dans un grand verre d'eau et sans ajout de sucre. Par ailleurs, ne pas oublier les crudités et les légumes très peu cuits. Faire chaque jour un ou deux repas à cinq éléments avec très peu de viande ou de poisson. Comme du temps où nous étions très pauvres, une habitude excellente à prendre pour ne jamais *manquer*! Il faut aussi, pour la majorité, réduire la quantité dans l'assiette en mangeant dans un bol!

Une cure de raisin chaque année peut aider à rétablir un bon équilibre acido-basique. Nous en faisons chaque année et il m'a fallu bien du temps pour comprendre pourquoi je n'étais jamais en pH acide, alors que tout le groupe autour de moi était à 95 % en-dessous de 6! J'avais l'impression que plusieurs de ces personnes s'alimentaient exactement comme moi. La différence, nous avons fini par la comprendre : à la même table, les autres mangeaient chaque jour 80 % de cuit et je faisais exactement le contraire avec mes 80 % de cru plus un citron pressé chaque jour. Et ceci depuis que je suis née. Il y avait aussi une différence de quantité d'aliments absorbés. Je mange peu. Pourtant j'ai toujours énormément travaillé, que ce soit physiquement ou intellectuellement et en général les deux ! Mais justement, plus on travaille, plus on fait des repas riches mais vite digérés ! Sinon on dort !

De la macrobiotique au Miam-Ô-Fruit !

Jocelyne avait une alimentation très macrobiote à base de céréales, de légumineuses, de tofu, de soja avec très peu de fruits, très peu de crudités, **presque pas de fruits crus**. Il y a dans ce type d'alimentation pas mal de sel qui n'est pas compensé par le potassium de ce régime, ce qui fatigue les reins. On y fait aussi des galettes de céréales cuites dans un peu d'huile, ce qui est une légère friture. Elle était toujours en état d'acidité. Lorsqu'elle a commencé le Miam-Ô-Fruit, elle a été très tourmentée, la bouche faisait mal, les lèvres aussi, son ventre ballonnait tous les jours, mais pour ce dernier point, c'était déjà le cas avant. Pourtant peu à peu, au bout de six mois, tout s'est arrangé. Sa peau qui était très pâle et blanche et rougissait au soleil comme bien des macrobiotes est devenue dorée bien qu'elle ne prenne pas de vacances. Avec la pratique quotidienne du Bain dérivatif (poches de gel) le corps s'est remodelé et des graisses fluides se sont formées harmonieusement sous la peau. Le ventre n'a plus du tout ballonné. Jocelyne qui, avant le Miam-Ô-Fruit et plus de crudités, était si frileuse qu'elle devait porter des chaussettes même en été a récupéré beaucoup d'énergie, son corps a rajeuni en l'espace de cinq ans de façon spectaculaire. Même ses cheveux ont recommencé à foncer. Malgré cela, les urines demeurent à la limite de l'acidité mais la situation s'est grandement améliorée. Peut-être manque-t-il le jus de citron quotidien ? Originaire des Tropiques, je ne puis imaginer une journée sans citron pressé ! Chez nous on en consommait toute l'année.

Le stress oxydatif

Lié au stress, à l'effort, à la difficulté de vivre, à la pression dans le travail mais aussi et largement par moitié à la mauvaise qualité de l'alimentation, le stress oxydatif touche toutes les parties du corps y compris le cerveau qui a besoin d'énormément de gras. Le stress oxydatif ouvre la porte à tous les virus, au délabrement des cellules, aux cancers et aux maladies dégénératives.

La meilleure manière de lutter contre le stress oxydatif est de consommer **beaucoup de fruits frais**, de bonnes **huiles** tous les jours. On voit là encore l'importance du fameux **Miam-Ô-Fruit** sur lequel nous n'insisterons jamais trop tant il présente un intérêt majeur. Quand on vous recommande de toutes parts la prise de gélules, poudres et potions en tout genre antioxydantes, n'est-il pas plus raisonnable, moins coûteux et tellement plus agréable de consommer chaque jour cette préparation extrêmement efficace ? Les personnes qui ont un très petit budget l'ont très vite compris ! Le seul obstacle est qu'il faut faire l'effort d'avoir tous les jours chez soi tous les ingrédients et que l'on doit prendre le temps de la préparer et de la consommer. Ce n'est qu'une question d'organisation !

Les compléments alimentaires naturels

Parmi les aliments certains sont particulièrement riches en antioxydants, en vitamines, sels minéraux, enzymes. C'est le cas des **herbes aromatiques**, thym, sarriette, coriandre, romarin, persil, des curry (ils contiennent du curcuma combiné au poivre et divers ingrédients très intéressants). Certains aliments peuvent revenir dans nos assiettes tous les jours toute l'année sans nous lasser et pour notre plus grand bénéfice. C'est le cas de **l'ail**, de **l'oignon**, du poivron et du **chou** à peine décrudi par exemple que tout le monde connaît. Signalons aussi **le jaune d'œuf** qui est une véritable mine de vitamines et de sels minéraux ! Sachez qu'un œuf bio remplace quatre gélules de sélénium ! Et c'est moins cher !

Certains aliments complémentaires sont parfois moins ou mal connus.

Les levures

Il s'agit des levures maltées, de préférences celles vendues au poids dans les magasins bios. Elles peuvent remplacer avantageusement le fromage râpé dans une béchamel végétale, on en saupoudre ses crudités, on en met dans la soupe, sur le riz. Elles sont riches en vitamines B1, B2, PP ou B3, B6 intéressantes pour nos cheveux, notre peau et notre cerveau ! Dans notre livre *La Cuisine selon France Guillain* [1] vous trouverez facilement comment vous en servir. On peut en consommer à longueur d'année.

---

1. Avec Jocelyne Vollet-Guinehut, *op. cit.*

Les graines germées

Elles font partie des aliments **régénérateurs** cellulaires. Elles contiennent tout ce qui est vital pour nous : protéines, vitamines, sels minéraux, enzymes, oligo-éléments, omégas divers. Il en existe tellement de variétés que le meilleur conseil est d'en consommer **une ou deux pincées par jour** et de changer de graines très souvent. Il n'y a pas de source plus complète ni plus variée en tous ces éléments que les graines germées. Il n'y a pas moins cher non plus, vous pouvez les faire germer vous-même, n'en mettez jamais plus de quelques pincées à germer pour ne pas vous trouver devant une plantation ! C'est en matière de compléments le **meilleur rapport qualité-prix** qui puisse exister !

Vous rencontrerez probablement des tenants de l'alimentation vivante qui vous conseillerons d'en faire la base de votre alimentation et de ne consommer que du cru. Leur enthousiasme est communicatif et vous ne regretterez pas de faire comme eux quelques semaines ou quelques mois, non seulement une fois, mais quelque temps chaque année comme d'autres font un jeûne ou une cure de raisin.

Mon regard : sur la durée, c'est marginalisant et régulièrement je rencontre des personnes qui veulent en sortir car elles se découvrent d'autres maux. En ce qui me concerne, j'aime en faire des cures de trois semaines régulièrement. Mais j'ai aussi une véritable passion pour tout ce qui est nouvelles saveurs, recettes raffinées apportées par les divers modes de cuisson. Mon cerveau a besoin, pour développer de nouvelles synapses, d'explorer tous les champs du possible en cuisine un peu partout dans le monde. C'est pour moi une manière intime de faire connaissance. Ainsi, lorsque je me déplace pour mon travail, je n'ai pas du tout envie que l'on se mette en quatre pour me servir à table ce que je prépare chez moi. J'ai besoin d'autre chose. Croquer des insectes, manger une petite tortue au Mexique, du serpent au Guatemala. Il ne me viendrait jamais à l'idée d'acheter la même chose en France, même si j'en trouvais dans un magasin ! Avec mes enfants, nous avons passé de nombreuses années à ne manger qu'à la manière des divers pays où nous étions. Y compris sans fourchette comme c'était le cas en Chine. C'est ainsi que j'ai pu découvrir peu à peu qu'il y avait dans le monde une constante dans la manière d'assembler les aliments entre eux, quel que soit le lieu ou la culture.

La sève de bouleau [1]

Fraîche elle est disponible au printemps. Vous pouvez la recevoir directement de l'arbre en l'espace de vingt-quatre heures conditionnée en bag-in-box de 5 litres, soit la valeur d'une cure de trois semaines. Elle doit être conservée au frais. Riche en potassium, silicium, magnésium, calcium, cuivre, fer, manganèse, zinc, 17 acides aminés. Dans les pays nordiques, la sève de bouleau était donnée aux bébés lorsque leur mère manquait de lait. C'est une eau translucide, au goût très légèrement sucré. Les bouleaux sont choisis en fonction de leur teneur en sels minéraux, qui est variable d'un arbre à l'autre. La sève est donc analysée. Les bouleaux sont des arbres de belle taille qui poussent en moyenne montagne, dans des régions loin de toute pollution. Il ne suffit donc pas de saigner le bouleau du fond de son jardin pour se faire du bien !

---

1. www.vegetal-water.fr.

Une cure une fois par an s'impose presque, tellement elle est reminéralisante après l'hiver. Depuis que je l'ai découverte, je ne manque pas d'en profiter. On peut prolonger cette cure avec la sève de bouleau fraîche additionnée de bourgeons de bouleau et de cassis, qui, elle aussi, se conserve au frais. Bien sûr, pour profiter au mieux de cette cure, il vaut mieux ne pas fumer ni boire d'alcool, diminuer de beaucoup le café, adopter une alimentation saine.

Attention : ne confondez pas la sève fraîche avec la sève totalement transparente, donc excessivement filtrée additionnée de jus d'argousier, vendue à longueur d'année, qui est beaucoup plus chère. La sève décrite ici va directement de l'arbre au verre sans la moindre transformation ! Ne confondez pas non plus la sève de bouleau avec le jus de bouleau, qui est une macération de feuilles et dont les propriétés n'ont rien à voir !

Le pollen

L'idéal est d'utiliser du pollen frais. Vous pouvez en trouver directement chez les apiculteurs ou bien dans les magasins bios au rayon frais.

Le pollen est très riche en protéines. Il contient un produit qui s'oppose à la fragilité des capillaires, la rutine. Il contient également du lactose, des ferments et des vitamines du groupe B, du carotène, des vitamines C, D et E. Il contient enfin des substances hormonales dont certaines favorisent la croissance. Enfin le pollen protège la flore intestinale, la prostate, la vessie. Le pollen est excellent dans tant de domaines variés qu'il est très utile d'en faire une cure régulièrement, au moins tous les trois mois. Il est intéressant d'en mettre dans le Miam-Ô-Fruit.

Le miel

C'est le sucre naturel le plus vieux du monde. Il a subsisté, intact, plus de trois mille ans dans les tombeaux égyptiens. Aucun microbe ne peut s'y développer. Il contient des substances bactéricides qui sont détruites pas la chaleur : il ne faut donc pas le chauffer, ni à la récolte, ni chez soi ! Lisez bien les étiquettes, il doit être décanté à froid. Le miel chauffé devient acidifiant : n'en mettez pas dans votre tisane brûlante, ne le ramollissez pas au micro-ondes ! Tous les miels cristallisent forcément avec le temps, sauf le miel d'acacia qui finit tout de même par se *voiler*. Attention aux tricheurs qui font chauffer le miel pour qu'il reste transparent et le vendent ensuite comme miel d'acacia ! Un bon apiculteur donne toujours son adresse, sur l'étiquette.

Le miel contient 80 % de glucides, des traces de protéines et de lipides. Il est très riche en oligo-éléments : magnésium, cuivre, fer, iode, bore, manganèse, silicium, chrome, d'autant plus que la zone butinée par les abeilles est montagneuse et sauvage. Il contient des vitamines A, B1, B2, C, E, K. Grâce à son acide formique qui est aussi un anti-douleurs, c'est un bon antiseptique qui peut être utilisé comme pansement sur les brûlures, les coupures. C'est un tonique cardiaque. Il est habituellement laxatif, sauf celui de châtaignier et celui de lavande qui peuvent avoir l'effet inverse. Il est recommandé aux femmes qui viennent d'accoucher et qui allaitent leur enfant. Accompagné de graines oléagineuses non grillées ni salées et de quelques agrumes, il est excellent pour se remettre rapidement d'une césarienne.

Attention : on ne donne pas de miel à un bébé de moins d'un an, car il arrive qu'il contienne des traces de spores d'un micro-organisme, le *Clostridium botulinum*, qui donne le botulisme, maladie mortelle pour les bébés seulement. Contrairement aux adultes, l'intestin des bébés n'a pas la capacité de s'opposer au développement de ces spores. C'est donc **la maman** qui consomme **le miel** que le bébé tétera au bout de **son sein** !

On peut en mettre dans le Miam-Ô-Fruit.

Le pollen-miel-citron

C'est une recette du Dr Kousmine[1], excellente pour retaper un système nerveux. **Si vous êtes épuisé**, faites cela quinze jours d'affilée. Si vous n'avez pas le moral, que vous manquez d'énergie, si vous avez subi un harcèlement, si vous n'en pouvez plus **nerveusement**, faites cette cure ! Mais vous pouvez aussi la faire tous les six mois, par exemple au début de l'automne et à la fin de l'hiver.

Le soir, faites tremper dans un verre d'eau **deux cuillerées à soupe** de pollen. Laissez gonfler toute la nuit. Le lendemain matin, ajoutez le jus d'un **citron entier** ainsi que du **miel** à votre convenance et buvez le tout. Continuez pendant quinze jours.

L'œuf-citron

C'est un puissant **reminéralisant en calcium** connu depuis bien longtemps. Il y a cinquante ans, il était conseillé par le médecin ou l'hôpital lors de décalcification ou à l'occasion de fractures. C'est très simple. Il vous faut **un œuf bio cru** dans sa coquille, **un citron** et **un verre** pas trop grand, style verre à moutarde. Vous posez l'œuf propre

---

1. *Sauvez votre corps !, op. cit.*

entier, dans sa coquille, debout dans le verre. Vous coupez le citron et vous en pressez le jus dans le verre jusqu'à ce que le liquide atteigne la moitié de la hauteur de l'œuf. Vous laissez reposer toute la nuit. Le lendemain, vous ôtez l'œuf dont un peu de coquille s'est dissoute dans le jus et vous buvez le jus additionné d'eau. Si par hasard une petite peau rose s'est déposée sur le jus, vous l'ôtez et la jetez. Ce n'est pas dangereux, c'est la pellicule qui enveloppe normalement l'œuf. Pour une bonne reminéralisation, vous recommencez chaque jour **durant un mois**. Vous pouvez utiliser chaque œuf pendant deux jours, puis vous mangez l'œuf accommodé à votre choix ! L'œuf reste comestible bien évidemment !

Le jus d'herbe d'orge : à vos semis !

Autrefois, il y a à peine quarante ans, il était habituel, à la campagne, de cueillir les herbes du chemin pour en sucer la sève, comme un nectar. Tout en marchant, on attrapait une herbe et on en extrayait le suc en la mâchouillant. C'était une source très intéressante et variée de vitamines, sels minéraux, enzymes, oligo-éléments. Mais depuis lors, c'est devenu bien difficile, la pollution et les traitements chimiques ne le permettent plus. Voilà pourquoi le jus d'herbe d'orge peut être une alternative intéressante. Vous pouvez cultiver vous-même l'orge, et, lorsqu'il a atteint quinze centimètres de haut, soit vous en faites du jus, soit vous le mâchonnez pour en extraire directement le jus. Il existe aussi des poudres, des liquides et même, malheureusement des comprimés (!) faits exclusivement de ce jus déshydraté ou non. La poudre est certainement le meilleur conditionnement que l'on peut diluer dans un peu d'eau ou, plus agréable, dans du lait de riz.

On en consomme deux cuillerées à café rases par jour, prises en deux fois, entre les repas. La durée des cures dépend de vos besoins. Ses effets sont très intéressants à tout âge, autant pour notre musculature que pour notre cerveau. Les personnes très âgées peuvent en retirer un grand bénéfice.

4

LE BIO

Le bio, c'est pas cher [1] *! Et pourquoi manger bio ?*

C'est pas cher !

Manger bio, **c'est manger AUTREMENT**. Il est vraiment désolant d'entendre sans cesse autour de nous que le bio est cher ! **C'est un raisonnement du niveau intellectuel d'une poule d'élevage** [2] ! Qui ne voit pas plus loin que le bout de son nez, en l'occurrence un nez si plat qu'il est réduit à deux trous dans le bec ! Un raisonnement qui s'arrête à la simple lecture de **quelques** étiquettes judicieusement choisies pour démontrer que le bio est cher, à moins que le pauvre animal d'élevage qui a du mal à se déplacer n'arrive pas à lire toutes les étiquettes ! On vous dit par exemple que les tomates coûtent 25 % plus cher en bio. Ce n'est vrai que dans certaines boutiques en ville. Dans les coopératives bios, dans les villes, le prix des tomates n'est pas supérieur à celui des maraîchers de bon niveau, et vous

---

1. *Manger bio, c'est pas cher !*, France Guillain, Éditions Jouvence, 2003.
2. Lisez l'histoire de la petite poule au chapitre « Les graisses fluides » !

les trouvez pour moins cher dans les AMAPS[1] et dans les fermes. Mais surtout, vous ne mangez pas QUE des tomates ! Le coût d'une alimentation se calcule sur la globalité de ce que nous mettons dans notre assiette ! Dans les magasins bios, les salades, les poireaux sont au même prix toute l'année. Alors qu'ils montent très haut en hiver dans les grandes surfaces, dans les magasins bios, le prix ne change pas et se trouve donc plus bas qu'ailleurs en périodes de gel ou d'inondations. *Le Parisien* du dimanche 22 février 2009 montrait que **les salades, les céréales, riz, sarrasin, blé, farines, quinoa, avoine, haricots, lentilles, pois chiches, les pâtes**, même semi-complètes ou complètes qui ont tellement augmenté ailleurs ! etc, vendus au poids sont **toujours moins chers en bio**. De même **les œufs** ! Lisez bien les étiquettes des graines oléagineuses : elles coûtent deux fois moins cher au poids en bio, sans produits chimiques ! Vous ne mangez pas d'oléagineuses ? Nous en consommons trois cuillerées à soupe par jour et par personne toute l'année dans le Miam-Ô-Fruit[2] ! Mais lorsque vous achetez un steak de 150 g, nous nous contentons de 25 g par personne, associé à une légumineuse, une céréale, des légumes et de bonnes huiles ! La viande coûte beaucoup plus cher que les haricots rouges ou le riz ! Nous mangeons 80 à 90 % de végétaux et seulement 10 à 20 % de produits animaux ! Il n'y a que ceux qui ne mangent pas vraiment

---

1. Panier, bio ou non (à vous de les choisir !), livré chez vous chaque semaine ou dans un magasin proche.
2. Cette consommation de graines oléagineuses est recommandée par d'éminents chercheurs, comme le Dr Dominique Lanzmann-Petithory dans *La Diététique de la longévité, op. cit.* : rien de marginal !

bio, qui se contentent d'acheter par-ci par-là quelques tomates ou des gâteaux, ou mieux encore qui achètent un gros poulet bio pour le manger à deux, qui tiennent cette sorte de raisonnement. Il y a à peine quarante ans, un poulet se partageait le dimanche à dix ou douze personnes. Vous achetez des carottes râpées chez le traiteur en payant 633 fois plus cher que le prix des carottes dans votre grande surface, et largement 620 fois plus cher que les bios ! Mais **allez voir dans les vrais magasins bios, dans les coopératives** ! Il y en a plus de cinq cents en France. Pas dans les rayons bios des grandes surfaces où c'est plus cher ! Si vous faites des repas comme ceux qui sont conseillés ici, Miam-Ô-Fruit chaque jour et repas à cinq éléments, vous n'achèterez plus de barres chocolatées, de sacs de viennoiseries, de packs de 24 yaourts, de packs de boissons gazeuses noires ou jaune ou rouges, vous ne verrez plus les immenses rayonnages des desserts lactés, vous ne saurez plus ce qu'est un plat cuisiné surgelé ou en conserve, vous réaliserez d'énormes économies ! Je parle d'expérience ayant élevé seule cinq enfants ! Faire la cuisine soi-même est très rapide (vingt minutes max !) quand on est organisé ! Et il n'y a pas plus économique, même en bio ! De plus **on ne jette jamais rien**, pas un bout de pain, rien de périmé car on achète toujours en petites quantités. **Manger bio**, ce n'est pas transférer l'alimentation supermarché en bio ! Ce n'est pas acheter des cornflakes bios avec du lait « longue conservation » bio. C'est **acheter du frais, du vrac**, au poids, des produits naturels, non conditionnés ni cuisinés.

Et **n'oubliez pas les frais annexes**. Quand on mange bio comme indiqué ici, on ne sait plus ce qu'est un rhume, une angine ni une otite. J'ai élevé cinq enfants sans otite, sans courir sans cesse chez le médecin, le pharmacien ou à l'hôpital. Mes deux derniers enfants sont nés à Paris, ont connu la halte-garderie quatre jours par semaine sans jamais avoir le nez bouché, sans m'obliger à me lever la nuit, sans connaître la diarrhée ou la constipation, sans jamais une ordonnance, malgré les contrôles réguliers de principe chez le pédiatre ! Et vous dites encore que le bio c'est cher ? Grâce à cette façon de vivre, à 67 ans, on a la tension que l'on avait à 15 ans, pas de traitement médical, pas de problèmes d'hypertension, de diabète, d'ostéoporose, de cholestérol, pas de fatigue ni de problèmes de poids et aucun complément alimentaire ni de produits de beauté autres qu'une bonne huile de rose musquée ou de jojoba pure ! Que d'économies pour la Sécurité sociale ! Que de plaisir de vivre aussi pour soi et pour l'entourage que l'on n'épuise pas en geignant sur ses douleurs !

Pourquoi manger bio ?

Outre la protection de l'environnement, les raisons sont multiples.

Et en premier lieu, les légumes et les fruits bios sont-ils meilleurs au plan nutritif ?

Oui ! L'étude ABARAC faite par l'INSERM de Montpellier l'a montré. Mais ! Car il y a un MAIS !

On entend souvent les pourfendeurs du bio dire qu'aucune étude ne l'a jamais prouvé, que la saveur n'est pas meilleure, que l'agriculture raisonnée fait mieux, qu'on ne pourrait pas nourrir tout le monde en bio alors que la FAO qui a mené une étude sérieuse affirme exactement le contraire !

Revenons à l'étude ABARAC, ou AB, AR, AC pour étude comparative des agricultures Biologique, Raisonnée et Conventionnelle. **Pourquoi ne la cite-t-on pas ?**

Il y a quelques années, le Pr Joyeux, directeur de recherche sur le cancer à l'INSERM de Montpellier, était las d'entendre ses patients lui demander sans cesse « Docteur, si je mangeais bio, est-ce que ça serait mieux ? » À ce moment-là, le Pr Joyeux ne savait pas que répondre et pensait d'ailleurs que la différence, en particulier avec l'agriculture raisonnée, devait être minime. Pour clore tout débat, il commanda donc une étude comparée des diverses agricultures, persuadé que le résultat démontrerait l'inutilité du bio. L'étude dura trois ans, avec des résultats éloquents, mais ne fut jamais publiée. **Dès le début, il fallut se rendre à l'évidence, le bio était nettement supérieur à l'agriculture raisonnée**, alors ne parlons même pas du conventionnel ! Taux de pesticides, teneur en vitamines et sels minéraux, densité des fruits et légumes (les autres sont gorgés d'eau !) ne faisaient aucun doute, **le bio était plus nutritif et infiniment moins toxique**. À un tel point que le Pr Joyeux devint un défenseur du bio et qu'il fit des premiers résultats de l'étude ABARAC le premier chapitre de son livre[1]. Le problème est qu'une étude n'est considérée comme valable que lorsqu'elle est publiée ! Et pour publier une étude, il faut des autorisations ! Or toutes sortes d'obstacles divers et variés empêchent cette étude de l'être. On peut donc continuer de nier l'évidence en clamant partout qu'aucune étude ne l'a démontré. À vous de décider si vous regardez la chose avec un cerveau de poule sauvage ou de poule d'élevage[2]...

---

1. *Changer d'alimentation*, Henri Joyeux, Éditions F. X. de Guibert, 2008.
2. Si vous ne comprenez pas, reportez-vous au chapitre « Les graisses fluides ».

Les pesticides volent dans les airs nous dit-on ?

Il y a ceux qui disent que les pesticides voyagent avec le vent et touchent tous les produits y compris les bios. Il y a du vrai, mais c'est infime comparé aux traitements reçus par les produits non bios. La différence est exactement la même que celle que l'on a constaté pour le tabac. Il y a quarante ans, ceux de mes amis qui fumaient riaient de me voir refuser que l'on fume chez moi, autour de mes enfants. Ils me disaient que les gaz d'échappement de la moindre voiture étaient bien plus toxiques et cancérigènes pour nos poumons que leur pauvre cigarette. Vingt ans plus tard, je m'installai à Paris. Ils riaient plus fort encore, me disant que rien que l'air de Paris était bien plus toxique que leurs cigarettes ! Aujourd'hui, ils ne rient plus ! Douze sont morts, jeunes, ils ont été enterrés, victimes de cancers du tabac. Les autres ont arrêté de fumer.

Il en va exactement de même avec le bio. La différence entre les très légers résidus transportés dans les airs et le traitement intensif que subissent les non-bios est monumentale. Lisez les livres du Pr Joyeux ou du Pr Belpomme, éminents chercheurs du CHU de Montpellier. Le succès du bio déclenche aujourd'hui de violentes réactions de la part de ceux qui nous vendent des produits pleins de pesticides et n'ont pas encore fait la démarche du bio. Il est vrai que c'est très difficile pour eux, le moment est particulièrement dur, comme toute période d'évolution, de transition. Mais la seule manière de les aider est de n'acheter plus que du bio, cela obligera les aides à l'agriculture à se concentrer dans ce sens ! C'est exactement le même problème pour ceux qui vendent du tabac, il n'y aura pas d'autre choix, à terme, que se reconvertir ou changer de métier.

Le bio est cher ?

Un des plus grands arguments contre le bio est le prix, nous voyons clairement ici qu'il n'en est rien ! Ceux qui hurlent le contraire sur les ondes espèrent, les pauvres, qu'il en restera quelques traces. Mais le client averti qui découvre le bio en coopérative bio ne tarde pas à comprendre que c'est faux ! Que le pain, les salades, les farines, les pâtes, les graines oléagineuses y coûtent moins cher !

Dernières nouvelles !

Jusqu'à présent, il existait l'AC, agriculture conventionnelle, l'AR, agriculture raisonnée, l'AB, agriculture bio. Vient de naître des remous la dernière nouveauté l'ACF, l'*agriconfiance* qui dit se situer entre l'AC et l'AB ! « Pas tout à fait bio car c'est difficile d'aller vers le bio, mais qui tend à s'en rapprocher le plus possible pour devenir complètement bio [1] ! »

A-t-on besoin d'une étude ?

Nous n'avons jamais eu besoin d'une étude quelconque pour choisir le bio. Je suis née dans le bio, j'ai grandi en Polynésie dans le bio, je l'ai retrouvé en 1956 dans le Jura dans une famille d'adoption [2] et j'ai continué même en naviguant autour du monde. Pas par principe, par simple goût des bonnes choses, des saveurs vraies, de la cuisine simple, odorante, sans artifice, par souci de bien-être pour mes enfants. Ce que j'allais découvrir ces dernières années ne pouvait que confirmer mon choix judicieux ! En effet,

---

1. Entendu à 12 h 50 sur Europe 1 en direct du Salon de l'Agriculture 2009 !
2. Un pharmacien classique et homéopathe, Jean, Jacqueline et leurs six enfants mangeaient bio, nous étions en 1956.

aujourd'hui, lorsque l'on me demande pourquoi manger bio, je n'ai que deux réponses qui me semblent amplement suffisantes : à causes des pesticides, tout le monde le sait, à cause des lisiers humains, très peu de gens en ont vraiment conscience. Sur les pesticides, il est largement démontré y compris par des chercheurs que les pesticides ne sont pas seulement en surface, sur la peau des légumes et des fruits, mais à l'intérieur. Il faudrait ôter un centimètre et demi de chair sous la peau d'une pomme pour ne pas se gaver de pesticides ! Autrement dit se contenter du trognon. Le Pr Belpomme a consacré un livre entier à ces maladies venues des pesticides.

Les pesticides reconnus toxiques par la justice !

Le tribunal de grande instance de Bourges a même reconnu le Parkinson d'ouvriers agricoles comme maladie du travail. Pour les ouvriers, mais pas pour les gens qui habitent autour des champs !

Pour les lisiers humains il en va autrement. Autrefois, il y a soixante ans, lorsqu'on répandait le fumier dans les champs, cela sentait bon le fumier, une odeur de campagne en somme. De l'herbe ruminée, digérée puis expulsée. Aujourd'hui, lors des **épandages**, c'est **une véritable puanteur suffocante**. Je me suis longtemps interrogée sur la qualité affreuse de l'alimentation des animaux pour que leurs déjections qui, dans la nature n'ont pas d'odeur, puissent être devenues pestilentielles. Jusqu'au jour où, avec stupeur, j'ai découvert qu'il s'agissait de lisier humain chargé de pilule, d'hormones, de chimiothérapies, de traitement antibiotiques, de sang des règles, de pesticides venus des aliments, de colorants, conservateurs, etc. Ayant fait de la chimie, grandi dans la nature, il était facile de comprendre que nous risquions de ravaler tout cela par le biais des végétaux ! Car tous les végétaux sont concernés : cultures vivrières, céréales, vignes, arbres fruitiers, rien n'est épargné, sauf là où les paysans ne veulent pas. Mais, réfléchissons un peu, où disparaissent donc les lisiers des vingt-cinq millions d'habitants de l'Île-de-France par exemple pour ne citer que cette région ? Il y a longtemps qu'ils ne sont plus déversés dans la Seine[1] ! L'épouse d'un maire d'une ville de Champagne me l'a dit : la moitié vient chez nous ! Et l'autre moitié ? À l'Ouest ? Cela a largement suffi à me convaincre ! Car en bio, cela n'existe tout simplement pas ! Les stations d'épuration ont beau nous expliquer que le lisier humain est filtré, nettoyé, il est absolument certain qu'il leur est totalement impossible d'ôter les produits chimiques, les médicaments, les hormones. Récemment, des études ont révélé la présence inquiétante de ces produits dans les eaux potables. Mais cela m'avait déjà été signalé il y a plus de vingt ans dans une région couverte de vignes. Plus on filtre les produits chimiques, plus ils se fractionnent et ne peuvent être éliminés.

À quand les KKburgers[2] ?

Mais rassurez-vous, l'industrie de l'aliment ne s'arrête pas là. En 2008, une émission d'Arte, le soir, a montré mieux encore. Au Japon, dans une petite île, un système de collecte des matières fécales humaines a été construit pour ache-

---

1. En 1967, alors que je traversais la France du nord au sud sur mon petit voilier, c'était encore le cas !
2. Je n'ai pas inventé le terme, il était donné ainsi dans le reportage d'Arte.

miner directement la précieuse matière dans une usine attenante à un élevage de porcs. À l'usine, lisiers humain et porcin sont mélangés, nettoyés, clarifiés afin de récupérer les précieuses protéines, vitamines, sels minéraux qu'elles contiennent. Elles se transforment en une matière de la couleur d'une escalope de dinde. Elles sont alors recolorées pour être transformées en steak hachés. Le but avoué est d'apporter une réponse à la faim dans le monde. Vous avez encore faim vous ? Là, je ne discute plus ! Je cours au magasin bio acheter des légumes et des fruits !

Cette histoire pas très ragoûtante doit tout de même nous faire réfléchir.

Avec la demande de plus en plus pressante de toutes parts pour le bio, nous pouvons nous attendre à des conventions européennes ou mondiales, disons, qui s'adaptent à toutes sortes d'exigences que nous ne maîtrisons pas du tout. Les labels s'assouplissent ici et là, il importe donc d'être très vigilants.

Le plus simple reste de consommer des aliments simples, NON transformés : légumes et fruits frais, légumineuses en vrac, au poids, de même pour les farines, les fruits séchés, les oléagineuses, les céréales, toujours moins chères lorsqu'elles ne sont pas conditionnées et bien évidemment plus proches du naturel !

Nous n'avons pas besoin des biscuits, barres chocolatées, céréales soufflées, conserves en tout genre, desserts lactés. De temps en temps un bon fromage de terroir, un morceau de volaille de ferme bio, du poisson frais, des coquillages dont on connaît la provenance proche. Plus que jamais nous aurons intérêt à nous rendre à la ferme, à faire nous-mêmes les confitures, à lire avec très grand soin les étiquettes. **Nous** commençons à traverser une immense turbulence en ce qui concerne le bio, mais il n'est pas difficile de tenir un bon cap, c'est ce qui nous coûtera le moins cher et nous conduira le plus loin dans la vie ! Sachez quand même que dans les prévisions européennes, il est proposé de mettre le label bio sur un yaourt qui serait fait de lait non bio mais qui contiendrait des fraises séchées et réhydratées bio ! Alors attention. Les Biocoops veillent de leur mieux, mais elles ont surtout **besoin de notre vigilance et de notre soutien** ! C'est nous qui avons les sous ! Personne ne nous oblige à acheter ce qui ne nous plaît pas. Les certificateurs Demeter et Nature et Progrès eux aussi font de leur mieux ! Ouvrons les oreilles et les yeux, flairons, goûtons, mais restons toujours dans le produit simple, non transformé et le plus souvent possible de proximité. Ce qui n'interdit pas des fruits ou des légumes venus d'ailleurs, qui sont toujours supérieurs aux mêmes, sous forme de gélules ou de poudres !

Les diètes

Chacun a le droit de manger comme il veut et ce qu'il veut, tant qu'il ne vient pas se plaindre de ses maux et qu'il n'impose pas son régime à ses enfants. Il est tout à fait respectable de ne pas vouloir manger d'animaux, mais j'ai du mal à comprendre que l'on consomme du poisson si on ne mange pas de bœuf ! Un poisson peut être apprivoisé, nourri par l'homme même en pleine eau, on peut le caresser, jouer avec lui, il peut même nous sauver la vie, nous l'avons vu plusieurs fois avec des dauphins ou avec une raie manta. Je me sens personnellement beaucoup plus proche des poissons que des vaches ! Mes enfants leurs faisaient des bisous et des câlins !

On peut aussi ne consommer aucun produit animal par conviction religieuse ou philosophique, par souci de recherche spirituelle. Mais il vaut mieux en connaître les limites, et surtout laisser à nos enfants le choix de leur alimentation dans ce domaine. **Certains enfants ont absolument besoin de viandes ou de volailles pour grandir correctement**, ce n'est pas à nous d'en décider.

– **Le végétarisme** exclut viandes d'animaux à quatre pattes, volailles et poissons. Pourtant la plupart des végétariens que je connais mangent du poisson. Les œufs et les produits laitiers sont consommés. Je connais pas mal de végétariens perclus d'ostéoporose à 70 ans, probablement par abus de produits laitiers. Ces personnes ont consommé des fromages à chaque repas toute leur vie. Et pleurent misère sur leurs douleurs ensuite. La plupart des végétariens que j'ai côtoyés mangeaient bien sûr du poisson, mais, lorsqu'ils étaient invités, acceptaient de consommer de la volaille ou de l'agneau. C'était, disaient-ils, exceptionnel. Mais justement, dans une alimentation équilibrée qui est universelle, c'est exceptionnel, deux ou trois fois par mois suffisent ! J'ai vu des militants de la Végépride[1] partager des côtelettes avec moi ! Pas le jour du défilé bien sûr !

– **Bienfaits du végétarisme :** les végétariens ont très rarement des cancers du colon. Mais ils peuvent avoir des cancers du sein ou de la prostate, par excès de produits laitiers, ainsi que de l'ostéoporose.

---

1. Par analogie avec la *Gaypride*, il existe la *Végépride*, qui milite pour le végétarisme.

– **Le végétalisme** exclut tout ce qui vient des animaux, y compris les œufs et les produits laitiers. Certains excluent même le miel. Très sincèrement, aucun végétalien que j'ai rencontré, et j'en connais beaucoup, ne m'a franchement donné envie de lui ressembler. Beaucoup viennent me voir en espérant que je trouverai une solution miracle à leurs maux. Comment se fait-il que, si leur régime est si parfait, ils aient besoin de mon aide ? J'ai été moi-même totalement végétalienne durant un an. C'est une expérience très intéressante qui m'a beaucoup appris, mais je suis revenue à une alimentation naturelle, celle que l'on trouve partout dans le monde dans la nature !

– **Bienfaits du végétalisme :** en cures de quelques semaines de temps en temps, c'est un régime de nettoyage et de repos pour l'organisme, intéressant à pratiquer par exemple au printemps, accompagné d'une cure de **sève de bouleau**. On se sent léger, presque aérien. Excellent pour la méditation, le recueillement, la prière.

– **Cures de raisin.**
La cure de raisin est une diète d'une à plusieurs semaines, extrêmement intéressante à pratiquer chaque année au moment des vendanges bien sûr, et exclusivement avec du raisin bio, en particulier le muscat et le chasselas. Si vous désirez en faire une, le mieux est de vous joindre à un groupe. Sinon, vous vous procurez l'un des nombreux livres écrits sur le sujet et vous suivez ce qui vous est dit à la lettre, car une cure ratée peut avoir des conséquences boulimiques désastreuses.

– Bienfaits de la cure de raisins :

Le *resvératrol* contenu dans les pépins de raisin, qu'il faut absolument bien mastiquer, est un réparateur cellulaire tel qu'il peut tonifier la peau en reconstruisant l'élastine, mais il faut, pour en voir les effets, trois à quatre semaines de cure. Cette cure est excellente aussi pour les personnes qui ont trop d'acidité, pour celles qui veulent réguler leur poids et leur volume, pour retrouver de l'énergie. C'est une cure assez facile à tenir quand on a bien passé le cap des trois ou quatre premiers jours. La remontée vers une alimentation normale doit absolument être parfaitement maîtrisée si on ne veut pas gommer tous les effets positifs.

Mon point de vue : J'en fais une chaque année depuis au moins huit ans. La première était d'une semaine. La dernière a duré un mois. J'ai un plaisir grandissant à faire cette cure. Pourtant je travaille au minimum soixante-dix heures par semaine et me déplace beaucoup pour mon travail qui me demande pas mal d'énergie. Le plus difficile pour moi est la remontée lente vers une alimentation normale. Je dois énormément lutter pour ne pas aller trop vite ! Si la remontée est mal faite, on perd beaucoup des effets de cette cure.

Jeûne

Il y a à peine quarante ans, lorsque l'on avait un bon rhume, notre oncle Pierre Guillain, médecin à Meudon, près de Paris, prescrivait tout simplement de rester chez soi au calme avec de bonnes tisanes et de **se mettre à la diète** pendant trois jours, ne rien manger, tout au plus prendre un bouillon de légumes sans gras et sans sel et boire de l'eau. Ça guérissait tout seul par le repos, y compris le repos digestif. Pierre nous disait que les gens acceptaient de moins en moins qu'on ne leur prescrive aucun médicament. «Mais il me reste les vieux! Eux ils savent, eux ils vivront longtemps!», ajoutait-il. Ceux de la nouvelle génération avaient l'impression de ne pas être soignés. Pourtant, quelle sagesse!

Le jeûne a toujours été pratiqué par les êtres humains, tout comme il l'est très régulièrement par les autres mammifères lorsqu'ils en ressentent le besoin. Nous aussi en ressentons régulièrement le besoin, mais nous ne savons plus comprendre les signes du corps. Dès que quelque chose ne va pas au plan digestif, la tendance aujourd'hui est de demander «qu'est-ce que je peux *prendre* pour aller mieux?» Alors qu'il suffit justement d'*arrêter de prendre* quelque chose, pour précisément aller mieux! Il est toujours possible de ne rien manger un jour par semaine, en ne buvant que de l'eau et rien d'autre, **à condition que ce soit chaque semaine le même jour**.

Chez les chrétiens, il y a bien longtemps, le vendredi était le jour de jeûne, en ne mangeant rien du tout, en ne buvant que de l'eau. Il en était de même des quarante jours de carême. Mais les exégètes[1], des moines joyeux et gourmands, déclarèrent que les végétaux étant principalement remplis d'eau, c'était de l'eau, on pouvait donc en manger. Puis, ils racontèrent *(sic)* que les poissons vivant dans l'eau, c'était aussi de l'eau comme les plantes, et que l'on pouvait en manger. Et le vendredi devint aussi pantagruélique que les autres jours et finit par disparaître!

---

1. Personnes qui étudient les écritures religieuses.

Le vrai travail du jeûne, selon le Dr Shelton [1], commence **à partir de sept jours**. Ne faites pas un long jeûne seul chez vous, surtout si vous êtes en ville, et si ceux qui vous entourent ne sont pas d'accord avec vous, c'est dangereux. Choisissez un groupe d'accompagnement, si possible en un lieu où le jeûne est réel, sans bouillons de légumes. Dans un vrai jeûne on ne boit que de l'eau et on se repose beaucoup les premiers jours mais il ne faut pas être seul. Ensuite on peut, selon son état, faire de la randonnée ou des activités manuelles, ou intellectuelles ou artistiques.

La remontée du jeûne

Après le jeûne, la remontée du jeûne jusqu'à une alimentation normale doit être **aussi longue que le jeûne lui-même**. Il est extrêmement important de **contrôler de manière stricte** les prises alimentaires si l'on veut profiter des bénéfices du jeûne. Dans le cas contraire, on s'expose à bien des problèmes ! Il est dangereux de mal remonter un jeûne. Une personne qui aurait jeûné vingt jours peut mourir à la suite d'un repas pris brutalement. Il faut vraiment être accompagné.

Si vous êtes très volumineux, mincir en premier lieu par le jeûne n'est pas du tout, à mes yeux, la bonne méthode. Il est **beaucoup plus difficile de jeûner quand on est en surpoids** que lorsqu'on est mince. Il vaut mieux perdre d'abord du volume en faisant chaque jour le fameux Miam-Ô-Fruit de cet ouvrage accompagné de Bain dérivatif intensif avec la poche de gel. Lorsque vous aurez bien éliminé le plus important, vous pourrez penser au jeûne. Cela n'ira pas

---

1. *Le Jeûne, op. cit.*

plus vite en jeûnant, cela vous épuiserait et vous risqueriez de reprendre du poids très vite ensuite. **Quand on perd trop vite du poids, on le rattrape aussi vite** car il se produit un effet de pompe dans les cellules, ceci a été découvert récemment.

Bienfaits du jeûne

Il permet de reposer l'organisme, de lui faire éliminer des excédents, de rééquilibrer les prises alimentaires. Le jeûne permet aussi bien de perdre du volume que d'en prendre.

Le jeûne fait perdre le mauvais gras. Chez les hommes, ce sont les amas graisseux de la nuque et des épaules qui partent en premier. Chez les femmes, les graisses de la poitrine, des hanches, des cuisses et des fesses. À tout cela, pour les hommes comme pour les femmes, il faut ajouter les régions plus profondes : mésentère, épiploons, régions rétro-péritonéales.

Mais attention : cela ne va pas disparaître en huit jours, en une seule semaine, mais le jeûne peut être une aide intéressante. Pour ma part, je conseillerai de commencer par la pratique du Bain dérivatif et la consommation quotidienne du Miam-Ô-Fruit pendant au moins six mois avant de se lancer dans le jeûne.

On ne jeûne pas quand on a de l'ostéoporose, on commence par soigner l'ostéoporose. On ne jeûne pas brutalement une semaine pour la première fois si on a plus de 70 ans. On ne se lance pas dans un grand jeûne tout seul car c'est vraiment dangereux. On ne jeûne pas quand on est mal entouré. Entre le jeûne et l'inanition qui tue, il n'y a qu'un déclic mental. On peut passer de l'un à l'autre en une seconde, il suffit d'avoir peur, que quelqu'un vous fasse peur.

Morts de la peur de manquer!

Les naufragés du radeau de la Méduse sont tous morts d'inanition, n'importe quel être humain est capable de survivre quatre à cinq jours sans manger, en buvant de l'eau. Ces naufragés sont morts en moins de cinq jours, morts de la peur de manquer, d'inanition! On connaît par ailleurs beaucoup de récits de personnes qui ont survécu jusqu'à deux mois sans manger! Moralité: si les aliments viennent à manquer, il faut se mettre dans un état mental de jeûne, réfléchir chaque jour sur tous les bienfaits du travail du jeûne sur notre corps. L'idéal est alors de lire chaque jour un bon livre sur le jeûne[1]. C'est la seule manière de survivre.

Pendant le jeûne, il faut surveiller la tension et le rythme cardiaque. Il vaut mieux être en présence d'un médecin ou d'une infirmière qui connaît bien le jeûne.

Mon expérience

J'ai fait mon premier jeûne à trente-quatre ans. Il était de vingt et un jours. J'avais trois enfants, je naviguais et je me sentais trop maigre. Je pesais quarante-huit kilos pour un mètre soixante-treize. Je voulais donc prendre dix kilos. J'avais bien essayé de me gaver de gâteaux aux figues (je n'aime pas beaucoup le sucré!) ou de lait concentré, mais cela ne marchait pas. J'ai donc jeûné trois semaines, en ne

---

1. *Le Jeûne* du Dr Shelton, *op. cit.*

buvant strictement que de l'eau, et remonté le jeûne en trois semaines en augmentant progressivement ma ration alimentaire. En deux mois, j'ai réussi à prendre les **dix kilos** qui me manquaient, **sans changer de mensurations**, et je ne les ai jamais perdus depuis. J'avais perdu du poids car la vie de marin ajoutée à celle de maman de trois enfants m'avait pas mal pris d'énergie. J'ai repris mes navigations ensuite sans problème.

Depuis quelques années, tous les deux ans, je fais un jeûne d'une à deux semaines, autant que possible au moment du carême, qui est une bonne période saisonnière. Ce sont de vrais jeûnes, avec uniquement de l'eau.

La cure de bananes écrasées

La cure de bananes écrasées et oxydées est connue depuis toujours dans certains pays comme la Polynésie où il existait au moins quarante variétés de bananes. Le Dr Paul Carton, qui était contre l'utilisation des produits tropicaux, a néanmoins fait faire de nombreuses cures de banane écrasée et oxydée à ses patients pour les libérer de colopathies grave, et surtout de la typhoïde, inflammation mortelle de l'intestin.

Contrairement à ceux qui étaient traités à la typhomycine ses patients ne perdaient que très peu de poids, guérissaient en dix à quinze jours (au lieu de trois semaines avec la chimie !), ne perdaient pas leurs cheveux et n'avaient pas besoin de rééducation à la marche après la guérison.

Le régime consistait à manger exclusivement de la banane très bien écrasée et oxydée durant deux à trois heures à l'air libre. Et cela jusqu'à disparition complète de la maladie.

Le Dr Catherine Kousmine écrit également que la banane écrasée oxydée est un excellent réparateur de l'intestin. Elle conseille d'en faire de temps en temps une cure d'une journée afin de régénérer la flore intestinale.

Bien entendu, on n'utilise que des bananes bios et on ne mange strictement rien d'autre. Les personnes qui ont une maladie de Cröhn s'en trouvent très bien !

Un repas, cela se partage !

Essayez autant que possible de partager vos repas. Il est toujours plus économique de cuisiner pour plusieurs personnes que pour une seule. **Le plaisir gustatif est plus grand quand on peut en parler**, comparer ses perceptions, discuter des recettes. La convivialité à table est un élément important de notre bonne digestion, d'une bonne assimilation. Bien sûr il y a des moments où l'on préfère être seul. Mais rien n'est aussi absurde que tous ces gens qui vivent les uns au-dessus, au-dessous, à côté des autres et qui pleurent chacun dans son coin sur sa solitude ! Il suffit de frapper chez les voisins, de décider que l'on partage un, deux, trois, cinq repas chaque semaine, chacun à son tour préparant le repas par exemple. Il y a bien des pays où il n'est même pas concevable de manger seul ! Au lieu de se regarder en chiens de faïence, au lieu d'ouvrir la porte chaque jour en s'interrogeant sur ce que le voisin ou la voisine aura encore fait ou dit de mal, il serait tellement plus simple de construire une vie sociale !

Au petit bar du coin !

Geneviève, 92 ans, prenait tous les jours son repas dans le petit bar du coin de sa rue depuis plus de vingt ans. Elle avait pris cette décision pour être sûre de faire chaque jour un repas agréable, assise à une table et en bonne compagnie. Les habitués l'avaient adoptée et venaient lui raconter leurs misères et leurs bonheurs, le patron du bar lui préparait des repas très simples, une salade et une soupe, du poisson le vendredi, une fois par semaine du poulet et des frites. Geneviève n'avait jamais eu d'enfants, mais là, tout le monde la choyait comme une maman ! Elle avait bien compris que seule chez elle, elle aurait très vite abandonné le cérémonial d'une table servie et que la solitude l'aurait déprimée.

Combien de personnes âgées grignotent toute la journée un peu de pain ou de biscuits avec un café au lait devant la télé et leur cerveau comme leur corps se dégradent rapidement ! **Sauvons donc nos neurones et notre corps !**

Perdre la peur de manquer : le grain de raisin

Dans nos pays qui ont vécu de nombreuses guerres et de famines, il existe une peur presque héréditaire de *manquer*. Peur d'avoir faim tout à l'heure si je ne mange pas, sans faim, tout de suite. Peur comme si je risquais de mourir si je saute un repas ! Si je ne mange pas *plein*, beaucoup, aux heures conventionnelles.

Pour **éloigner peu à peu cette peur de manquer** qui est totalement irrationnelle car nous pouvons tenir très longtemps sans manger si nous pouvons boire, il y a un moyen très simple, c'est le grain de raisin sec. Vous prenez **UN** grain de raisin sec et vous le gardez dans la bouche sans le croquer. Vous le mettez dans un coin en sûreté, par exemple entre la gencive et la joue et vous le laissez ainsi diffuser par la salive, tous les éléments nutritifs dont il est porteur, pour rassurer le cerveau. On peut tenir plusieurs heures ainsi avec un simple grain de raisin ! Les personnes qui en font l'expérience sont bien souvent surprises et heureuse de sentir qu'elles peuvent perdre cette *peur de manquer* ! C'est une technique simple pour éviter les grignotages.

Dangers de l'uniformisation du goût

Tous construits avec les mêmes matériaux ?

Lorsque l'on reçoit des personnes dont on veut se faire des amis, on leur offre à boire ou à manger. Même les oiseaux savent faire cela ! Et si l'autre refuse, on dit parfois : « Il croit que je veux l'empoisonner ? Quoi, c'est pas bon ce que je lui offre ? » Ces réflexions un peu simples partent d'un sentiment archaïque qui veut que pour être amis, il faut être du même sang, et pour être du même sang, partager les mêmes aliments. C'est pourquoi il est si difficile de refuser parfois, on sent bien l'enjeu si profond ! Comme il est difficile dans un couple de manger chacun un repas différent, l'un des deux au moins se sent exclu, coupé *cellulairement* de l'autre et le manifeste parfois avec mauvaise humeur ! Certains ne le supportent tout simplement pas du tout, même parfois lorsque la santé est en jeu. Donc manger comme les autres, manger comme tout le monde, nous le voyons bien avec les enfants et les adolescents, c'est fondamental, fondateur d'une société. Mais comme pour tout, il y a des limites à ne pas dépasser. Or il semble bien qu'aujourd'hui, les sociétés industrialisées ont tendance à atteindre ces limites. Nous approchons de la dynastie des abeilles !

Vous savez probablement que dans une ruche, chaque catégorie d'insectes, bourdons, ouvrières, reine bénéficie d'une alimentation différente. Par le choix de l'alimentation donnée aux larves, la ruche fabrique une reine, des bourdons stériles qui servent à la ventilation de la ruche, les ouvrières qui travaillent toute leur vie au service de tous. Seule la reine aura le droit de se reproduire. Il n'est pas très difficile d'imaginer un phénomène semblable pour les humains.

Du lait toxique pour les Philippins

Lorsque j'étais aux Philippines, en 1979, un petit scandale éclata **au très petit jour**. Un jeune chimiste allemand que je connaissais bien voulait savoir pourquoi le lait en poudre portant une ancre de marine, vendu dans des boîtes standardisées, n'était pas vendu au même prix dans les magasins philippins et dans le grand centre commercial fréquenté par les Européens et les riches Philippins. À Makati, le même lait coûtait deux dois plus cher. La seule différence entre les boîtes était que celles vendues à Makati portaient une étiquette blanc cassé alors que les boîtes vendues dans les magasins philippins étaient un peu ocre jaune. Le jeune chimiste révéla que le lait vendu à bon marché contenait beaucoup de métaux lourds. Était-ce une manière d'écouler un lait invendable ou bien s'agissait-il d'une volonté d'affaiblir un peuple dans un pays extrêmement convoité pour ses possibilités touristiques avec ses dix mille îles ? La question fut bel et bien posée mais complètement étouffée ! La presse n'en parla pas, nous étions au temps de la suprématie du commandant Marcos.

Où sont les limites ?

Sans tomber dans la psychose du complot planétaire chère à quelques-uns, il me semble que l'uniformisation du goût pose un problème majeur dans nos pays. Si tout le monde s'alimente collectivement dans des cantines, achète des plats tout prêts dans les grandes surfaces, nous aurons tous des cellules faites des mêmes éléments, nous finirons par nous ressembler.

Prenons le cas des petits pots pour bébés, comparés à l'alimentation familiale. Si l'on donne à son bébé, chaque semaine, un pot de purée de carottes Rintintin, cette purée de carotte est assaisonnée par un fabricant, elle est homogénéisée, ce qui signifie qu'elle a exactement la même saveur en tous points du pot. Enfin, tous les pots apportent la même saveur. Le bébé découvre le premier pot, première bouchée, c'est nouveau, il développe de nouvelles connexions entre ses neurones. La deuxième bouchée est identique, il utilise les synapses créées précédemment. Idem pour la troisième bouchée, et ainsi de suite pour tous les pots suivants, il ne développera plus du tout de nouvelles connexion à partir de la purée de carottes qu'il reconnaîtra à chaque fois.

Observons maintenant la purée de carottes faite maison. Elle n'est pas homogénéisée, ce qui veut dire que selon où la cuiller la prend dans l'assiette, elle n'a pas la même saveur ni la même consistance. La fois suivante, le goût de la carotte a changé, le mélange aussi car il est impossible de faire deux fois exactement la même chose. Donc à chaque bouchée, à chaque nouvelle purée, le bébé développera de nouvelles synapses. Ce tout petit exemple montre déjà l'importance d'une alimentation faite chez soi, car ce qui se produit pour le bébé se produit aussi pour nous. Plus nous découvrons de nouvelles saveurs, odeurs, couleurs, formes, plus notre cerveau travaille et développe des connexions. Il est vraiment dommage de s'en priver! Que se passe-t-il si nous mangeons tous la même chose de la naissance à l'âge adulte? Ne sommes-nous pas à l'orée de la dynastie des abeilles? Élevés tous pareils au plan alimentaire, comme des veaux?

Il y a bien longtemps, au moins quarante ans, que j'y pense. Ce qui rentre dans notre corps n'est jamais anodin. N'oublions pas que nous avons cent millions de neurones dans le tube digestif!

Mémoire, attention, concentration

Beaucoup de personnes se plaignent, avec les années, de la diminution de leur capacité d'attention, de concentration et de mémoire. Or il est largement démontré aujourd'hui que ce n'est pas l'âge qui abîme la mémoire mais la pathologie. Souvenez-vous de Sœur Emmanuelle! Elle avait bien sa tête, et jusqu'au bout sans faillir!

Sachez que l'alimentation, la pratique du Bain dérivatif sont d'un grand secours pour augmenter les capacités d'attention, de concentration et de mémoire, et cela se sent dès les premières semaines si l'on fait bien le Miam-Ô-Fruit de ce livre accompagné des poches de gel. Plusieurs personnes qui ont été victimes d'AVC – accident vasculaire cérébral – et ont ensuite adopté cette méthode s'en sont trouvées mieux, plus claires qu'avant l'AVC! Cela vaut la peine d'y songer sérieusement et surtout mieux vaut toujours prévenir que guérir!

Rappelons que notre cerveau ne pèse que 2 % du poids du corps et qu'il consomme à lui seul 20 % de ce que nous mangeons. Rappelons aussi que notre ventre est un cerveau, que **les aliments touchent en premier les neurones de l'estomac** et de l'intestin. Là, c'est un contact direct. Les neurones de notre appareil digestif travaillent autant que ceux de la tête, ils donnent des ordres autant que ceux d'en haut! On sait aujourd'hui qu'il est possible de diagnostiquer une maladie d'Alzheimer en prélevant des neurones de l'estomac [1].

Attention à tout ce qui arrive dans l'estomac!
Tout ce qui ralentit l'organisme, somnifères, tranquillisants, anxiolytiques, calmants, touche directement nos neurones et endommage l'attention, la concentration et la mémoire. Tous les aliments industriels, morts, cuits, chargés de pesticides, de conservateurs, de colorants, touchent immédiatement les neurones de notre ventre. De même la fumée de cigarettes, l'alcool du vin et des apéritifs, des boissons dites énergisantes, tout cela détruit nos neurones de manière certaine. D'accord, nous en avons beaucoup, mais pourquoi tant de personnes aujourd'hui ont le cerveau qui déraille? Le problème est que, normalement, notre corps est capable de produire des neurones jusqu'à notre mort. Mais ces produits peuvent endommager la zone de reproduction, ce qui est le cas du tabac en particulier et très probablement d'un certain nombre de pesticides puisque la maladie de Parkinson est reconnue comme conséquence de l'inhalation de pesticides. Qu'on les avale par le nez ou la bouche ne fait guère de différence puisque cent millions de neurones sont tapis dans le tube digestif!

---

1. «Notre ventre est un cerveau», *Ça m'intéresse*, avril 2000.

Alors, il est peut-être urgent de se mettre au Bain dérivatif, au Miam-Ô-Fruit et à une alimentation saine! Plus on commence jeune et mieux c'est!

Par où commencer ?

Je n'ai pas le courage de tout changer d'un coup!
Dans l'ordre : changer vos huiles, faire des Bd, aller au soleil.

Vous ne savez pas par quel bout commencer, vous avez l'impression que c'est un chamboulement total de votre vie. Ne chamboulez rien, allez-y doucement, le corps et le cerveau y viendront tout seuls peu à peu.

En premier lieu, vous changez la **qualité de vos huiles**, vous ne mettez plus de beurre dans la purée mais de l'huile d'olive sur les pommes de terre cuites au four. Vous assaisonnez le riz, les pâtes à l'huile d'olive, vos salades avec une bonne huile. Le seul changement d'huiles sera visible au bout de quelque temps sur la peau, les cheveux, le teint et aux analyses de sang.

Essayez, dans le même temps de vous mettre à la pratique des **poches de gel** quand vous êtes chez vous. Ces poches peuvent être utilisées même en mangeant. Il n'y a donc aucune excuse à ne pas s'en servir. Là aussi, en deux ou trois semaines, vous sentirez la différence, toutes sortes de détails de votre vie vont s'améliorer, vous aurez plus d'énergie, un meilleur sommeil.

Enfin, ne manquez aucune occasion, surtout en hiver, d'exposer votre visage, vos bras découverts, vos jambes découvertes à la **lumière directe du soleil** à chaque fois que cela est possible. Là aussi vous en sentirez les effets assez rapidement.

Tout cela vous encouragera **au fil des semaines** ou des mois, jusqu'au jour où vous trouverez le courage, l'énergie de vous mettre à mon **Miam-Ô-Fruit** ! Là, vous aurez fait un très grand bon en avant et les résultats ne se feront pas attendre !

5

LE BAIN DÉRIVATIF

Il ne suffit pas de manger avec intelligence, il faut aussi que cela circule dans tout le corps.

Nous n'allons pas ici faire un cours sur le Bain dérivatif puisque plusieurs livres lui sont déjà consacrés, mais voir pourquoi cette pratique est indissociable d'une bonne alimentation, de l'utilisation de l'argile et des bains de lumière solaire directe.

> «Toute innovation passe par trois stades. D'abord elle est ridiculisée, ensuite elle est violemment combattue et finalement elle est considérée comme ayant toujours été évidente!»
>
> Arthur Schopenhauer

Parmi les rieurs, une bonne vingtaine a été enterrée entre 42 et 64 ans. Nous tâchons de nous faire tout petits face aux combattants qui nous glissent sur le dos car nous n'attaquons personne. Quant à l'évidence, lorsque les tenants de la cryothérapie auront compris qu'il est plus simple d'utiliser une poche de gel qu'une chambre froide, elle apparaîtra d'emblée! Tout comme l'invention du fil à beurre ou l'œuf de Christophe Colomb, c'était si simple d'y penser !

« Une société qui tire le quart de ses revenus économiques de la maladie poursuivra, diffamera et, finalement mettra hors d'état de nuire quiconque voudrait apprendre à ses concitoyens à vivre en bonne santé. »

Gunther Schwab

« J'ajoute... surtout si la bonne santé peut s'obtenir gratuitement ! »

Kithérapie sur Internet.

Qu'est-ce que le Bain dérivatif ?

Le Bain dérivatif est une technique qui consiste à **rétablir la fraîcheur du périnée**, comme chez tous les mammifères. Cette fraîcheur au périnée a une influence directe sur notre **température interne** (rectale), sur la **musculature** du périnée et de tout ce qui l'avoisine. Elle a une action immédiate sur la motilité de l'intestin et par conséquent sur celle du fascia qui transporte **nos graisses**. Cette fraîcheur a une action directe sur la fonction sexuelle des hommes et des femmes, sur la production quantitative et qualitative des spermatozoïdes et très probablement des ovaires. Cette fraîcheur a un rôle **anti-inflammatoire** puissant sur tout le corps. Tous les mammifères ont cette zone du corps au frais et accentuent cette fraîcheur de diverses manières lorsque le besoin s'en fait sentir.

Comment obtenir cette fraîcheur ?

Les mammifères ne portent pas de slip ni de pantalon, ils ne travaillent pas assis toute la journée, ils ne maintiennent pas sans cesse le périnée au chaud. Nous oui ! Nous n'avons pas mille solutions. Soit, comme les animaux, nous recommençons à vivre sans aucun vêtement dans cette partie du corps et nous marchons toute la journée pour ventiler notre entrejambes, soit nous utilisons un artifice pour obtenir cette fraîcheur.

Dans notre vie citadine, il n'y a que deux possibilités.

– Ou nous allons nous asseoir au-dessus un bidet rempli d'eau froide deux ou trois fois par jour une demi-heure – et parfois plus si nécessaire – et avec un gant de toilette, nous nous rafraîchissons sans cesse.

– Ou bien nous utilisons des **poches de gel** [1] **refroidies** au congélateur ou au freezer sur lesquelles nous pouvons nous asseoir ou que nous pouvons poser discrètement, bien enveloppées, dans nos vêtements, contre le périnée.

L'idéal serait de maintenir cette fraîcheur toute la journée. Trois heures par jour, chez soi, sont un minimum. Vous êtes choqué ? Ce qui est choquant, c'est de maintenir dès la naissance cette région du corps en permanence au chaud. On connaît les effets nocifs de cette chaleur pour la fertilité des hommes. Est-il vraiment **naturel**, existe-t-il dans la Nature un seul mammifère qui a en permanence le derrière enveloppé de tissu et reste immobile durant des

---

1. Il existe des poches de gel en pharmacie, mais elles ne sont pas prévues pour cet usage. Il en existe de forme ergonomique, en tissu, lavables, qui durent de nombreuses années si l'on en prend soin. www.yokool.fr.

heures ? En moins de cent ans, cette manière de vivre a fait monter notre **température interne** de quelques dixièmes de degrés, ce qui nous est très préjudiciable et, par exemple, **favorise le surpoids** ! Nous sommes tous venus au monde nus ! Et les animaux ont tous, y compris l'ours polaire, cette zone du corps bien dégagée et au frais.

Cette fraîcheur, que nous nommons Bain dérivatif ou poches de gel, active **quatre fonctions essentielles** et fondamentales pour notre organisme :

– Rétablir à la normale la température interne en l'abaissant légèrement.

– Muscler le périnée.

– Faire circuler nos graisses en les éliminant.

– Permettre à nos graisses et à notre fascia d'accomplir leurs huit fonctions.

Rétablir la température interne

Dans le numéro de février 2007 de la revue *Sciences et Vie*, à la page 19, il était expliqué que si l'on faisait descendre la température interne du corps d'un demi-degré ou moins, on pouvait prolonger la vie de sept à huit ans.

Dans le hors série d'octobre-décembre 2008 du *Courrier international, Votre santé*, un grand article sur la **cryothérapie**, parlant des travaux menés à l'Université de Moscou sous l'égide de l'Académie des sciences de Saint-Pétersbourg, nous explique que lorsque l'on fait descendre la température interne de quelques dixièmes de degrés durant trois semaines, on peut perdre trois à quatre kilos, l'immunité remonte au maximum ainsi que la sérotonine, notre antistress naturel le plus puissant. Cette baisse de température supprime aussi toutes les douleurs en faisant disparaître l'état inflammatoire. On y parle même de sensation euphorique! Il y est dit en conclusion que si l'on arrivait à faire baisser la température interne de l'être humain «... de seulement 1 °C ou 1,5 °C, il pourrait vivre jusqu'à l'âge de 150 ou 200 ans»[1]! Ce résultat est obtenu **à très grands frais** dans tous les sens du terme! Après divers contrôles de santé, on vous équipe d'une combinaison digne d'un cosmonaute et on vous fait entrer par jour dans un sas de moins 100 °C à moins 170 °C, ceci tous les jours durant trois semaines. Les séances sont de «une minute et demie à trois minutes... cela soulage diverses douleurs, soigne les dépressions légères, agit contre la cellulite et aide même à perdre du poids». Exactement tout ce que nous écrivons et avons publié **depuis plus de vingt-cinq ans** à propos du Bain dérivatif[2]! Les États-Unis, l'Allemagne, le Japon, poursuivent les mêmes expériences. En France, l'ENSEP de Paris vient de se doter d'une chambre de cryothérapie à moins 110 °C pour les sportifs. Tout cela coûte bien cher pour très **exactement les mêmes résultats avec de simples poches de gel**! J'ai participé sur Direct8, dirigée par Charlotte Savreux[3], à une émission sur le sujet, les choses ont été clairement dites! Vous hésitez encore?

Notre température interne est montée de quelques dixièmes de degrés. Il y a cinquante ans, lorsque l'on

---

1. «La cryothérapie: frileux s'abstenir» de Vladimir Emelianenko, Profil, Moscou, *Courrier International*, hors série, *Votre santé*, octobre-décembre 2008.
2. Dans *Naviguer avec ses enfants*, Éditions Arthaud, 1984; *En Forme*, Éditions des 7 Vents, 1991; *Bientôt mon bébé*, Éditions Milan, 1993.
3. Direct8, émission Bien-être.

avait trente-sept degrés deux le soir, c'était un début de fièvre. Si cela se répétait chaque soir, on suspectait une tuberculose. Il était normal d'avoir trente-six le matin. Aujourd'hui, à trente-sept cinq le matin, on va à l'école ou au travail ! Cette élévation de température est aussi préjudiciable que celle de la planète. Lorsque l'eau des océans est deux ou trois dixièmes de degrés au-dessus de la norme, une grande quantité de plancton meurt, ce qui entraîne la disparition de beaucoup de poissons qui se nourrissent de plancton, puis celle de ceux qui se nourrissent des précédents, et ainsi de suite.

Muscler le périnée

Au début de 2009, entre le *Times* magazine, le magazine *ELLE* et Internet, nous avons eu droit à bien des discussions sérieuses ou moqueuses sur la gymnastique du périnée ! La question était : **comment muscler le périnée et pour quoi ?**

Il va de soi qu'un périnée ramolli a des conséquences fâcheuses : risques d'incontinence urinaire et de descente d'organes, relâchement de bien des tissus alentour et baisse des performances sexuelles !

Et quand on muscle le périnée, qu'on active cette musculature que se passe-t-il ? Terminée la constipation, les graisses circulent et s'éliminent par les voies naturelles, tout se remuscle autour du périnée et la sexualité est bien plus agréable et efficace, que l'on soit homme ou femme ! Finies l'éjaculation précoce ou la panne sexuelle, quel que soit notre âge ! D'où un intérêt grandissant pour savoir comment faire ! Or **rien n'est plus simple** que l'utilisation de la fameuse **poche de gel** ! La meilleure preuve en est le nombre de kinésithérapeutes qui viennent nous voir pour maîtriser l'enseignement de cette méthode et la faire appliquer à leurs patientes après un accouchement ! Combien de fois nous ont-ils dit : « C'est plus rapide, plus efficace que notre appareil électrique dont les séances sont remboursées par la Sécurité sociale ! » Vous hésitez encore ?

Faire circuler les graisses

Comme cela a été dit précédemment à propos de la cryothérapie, **les graisses se mettent à circuler et s'éliminent** à la vitesse où elles entrent. Je pense qu'à ce stade, le lien avec l'alimentation commence à être encore plus clair. Déjà, nous venons de voir que la constipation disparaît, mais en plus les bourrelets disgracieux, liés à l'alimentation, disparaissent aussi. Et attention : cet amincissement lié au Bain dérivatif est accompagné d'un **raffermissement** du corps ! Contrairement aux régimes qui laissent les seins mous et les fesse pendantes, une alimentation riche en fruits et en huiles chasse les mauvaises graisses et le Bain dérivatif raffermit tous les tissus **à tout âge**. Des dames de 70 ans et plus qui pendouillaient du dessous des bras les ont vus se raffermir !

Assurer les huit fonctions déjà connues : voyez le chapitre « Les graisses fluides ».

Il faut absolument faire circuler nos graisses ! Nos graisses doivent être expulsées à la vitesse où elles arrivent, chaque jour avec la digestion. Il faut abandonner l'idée que seule l'activité physique est responsable de l'élimination de ces graisses. Certes le gras est un des carburants du sport. Mais tous les propriétaires de salles de fitness le savent bien, du moins ceux, nombreux, qui viennent me voir pour se mettre au Bain dérivatif. Il faut une heure de sport intensif pour commencer à éliminer. L'activité physique consomme certaines graisses, pas n'importe lesquelles. C'est le maintien de la fraîcheur au périnée qui, en faisant baisser la température interne, en évacuant l'excès de chaleur interne, provoque l'activité de l'intestin et du fascia. Cela ne peut se produire que si le fascia est bien nourri, avec suffisamment de bonnes huiles chaque jour, s'il n'est pas poreux et qu'en plus il vibre. Cette vibration ne peut avoir lieu que si le périnée est au frais, si notre température interne est assez basse.

Attention : ne confondez pas température interne et sensation de chaud ou de froid. Une personne qui a de la température a très froid, elle peut même grelotter. Une personne frileuse a forcément une température interne trop élevée. Quand la température interne a baissé, la personne n'est plus frileuse.

Nous ne pouvons que vous recommander de lire *Le Bain dérivatif cent ans après Louis Kuhne*, aux éditions du Rocher, publié en janvier 2009.

6

L'ARGILE

L'argile qui draine et répare

Mise en garde

Ce n'est pas parce que l'argile se trouve ou s'achète facilement qu'elle est anodine. Il est important de bien savoir s'en servir et les règles qui l'entourent sont suffisamment nombreuses pour que nous prenions la peine de les revoir à chaque fois que nous devons nous en servir. C'est pourquoi nous n'hésiterons pas à les répéter maintes fois. Avec l'argile, on ne fait pas de l'à-peu-près, sinon cela ne fonctionne pas. Une mauvaise utilisation de l'argile peut aussi être dangereuse. Il faut absolument observer avec l'argile une hygiène rigoureuse.

Enfin, et ceci est vraiment important, l'argile ne peut pas tout faire à elle seule. L'argile est un réparateur, c'est certain. Mais il lui faut quelques outils. Que diriez-vous d'un plombier qui arriverait chez vous sans sa caisse à outils ?

Les outils nécessaires à l'argile sont :
– Une alimentation de qualité qui apporte à l'organisme les éléments indispensables.

– La mise à disposition de ces éléments – en particulier les cellules souches adultes contenues dans nos graisses fluides – dans toutes les parties du corps ce qui est l'action du Bain dérivatif (poche de gel).

– L'exposition directe du corps à la lumière solaire, notre corps ayant besoin de se nourrir de lumière exactement comme les autres mammifères et les plantes. Nous sommes en effets des animaux aériens, pas des taupes ni des vers de terre !

Sans argile nous n'existerions pas !

Lorsque les astrophysiciens découvrent une nouvelle planète, ce qui devient de plus en plus fréquent, les questions qui se posent sont : y-a-t-il de l'eau et de l'argile, et si oui, y-a-t-il déjà de la vie et pourrions-nous y vivre ! En qualité de navigatrice-exploratrice, je ne peux que partager leur excitation et leur curiosité !

En effet, sans eau nous ne sommes point, sans argile sur notre terre, nous n'existerions très probablement pas non plus, de même pour les animaux et les plantes !

Il y a déjà quelques décennies que la NASA a montré que notre ADN terrestre s'était formé entre des couches d'argile. Plus récemment, en 1982, l'Université de Cambridge aux États-Unis a publié les travaux de John Desmond Bernal et A. Graham Caims-Smith sous le titre *Genetic Takeover and the Mineral Origins of Life* allant exactement dans le même sens. En France, c'est le CNRS qui en a fait autant en juin 1999.

Quel rôle a joué l'argile, on ne le sait pas très bien encore. Tout ce dont on est sûr, c'est que l'ADN s'est formé *entre* des couches d'argile. D'où l'intérêt de trouver de l'eau et de l'argile sur les nouvelles planètes explorées !

Ce qui précède n'est pas sans rappeler que dans la Genèse au livre 1 il est dit que Dieu a pris une poignée d'argile pour fabriquer l'homme. Ce que je considère pour ma part comme un résidu de connaissances d'une ancienne civilisation disparue.

Mais si l'argile favorise la construction de l'ADN, alors nous comprenons mieux comment elle peut non seulement avoir un prodigieux pouvoir réparateur, mais qu'en plus, lorsque nous l'appliquons tout de suite et correctement, ces réparations ne laissent aucune cicatrice, ni sur l'épiderme, ni sur l'os, du moins lorsqu'il est situé immédiatement sous la peau [1].

Posons d'abord nos limites

En premier lieu, je ne suis pas une encyclopédie. Je ne parlerai donc que de l'argile que je connais le mieux, celle qui a largement fait ses preuves depuis très longtemps, l'argile verte **illite** [2]. Ce qui est écrit ici n'est pas une compilation mais le résultat d'études, de recherches et d'une grande pratique. J'en connais bien les effets et les limites et ne réponds que de cette argile-là. Les personnes qui désirent connaître les propriétés des autres argiles pourront se référer aux nombreux ouvrages qui existent sur ce sujet. Je ne pourrai donc pas conseiller ou répondre à ceux

---

1. À condition bien sûr d'en mettre en permanence , 24 heures sur 24. Le traitement peut durer longtemps, parfois de longs mois !
2. Illite n'est pas une marque mais une sorte d'argile comme il existe le kaolin, la montmorillonite, etc.

et celles qui utiliseront d'autres sortes d'argile qui ne sont pas de ma compétence.

Qu'est-ce que l'argile ?

L'argile est un matériau de la croûte terrestre étudié par les pédologues, spécialistes des sols. Selon le dictionnaire Petit Robert 1988, c'est « une terre essentiellement composée de silicates hydratés d'aluminium associés à diverses autres substances, provenant surtout de la décomposition des feldspaths, avide d'eau, imperméable et plastique *(souple)* dite terre glaise ou terre à potier ». On l'appelle aussi terre à foulon. Cette terre grasse entre par moitié avec le calcaire dans la composition des marnes. On la qualifie de roche souple, malléable, au grain très fin. Il en existe un peu partout dans le monde et de diverses couleurs, en particulier verte à cause du fer ferreux qui s'est un peu oxydé, ce qui est le cas de la montmorillonite et de l'**illite** dont nous allons beaucoup parler ici ! En Afrique on trouve des argiles roses et rouges dont le fer ferrique est très oxydé. Au fond des mers l'argile est souvent bleue. On trouve aussi des argiles noires riches en sulfure de fer, et des argiles grises, jaunes ou blanches. Même si toutes ces argiles ont en commun des fonctions réparatrices et de nettoyage, chaque couleur a une ou des fonctions spécifiques. Il existe diverses sortes d'argiles : illite, montmorillonite, kaolin...

Le but ici est de vous aider à utiliser une argile facilement accessible dans les meilleures conditions et avec les meilleurs résultats.

Nous faisons le choix ici de ne parler que de l'argile verte illite pour plusieurs raisons

L'illite est une des mieux protégées de la pollution, donc l'une des plus **pures** puisqu'elle se récolte entre 50 et 70 mètres sous la roche. L'argile étant un excellent nettoyeur, si on la récolte en surface, elle a absorbé la pollution.

L'illite est en Europe de l'Ouest une des plus répandues et des moins chères. Elle se **trouve facilement** dans le commerce, même s'il faut parfois insister, et par Internet.

L'illite est **universelle** et convient pratiquement à tout le monde et à tout âge.

Ses **propriétés** ont été **longuement étudiées** durant cinquante ans par des chercheurs du CNRS.

L'illite adhère parfaitement à la peau, ce qui lui permet de travailler très en profondeur grâce à un grand pouvoir d'adsorption [1].

Adhérant bien, elle **va chercher très en profondeur** toutes les impuretés, les échardes, les corps étrangers, c'est son pouvoir absorbant. Son travail de réparation se fait aussi très en profondeur.

Elle est riche en oxyde de **fer**.

Elle a une **action immédiate** sur les hématomes, réduit ou empêche l'inflammation et le gonflement, stoppe immédiatement l'effet de brûlure et la douleur, résorbe très vite les entorses, les foulures, les luxations, les otites.

Elle a une **action réparatrice anti-inflammatoire et anti-douleur** très puissante sur les **fêlures** osseuses, sur les cartilages et les ligaments.

---

1. Ne pas confondre absorption et adsorption. Adsorption : rétention en surface. Absorption : rétention en profondeur. L'argile fait les deux !

En poudre, c'est aussi un **hémostatique puissant**, elle stoppe bien les hémorragies, ce qui peut être d'un premier secours très intéressant.

Elle a un **effet drainant** sur tout l'organisme, soit en cataplasmes, soit par voie interne.

Elle est **reminéralisante** et très utile, par voie interne, pour faire remonter le taux de fer dans le sang.

Enfin, signalons que **seule l'argile verte illite** a droit légalement à la dénomination d'**argile verte**. Ce qui signifie que sur un paquet de montmorillonite, il ne doit pas être écrit *argile verte prête pour cataplasmes*, mais *montmorillonite*. Ce n'est pas toujours le cas. Lisez bien la rubrique *ingrédients* qui doit absolument toujours figurer sur les paquets, les boîtes, les sachets, tubes et pots. La posologie (mode d'emploi) doit elle aussi être clairement indiquée.

Où se procurer de l'argile ?

Dans les magasins bios, les pharmacies et les parapharmacies ou sur Internet. Vous la trouverez sous diverses présentations : sacs de 5 kilos, 3 kilos, 1 kilo, concassée, granulée ou en poudre, ou bien sous forme de pâte prête à l'emploi en pots d'un kilo et demi ou en gros tube ou en petit tube. Les tubes ne sont utiles que pour un dépannage. Ils conviennent donc dans son sac à main ou dans la sacoche d'un vélo. Dans la voiture, je préfère avoir un pot d'un kilo. Ma préférence va à l'argile grossièrement concassée pour les cataplasmes et, pour la voie interne, aux petits paquets d'argile en poudre surfine.

Prenez-la toujours pure : vérifiez toujours la liste des ingrédients. Pour l'argile sèche, vous ne devez trouver que la mention : *illite*. Pour l'argile en pâte : *illite et eau*.

Rien de plus ! Pas de kaolin ni de montmorillonite, pas de conservateurs ni d'huiles essentielles.

Ne prenez pas celle de votre jardin car si l'argile est capable de nettoyer, elle peut absorber les produits toxiques de l'atmosphère. De plus elle doit être soigneusement ventilée avant usage. Laissons aux professionnels le soin de nous la préparer comme il se doit. Bien évidemment, si vous êtes au fin fond de l'Amazonie, vous utilisez ce que vous trouvez sur place !

Préparation du produit brut

L'argile verte illite est donc extraite par forage de la roche jusqu'à 70 mètres de profondeur. Là-dessous, elle se présente comme une gigantesque motte de beurre, de la consistance d'un beurre bien frais. Une fois extraite, elle est étalée sur des plaques exposées au soleil, avec beaucoup de soin et dans de bonnes conditions d'hygiène. Elle est fragmentée, concassée et cette exposition à l'air et à la lumière se nomme la ventilation. Cette ventilation est indispensable pour tuer les microbes anaérobies qu'elle contient et qui meurent par exposition à l'air. Ces microbes, peu sympathiques pour nous, ont été nécessaires pour procurer à l'argile sa richesse en oligo-éléments.

Nous avons vu que l'argile est un composé stable de silicate d'alumine[1]. Elle contient des traces de chaux, des oxydes de silice, des bioxydes de silice ou silicium, oxydes et bioxydes d'aluminium, de fer, de calcium, de sodium, de magnésium, de potassium. Elle contient aussi des traces de

---

1. Ne confondez pas alumine et aluminium, et ce composé stable ne va pas aller se déposer sur vos neurones !

soufre, titane, manganèse, phosphore et zinc. Micronutriments et oligo-éléments permettent de comprendre son
action reminéralisante. La présence de silicium favorise
la fixation, dans notre organisme, du phosphore et du
calcium. Si nous prenons en plus des bains de lumière
solaire directe [1] (fabrication de vitamine D solaire différente de la vitamine D alimentaire), nous comprenons
mieux qu'elle puisse jouer un rôle important non seulement sur nos os, mais aussi dans l'assouplissement des
artères et la protection de nos cellules !

On voit ici pourquoi il n'est pas possible de dissocier
l'argile de l'alimentation, du Bain dérivatif et de la lumière
solaire.

Une bonne **alimentation** (calcium, phosphore, silicium
des fruits et légumes crus) combinée à une bonne circulation des nutriments et des graisses par le **Bain dérivatif**, à
l'utilisation de l'**argile** (externe ou interne) et de la **lumière
solaire** sur la peau pour un même individu ! Ce que font de
manière très naturelle tous les mammifères de la nature.
C'est tout cet ensemble qui constitue notre méthode.

Que peut faire l'argile pour nous ?

Elle nettoie.

Grâce à ses pouvoirs absorbant et adsorbant, l'argile
peut nous nettoyer soit en externe par l'application de cataplasmes ou directement de poudre sèche, soit en interne
lorsque nous en buvons. Nous verrons que les cataplasmes

---

1. Voir le chapitre « Soleil ».

posés en externe peuvent aller chercher sous la peau et même plus loin des éléments indésirables qu'elle attire jusqu'à l'extérieur. Elle extrait les échardes, les morceaux de verre, les épines, mais aussi elle vide des kystes, elle vide les ganglions enflammés. Lors d'extractions dentaires lourdes accompagnée de kystes, elle empêche la formation d'hématomes, elle empêche le gonflement et la douleur et permet une cicatrisation nette et rapide [1].

Elle répare.

Après avoir nettoyé, elle cicatrise les plaies sans laisser la moindre trace. Elle permet même de reconstituer de petits morceaux de chair ou d'os qui ont été arrachés ou la matière osseuse de la mâchoire après extraction de racine. Elle peut déplacer un éclat d'os et le remettre peu à peu exactement à sa place comme on le ferait d'une briquette de Lego. Ce travail peut nécessiter plusieurs mois à raison de vingt-quatre heures sur vingt-quatre d'applications d'argile. Si cela vous semble irréalisable, sachez que bien des personnes l'ont fait y compris moi-même tout en travaillant hors de chez moi. Que valent six mois ou deux ans de patience face au reste d'une vie entière passée à se plaindre des douleurs d'une cicatrisation incomplète ? Bien sûr, il faut le savoir, on n'a rien sans rien. L'argile est un moyen naturel qui parfois demande du temps.

Elle aseptise.

L'argile ne tue pas les microbes, elle les rend inefficaces, les empêche de se reproduire et elle empêche l'infection et l'inflammation.

---

1. Bien évidemment si vous combinez cela au Bain dérivatif et à la salade de fruits chaque jour le résultat est encore meilleur d'où la réunion de toutes ces techniques naturelles dans ce livre !

Elle stoppe les saignements.

L'argile verte illite en poudre est un hémostatique puissant. Si l'on se coupe le doigt, le plus simple consiste à verser de l'argile en poudre dans un bol et à y plonger son doigt en comprimant à l'endroit de la coupure. Nous le verrons dans les applications. J'ai toujours dans mon sac un petit flacon d'argile verte illite en poudre.

Elle résorbe l'inflammation et le gonflement.

Une cheville gonflée à la suite d'une foulure se réduit en général en deux heures d'application d'un gros cataplasme d'argile verte illite. Mais il faut continuer de mettre des cataplasmes sans cesse. Si vous ôtez l'argile au bout de deux heures, la cheville gonflera de nouveau. Le gonflement et l'inflammation ont disparu mais le travail de réparation ne fait que commencer !

Elle résorbe les hématomes.

En deux heures de pose immédiate d'argile sur un hématome de 20 cm sur 15 à la suite d'une chute à vélo, l'hématome bleu-noir-violacé passe au rose ! Mais il faut continuer de poser des cataplasmes d'argile durant plusieurs jours !

Elle draine.

Que ce soit en cataplasme sur l'un des deux points [1] de drainage (nuque et bas du ventre) ou par voie interne, elle fait venir vers l'intestin toutes sortes de déchets qui doivent être expulsés par les selles et les urines.

Elle reminéralise.

Par tous les éléments qu'elle contient et par son pouvoir de nettoyage du sang, elle permet la fixation de sels miné-

---

1. Ou sur les deux en même temps !

raux et d'oligo-éléments, non seulement de ceux qu'elle contient, mais de ceux qui sont apportés par notre alimentation. D'où une fois de plus l'intérêt de s'alimenter correctement et de faire circuler par le Bain dérivatif. Tout cela sans oublier l'exposition à la lumière solaire directe en particulier en dehors de l'été !

Comment utiliser l'argile verte illite en poudre surfine ?

Par deux voies : voie interne et voie externe.

Par voie interne

Attention : les personnes qui ont de **l'hypertension ne doivent absolument pas boire d'argile** ni sous forme d'eau d'argile claire ni sous forme *trouble*, dite lait d'argile.

Seule l'argile verte illite en poudre surfine a obtenu une autorisation du ministère de la Santé pour être bue. On ne boit donc pas d'argile blanche, ni une autre sorte d'argile.

Sur la boîte d'argile verte illite, vérifiez bien les ingrédients (illite seule !) et vérifiez aussi la présence de la posologie qui est obligatoire.

Ne prenez pas un médicament ou la pilule avec un verre d'eau d'argile. Ne buvez pas de « lait » d'argile si vous suivez un traitement médicamenteux. L'argile absorberait le médicament.

Les deux manières de boire l'argile sont l'eau d'argile et le « lait » d'argile

L'eau d'argile
Si vous avez de l'**hypertension, n'en buvez pas.** Cela pourrait vous donner des palpitations.

On appelle eau d'argile l'eau presque transparente qui résulte d'un mélange argile et eau après décantation, quand l'essentiel de l'argile s'est déposé au fond du verre.

L'eau d'argile se prend par cures de vingt et un jours consécutifs à raison d'un verre par jour en général le matin au réveil.

Comment la préparer

Le soir, verser une cuiller à café (prendre une cuiller en os, en bois ou en plastique, mais pas en métal) d'argile verte illite en poudre surfine dans un verre. Remplir raisonnablement le verre d'eau, agiter l'argile, ôter la cuiller et laisser reposer toute la nuit en couvrant le verre afin de le protéger des poussières. Le verre peut être conservé à température ambiante.

Le lendemain matin, boire l'eau et jeter l'argile déposée au fond. L'argile en poudre surfine peut être jetée dans l'évier, mais faites bien couler l'eau quelques instants pour la chasser des canalisations.

Recommencer ainsi chaque jour pendant vingt et un jours. La cure peut être plus longue, mais il est conseillé de l'arrêter une semaine entre chaque cure.

À quoi cela sert-il ?

Une cure d'eau d'argile peut avoir plusieurs effets :

– **Elle draine l'ensemble de l'organisme.** L'argile en fine suspension va chercher dans les moindres recoins du corps les déchets et les corps étrangers les plus petits. À cette occasion il arrive qu'elle constipe par l'afflux de matières qu'elle rapporte à l'intestin. Cet afflux peut parfois provoquer de la constipation. C'est pourquoi pendant la cure d'eau d'argile il faut veiller d'une part à consommer assez de liquides, d'autre part à manger des végétaux bien fibreux. Le fameux Miam-Ô-Fruit est particulièrement indiqué ! Vous voyez là encore que la qualité de l'alimentation est importante tout comme la pratique du Bain dérivatif (poche de gel) qui elle aussi permet une bien meilleure évacuation de ces matières.

– **Elle nettoie le sang.** Il suffit pour s'en rendre compte de faire l'expérience avec son médecin. On recueille un peu de sang pris au bout du doigt sur une lame de verre et on note la couleur, la viscosité, la vitesse de sédimentation. On pourrait aussi l'analyser et doser par exemple le fer. Trois semaines plus tard, on recommence et on compare. La différence se voit. Un sang trop épais se fluidifie, trop noir s'éclaircit, trop clair densifie sa couleur (fer). Les femmes peuvent aussi voir la qualité du sang de leurs règles s'améliorer nettement. La pratique du Bain dérivatif va exactement dans le même sens de clarification.

– **Elle aide le taux de fer à remonter** chez les personnes anémiées. Bien sûr si parallèlement vous consommez chaque semaine trois portions de boudin aux pommes (pommes fraîchement cuites et sans ajout de sucre !) cela va encore plus vite. La pratique du bain dérivatif là aussi accélère le processus.

– **Elle répare les** éventuelles **petites lésions**. Si votre gorge a été irritée, si vous avez eu un ulcère à l'estomac[1] ou si vous avez eu des irritations à l'intestin, les fines particules d'argile les réparent peu à peu.

_____

1. Attention : l'ulcère d'estomac est dû à l'hélicobacter pilori qui est traité médicalement !

Tous les animaux y compris les poissons savent très bien aller boire de l'eau d'argile ou même consomment directement cette argile pour se faire du bien.

Les yeux des poissons japonais

J'avais un aquarium avec des poissons noirs, aux yeux particulièrement immenses. Un jour tous leurs yeux se sont opacifiés. Le vétérinaire ne savait pas que faire. J'eus alors l'idée de déposer au fond du récipient quelques morceaux d'argile verte illite concassée. Les poissons s'y précipitèrent immédiatement et se mirent à brouter frénétiquement l'argile. Deux jours plus tard, tous les yeux avaient retrouvé leur belle transparence !

Proposez à vos animaux, chiens et chat, deux écuelles d'eau, l'une d'elle contenant des morceaux d'argile. Vous verrez ces animaux boire l'eau d'argile selon leurs besoins. Les personnes qui s'occupent de chevaux savent très bien utiliser l'argile sous toutes ses formes pour leurs montures qui ne manquent pas de brouter l'argile qu'elles trouvent au sol !

Le « lait » d'argile

Si vous avez de l'**hypertension**, vous **ne devez pas** en boire.

On appelle lait d'argile un mélange d'argile et d'eau que l'on n'a pas laissé décanter, autrement dit on absorbe l'essentiel de l'argile avec l'eau.

Le lait d'argile peut se prendre de manière exceptionnelle toutes les demi-heures durant deux heures et demie à l'occasion d'un problème ponctuel à résoudre.

Dans quelles circonstances ?

Si vous avez brutalement une infection urinaire ou une intoxication alimentaire et que vous vous trouvez **loin de toute aide médicale**.

Comment le préparer ?

Dans un verre, versez deux cuillerées à café d'argile verte illite en poudre surfine. Utilisez de préférence une cuiller en os, en bois ou en plastique. Remplissez raisonnablement le verre et agitez avec la cuiller. Lorsque le mélange est homogène, buvez mais n'essayez pas de récupérer les résidus d'argile les plus lourds au fond du verre s'il y en a. Recommencez toutes les demi-heures durant deux heures et demie.

Au bout de ce temps tous les symptômes alarmants doivent avoir disparu, sinon cela ne relève pas de l'argile.

Dans le même temps, ne mangez pas mais buvez bien de l'eau. Durant les vingt-quatre heures qui suivent, buvez essentiellement de l'eau et si vous avez vraiment faim, consommez des fruits juteux tels qu'oranges, pamplemousse, mandarines. Ne consommez pas d'aliments cuits ni d'huile. Attendez que l'argile soit expulsée par les selles avant de vous réalimenter normalement. Là aussi la pratique des Bains dérivatifs est recommandée tout comme, ensuite, une alimentation de qualité !

À quoi cela sert-il ?

– À inactiver les agents responsables de votre infection urinaire ou de votre intoxication alimentaire. Vous remarquerez d'ailleurs que bien souvent le médecin vous prescrit dans ce cas des gélules d'argile ! Non seulement il est parfaitement inutile d'avaler les capsules qui contiennent cette argile, mais de plus la quantité d'argile est très insuffisante et le matériau qui les enveloppe est une belle entrave à son bon fonctionnement !

– À réparer les cellules irritées par l'infection.
– À nettoyer la vessie et l'intestin.

Par voie externe

L'argile verte illite en poudre surfine peut être utilisée dans notre hygiène de vie quotidienne.

Brossage des dents

Monsieur Hetz[1] m'avait expliqué qu'aucun tube de pâte dentifrice ne valait le verre d'eau avec une pincée d'argile. Et il ajoutait : « c'est tellement moins cher et plus efficace ! » Pour assainir les dents, la bouche, il est très simple d'utiliser de l'argile. Dans un verre, vous mettez une bonne pincée d'argile verte illite en poudre. Avec la brosse à dent vous agitez et vous utilisez cette eau pour vous brosser les dents. Il est très bon aussi de mâcher de l'argile verte illite ou d'en garder un petit morceau dans un coin de la bouche (entre la gencive et la joue) durant deux heures par cures de vingt et un jours.

Bain

Une poignée d'argile verte en poudre surfine dans l'eau de son bain, à condition de ne pas mettre de savon, est excellente pour la peau. Lavez-vous sous la douche avant et prenez le bain ensuite. Au moment où vous videz le bain,

---

1. Ingénieur et créateur de la société Argiletz qui, très longtemps, a vendu exclusivement de l'argile verte illite simple et brute, concassée ou en poudre surfine !

agitez l'eau de la baignoire jusqu'à ce que toute l'argile soit évacuée. Cela ne fonctionne bien qu'avec la poudre surfine.

Attention : ne mettez surtout pas d'argile concassée ni d'argile en granulés ni de pâte d'argile : vous boucheriez peu à peu les canalisations comme avec du ciment ! Attention, l'argile ne peut absolument pas non plus être jetée dans la cuvette des toilettes !

Blessures de corail

Tous ceux qui se sont blessés contre du corail savent combien ces blessures, sous les tropiques, ont du mal à cicatriser, combien elles suintent durant des jours, creusent et laissent de vilaines cicatrices. Le plus efficace est de saupoudrer immédiatement avec de l'argile verte illite en poudre qui calme tout de suite la douleur. On peut retourner à l'eau et nager (sauf si vous perdez du sang et qu'il y a des requins dans les parages bien sûr !) et dès que l'on sort de l'eau, on remet de l'argile en poudre. On renouvelle l'application de poudre d'argile sans jamais couvrir la plaie qui doit absolument être maintenue sèche. Celle-ci se referme dans un délai d'un à deux jours au maximum. Il est certain que si dans le même temps vous pratiquez le Bain dérivatif et qu'en plus vous faites le Miam-Ô-Fruit, la cicatrisation sera beaucoup plus rapide ! La différence va vraiment du simple au double !

Pieds

Un bain de pieds dans de l'eau argileuse pris à une température confortable pour vous est excellent et évite le développement de parasites sous les ongles.

Vous pouvez aussi utiliser l'argile en poudre sèche comme un talc entre les orteils. Ou bien en mettre un peu au fond de vos chaussures. Rappelons tout de même que des chaussures, cela se lave. Certaines passent à la machine, les autres peuvent être lavées **à l'intérieur** régulièrement avec un chiffon humide et un peu de savon d'Alep qui ne mousse pas mais désinfecte. Qui aurait l'idée de remettre sans cesse le même vêtement sans jamais le laver ? Il en va de même pour les chaussures !

Astuce

Si vous êtes victime d'une mycose récidivante sous les ongles des pieds ou des mains, qu'aucun produit n'a jamais réussi à éradiquer, il y a moyen de s'en débarrasser définitivement. Vous prélevez un grand bocal de votre urine (sauf la première du matin). Vous versez cette urine dans une petite cuvette et vous faites bien tremper les doigts de pieds (ou des mains) dans cette urine durant dix minutes. Vous changez l'urine chaque jour, vous recommencez durant dix jours d'affilée. C'est gratuit et très efficace !

Orgelet

Dès que vous avez le moindre petit bouton au bord de la paupière, appliquez du bout du doigt (bien propre !) ou à l'aide d'un petit coton-tige quelques grains d'argile verte illite en poudre surfine. Renouvelez l'application toute la journée, l'orgelet disparaîtra ! Le plus simple est d'avoir dans son sac un très petit flacon à large ouverture contenant l'argile illite.

Bouton sur le visage

Appliquez plusieurs fois par jour très peu de poudre d'argile verte juste sur le bouton : il se desséchera rapidement. Ne posez pas de cataplasme sur les boutons, vous en auriez deux fois plus le lendemain ! Lisez la rubrique « Acné ».

Blessure

Vous vous êtes **éraflé** au visage, sur le nez par exemple. Appliquez de l'argile verte illite en poudre sèche, ne mettez pas de pansement et renouvelez plusieurs fois par jour l'application. Continuez ainsi jusqu'à ce que toute trace de cicatrice ait totalement disparu.

À moto, vous avez glissé sur le gravier, votre peau est dans une situation à mi-chemin entre la blessure qui saigne et la brûlure et vous ne disposez que d'une boîte d'argile en poudre illite surfine.

N'en faites surtout pas un cataplasme. Saupoudrez la partie endommagée de manière à couvrir complètement tout saignement, tout suintement. Dès qu'un peu d'humidité affleure, remettez de la poudre d'argile. Ne couvrez pas, n'enveloppez pas. Continuez de saupoudrer juste ce qu'il faut **pour qu'il n'y ait pas d'humidité**. Pour dormir, posez votre bras sur un linge propre. Si cela suinte, la douleur apparaîtra et vous réveillera, vous saupoudrerez de nouveau d'argile. Au bout de deux ou trois jours, la croûte formée tombera d'un bloc, mais la peau sera très humide et l'exposition à l'air sera probablement douloureuse. Saupoudrez immédiatement d'argile, la douleur disparaîtra de nouveau. Continuez de poudrer à chaque fois que l'humidité apparaît. De nouveau une croûte tombera toute seule. Continuez de poudrer jusqu'à ce que la peau soit parfaitement sèche et que la poudre n'adhère plus : la peau est cicatrisée parfaitement sans laisser de traces.

Coupure, saignement

Vous vous êtes coupé le doigt : plongez-le immédiatement dans de l'argile verte illite en poudre sèche pour stopper le saignement. Si vous n'avez aucun pansement sous la main, maintenez la partie blessée dans de l'argile en poudre verte illite en renouvelant l'argile de temps en temps. Selon mon expérience, même si la coupure est béante, il faut continuer de la mettre dans l'argile en poudre sèche tous les jours, toute la journée. Il ne faut pas laver pour ôter l'argile. Peu à peu, en une semaine ou dix jours, la plaie se referme tout en expulsant l'argile. À la fin, il ne reste même plus la moindre trace de la coupure, et je puis vous affirmer que j'ai obtenu ce résultat à l'âge de 66 ans. Il est impossible ensuite de retrouver la trace de la coupure. Ceci est particulièrement important au bout des doigts si l'on veut garder la finesse du toucher, si l'on veut aussi éviter les crevasses en ces points des doigts.

Les grandes règles qu'il faut absolument respecter

La qualité de l'argile

Prenez de l'argile verte illite conditionnée par un professionnel. Vérifiez toujours sur le paquet, le pot ou le tube à la rubrique ingrédients qu'il s'agit bien d'illite seule et non d'un quelconque mélange. Pour l'argile prête à l'emploi vous ne devez trouver que la mention « argile illite et eau ». On trouve beaucoup d'argiles différentes dans le commerce et la grande majorité aujourd'hui n'est pas conforme à ce qui est dit ici. Vérifiez toujours soigneusement quel que soit l'endroit où vous l'achetez.

Une hygiène irréprochable

Avant de préparer l'argile, lavez-vous soigneusement les mains. Utilisez des récipients de qualité alimentaire, des ustensiles propres. Attention à la spatule en bois, véritable nid à microbes. Ne laissez jamais un paquet d'argile ouvert, fermez hermétiquement les récipients qui contiennent de l'argile. Si l'argile est capable de vous assainir, elle peut aussi assainir l'atmosphère et devenir impropre pour vous !

L'argile ne sert qu'une fois.

Lorsque vous ôtez un pansement d'argile, mettez-le directement à la poubelle, pas sur la table du déjeuner ni sur le plan de travail de la cuisine ! Traitez-le comme un pansement sale. Ne le mettez pas dans votre jardin, l'accumulation d'argile empêcherait toute plante de pousser. Rien ne pousse sur les nappes d'argile. N'essayez pas de régénérer votre argile au soleil ni de la laver ! Il lui faut trente ans sous la roche pour se régénérer !

Attention ! Si vous devez ôter le reste du cataplasme en vous lavant, utilisez l'eau tiède ou chaude d'une cuvette, ne le faites surtout pas sous l'eau du robinet du lavabo ou de l'évier ! Rincez bien le gant de toilette utilisé dans la cuvette. Puis laissez décanter. Vous recueillerez le fond pour le mettre directement à la poubelle. Vous pouvez aussi le jeter sur le compost. Mais n'accumulez pas les cataplasmes usagés dans votre compost, ce n'est vraiment pas une bonne idée !

L'argile ne doit jamais sécher <u>sur la peau</u>.

Ceci **est écrit sur tous les paquets d'argile, sur tous les tubes, sur tous les pots** ! L'argile ne doit jamais sécher sur la peau. Cela abîme la peau! L'argile doit toujours rester humide au contact de la peau.

La durée de pose d'un cataplasme

La pose d'un cataplasme est en moyenne de **deux heures**. Cependant, lors d'une blessure ou d'une brûlure, les premiers cataplasmes doivent parfois être changés très vite, au bout de dix ou vingt minutes, dans tous les cas dès que la sensation devient désagréable, que cela chauffe ou que l'argile se détache. On change alors l'argile au fil des sensations jusqu'au moment où elle tient agréablement deux heures. À partir de ce moment, on continue de la changer toutes les deux heures absolument. **La nuit**, pendant le sommeil, le corps travaille plus lentement. On peut garder l'argile de quatre à six heures de sommeil environ : dans tous les cas, le cataplasme doit être **assez épais** pour que l'argile soit encore **humide et souple** au moment du réveil. Elle ne doit en aucun cas avoir séché sur la peau.

Comment faire pour que l'argile reste humide?

Ne mettez surtout **pas de film plastique** comme cela est malheureusement souvent conseillé! L'argile doit respirer et le plastique fait chauffer l'argile, ce qu'il ne faut pas.

Pour que l'argile reste humide longtemps, il faut en premier lieu qu'elle contienne assez d'eau sans pour autant couler. On doit donc la mettre en couche très épaisse, de deux à trois centimètres d'épaisseur pour la nuit. On peut aussi poser par-dessus le pansement d'argile une feuille de chou bio qui maintient l'humidité.

La sensation avec l'argile doit être agréable

Si l'argile chauffe, se détache, picote, donne froid, il faut soit la changer immédiatement, ce qui est le cas le plus fréquent au début du travail de réparation, soit l'ôter tout simplement, ne pas en mettre, faire autre chose.

Les points de drainage qu'il faut activer : bas du ventre et nuque

L'argile attire à elle tous les déchets du corps. Cela signifie que si vous posez un cataplasme d'argile sur le bout de votre nez, vous ferez venir là tous les petits boutons alentour ! Ce n'est vraiment pas le résultat recherché ! De même, si vous mettez un cataplasme d'argile sur l'œil alors que vous avez du surpoids, vous aurez une aggravation du problème à l'œil puisque l'argile attirera là tous vos surplus, ce qui est dangereux pour l'œil !

Pour éviter ces problèmes, la nature faisant bien les choses, vous avez deux possibilités : la pratique du Bain dérivatif ou la pose d'un cataplasme sur le bas du ventre.

– Ou bien vous êtes une personne qui pratique depuis longtemps les Bains dérivatifs (poche de gel), ou vous les pratiquez vraiment sérieusement depuis au moins une semaine à raison de 4 à 5 heures par jour : le Bain dérivatif attirera tous les déchets vers l'intestin et la pose d'argile ne pose pas de problème.

– Ou bien vous ne pratiquez pas les Bains dérivatifs depuis au minimum une semaine. En ce cas, **si vous posez de l'argile** sur une **partie** quelconque du **corps**, vous devez **absolument** activer le **point de drainage** le plus proche en posant dessus un cataplasme d'argile.

Les deux seuls points de drainage sont le **bas du ventre et la nuque** qu'il faut absolument activer par la pose d'un cataplasme si vous ne pratiquez pas habituellement le Bain dérivatif ou si vous ne le pratiquez pas au moins depuis une semaine lorsque vous commencez l'argile sur un autre point du corps.

Conclusion : si vous posez de l'argile sur un pied ou sur une jambe, posez également un cataplasme sur le bas du ventre afin d'éviter que tous les déchets rejoignent l'argile qui est sur votre jambe. Si vous posez un cataplasme sur le bras, activez soit le ventre soit la nuque.

Exemple

Une dame de 62 ans m'appelle : « Depuis six mois j'ai une plaie d'ulcère variqueux à la jambe qui ne cicatrise pas. J'ai eu un long traitement d'antibiotiques sans effet. Depuis deux mois, sur le conseil d'une amie je mets des cataplasmes d'argile et c'est de pire en pire. Que puis-je faire ? – Combien pesez-vous, quelle est votre taille ? – Un mètre soixante et quatre-vingts kilos. – Vous êtes entrain d'éliminer les vingt kilos de trop par le fascia au niveau de votre plaie, madame. Vous arrêtez les cataplasmes sur la jambe, vous mettez des cataplasmes sur le bas du ventre et vous mettez des poches de gel bien froides au périnée [1] toute la journée ! » Quarante-huit heures plus tard, la dame m'appelait pour me dire sa joie : la plaie était parfaitement refermée !

Il faut du temps et de la régularité

L'argile n'est pas un produit chimique et n'agit pas comme un comprimé. Certains soins seront très rapides,

---

1. Bain dérivatif.

mais certains demanderont beaucoup de temps. Il faut aussi une grande régularité. Il est tout à fait inutile d'en mettre six heures un jour pour s'arrêter ensuite pendant quatre jours et recommencer deux heures une autre fois. Il vaut beaucoup mieux faire deux heures tous les jours sans sauter un seul jour. Le cerveau a l'habitude de l'argile depuis des millénaires. Il a besoin de connaître très bien les rythmes d'application. Il vaut mieux un peu chaque jour plutôt que des soins irréguliers. Le minimum étant tout de même d'une fois deux heures par jour pour obtenir un résultat. Bien sûr, le résultat arrivera en fonction de la fréquence des applications. Si vous faites deux fois deux heures par jour vous irez plus vite qu'avec une seule fois deux heures. Mais attention, **choisissez toujours une durée d'application que vous êtes sûr de tenir sur le long terme**.

Certaines applications d'urgence, fêlure ou cassure d'un os, brûlure, blessure, foulure, entorse, peuvent nécessiter une application d'argile vingt-quatre heures sur vingt-quatre durant plusieurs jours, parfois plusieurs semaines, plus exceptionnellement des mois ou même des années. Il n'existe absolument rien en médecine qui vous donne la même qualité de résultats, c'est certain. Mais cela peut vous paraître très long. À vous de décider si vous acceptez de sacrifier quelques mois ou si vous préférez passer ensuite le reste de votre vie à gémir sur une affreuse cicatrice ou sur des douleurs récurrentes. C'est votre choix et votre liberté. Mais surtout, ne venez pas, ensuite, gémir à mes oreilles ou dire que l'argile ne fonctionne pas ! Je n'aime pas du tout ! Je comprends bien que l'on fasse un autre choix, mais il faut l'assumer. Et on ne dit pas : j'ai essayé l'argile, ça ne marche pas ! On ne dénigre pas ce que l'on n'a pas fait sérieusement ! Car cela porte un grand tort à l'argile.

Jamais sur les organes vitaux

Ne posez jamais l'argile directement sur le foie ou le cœur comme on le voit parfois conseiller. Si vous désirez agir sur ces organes, le plus sûr est de poser l'argile sur le bas du ventre, juste au-dessus du pubis, le cataplasme touchant légèrement l'os du pubis. Le travail se fera, peut-être moins vite mais sans vous faire prendre de risques.

L'argile doit toujours être posée chaude dans le dos et sur la colonne vertébrale

D'une manière générale, sur le devant du corps et les membres, on met l'argile à température ambiante sauf si cela vous est désagréable. Dans ce cas on la fait chauffer.

Dans le **dos** et sur la **colonne vertébrale**, on l'applique **toujours chaude**. Il n'y a que sur la nuque que l'on peut la mettre à température ambiante.

L'argile chaude agit plus en douceur et plus lentement que l'argile froide.

Quelques questions sur l'argile

– Comment faire de l'argile chaude ?

Pour faire de l'argile chaude, le plus simple est d'en préparer un peu dans un bol avec de l'eau chaude. **Attention :** ne chauffez **que la quantité nécessaire à votre cataplasme** car vous ne devez pas garder pour la prochaine fois de l'argile qui a été chauffée. Elle n'est plus active lorsqu'elle s'est refroidie.

Si vous disposez d'argile déjà prête que vous voulez réchauffer, mettez-la dans un tissu de coton un peu épais et chauffez-la au bain-marie.

Attention : contrôlez bien la chaleur du cataplasme afin de ne pas vous brûler.

– Faut-il protéger la peau avec une gaze ?
Seulement si en cet endroit vous avez des poils ou des cheveux. Sinon il vaut toujours mieux que l'argile soit directement en contact avec la peau.

– Quelles conditions pour que l'argile travaille mieux ?
Plus le cataplasme est **épais**, mieux l'argile travaille **en profondeur**.

Un cataplasme à **température ambiante** travaille plus fort qu'un cataplasme chaud.

Plus l'argile est **humide** (sans excès, attention !) mieux elle travaille.

Plus elle **adhère** à la peau, ce qui est le cas de l'illite, mieux elle travaille en profondeur.

– Peut-on ajouter à l'argile des huiles essentielles ?
N'ajoutez **RIEN** à l'argile. Plus elle est pure, mieux elle travaille. Il existe des argiles vendues dans le commerce qui contiennent des huiles essentielles. Cela n'a pas d'intérêt en dehors du fait que cela peut sentir bon ! Il faut cesser de croire que plus on met d'ingrédients, mieux c'est ! C'est une attitude consumériste qui n'apporte rien à l'argile.

Si vous voulez profiter des propriétés d'huiles essentielles, préparez une huile qui leur sert de support et appliquez cette huile sur la peau **APRÈS** avoir ôté le cataplasme. L'huile entraînera les huiles essentielles sur la peau qui aura été bien préparée par l'argile. Ne faites pas cette application d'huile avant le cataplasme car l'argile absorberait le produit et vous ne profiteriez ni de l'huile ni de l'argile !

Attention : avec les huiles essentielles, n'improvisez pas, ne bricolez pas vos produits. C'est un métier.

Les cataplasmes

L'argile verte illite en cataplasme

Pour faire un cataplasme, on utilise de l'argile illite, mélangée à de l'eau. On trouve dans le commerce de l'argile verte illite humide prête à l'emploi en tubes, pots et des compresses enveloppées dans de la gaze que l'on trempe dans l'eau avant de s'en servir.

Les tubes ne peuvent servir que de dépannage, étant donné que le contenu d'un gros tube est nécessaire pour faire un cataplasme.

Quant aux compresses d'argile enrobées de gaze, elles sont bien souvent insuffisantes en épaisseur. Elles ne peuvent servir que de dépannage elles aussi.

Tubes, pots et compresses sont des présentations assez onéreuses.

Si vous devez faire des applications répétées, le plus simple est d'acheter de l'argile concassée ou granulée vendue en sacs de trois kilos et d'en préparer un bon récipient vous-même.

Comment préparer l'argile

– **Le récipient :** choisissez un récipient en plastique alimentaire muni d'un couvercle qui ferme hermétiquement, comme c'est le cas des pots vendus dans le commerce ! On ne doit jamais laisser l'argile découverte car elle absorbe tous les miasmes alentour. Un récipient d'environ vingt centimètres de long, quinze de large et dix ou douze de haut fait bien l'affaire.

– **Argile concassée : versez** dans le récipient de **l'argile concassée** jusqu'à une hauteur de cinq à six centimètres, pas plus. L'argile va gonfler un peu. Puis faites tomber de l'eau en pluie de manière à humidifier toute la surface et remplissez lentement d'eau jusqu'à ce qu'elle atteigne tout juste les pointes des morceaux d'argile. Ne dépassez pas la hauteur des pointes. Laissez reposer sans remuer. Au bout de vingt à trente minutes, l'argile est prête à l'emploi. Ne touillez pas, ne remuez pas, n'essayez pas de lisser l'argile.

– **Argile granulée : versez d'abord de l'eau** jusqu'à une hauteur de cinq centimètres. Ensuite faites tomber très lentement les granules en pluie en vous déplaçant d'un bord à l'autre du récipient. Faites assez lentement pour que l'argile ait le temps de prendre l'eau. Si vous versez trop vite, des amas d'argile resteront secs. Faites ainsi jusqu'à ce que l'eau ne soit plus apparente. Laissez reposer une demi-heure.

Mon choix : j'ai toujours plus de facilités à obtenir une argile à la bonne consistance avec l'argile concassée. J'ai du mal avec la granulée que j'obtiens toujours un peu trop molle.

Comment faire un cataplasme

Pour faire un cataplasme, deux méthodes sont possibles.

– **La méthode rapide** qui nécessite un bon «**coup de main**» : on dispose un carré de tissu bien propre ou une double épaisseur de papier essuie-tout sur sa main comme un gant et on attrape directement une **grosse poignée** d'argile dans le récipient assez vite pour que le papier n'ait pas le temps de se coller à l'argile du récipient. C'est très rapide, très commode, il n'y a rien à laver ni à ranger.

219

– **La méthode classique avec une spatule :** sur un carré d'étoffe ou sur une double épaisseur de papier essuie-tout on dépose de l'argile prise avec la spatule, d'une quantité égale à une grosse poignée d'argile. Le cataplasme doit faire à peu près dix centimètres de long sur sept de large et deux à trois d'épaisseur. Ensuite on nettoie la spatule, que l'on range à l'abri de la poussière.

Pose du cataplasme

Appliquer l'argile directement sur la peau ou la blessure, l'argile doit être en contact direct. Si la zone d'application est pileuse ou sur les cheveux, on la protège d'une fine gaze. Le tissu sur lequel le cataplasme est posé se trouve donc à l'extérieur, il protège les vêtements.

Comment le fixer ?

On le fixe en place avec une bande du type Velpeau, en coton blanc élastique (à liseré bleu ou rouge) que l'on trouve en pharmacie et qui dure de très nombreuses années. Ces bandes perdent peu à peu leur élasticité mais la retrouvent très bien après lavage.

On trouve ces bandages dans toutes les largeurs, d'un centimètre à cinquante. Pour un doigt il faut une bande de cinq centimètres, pour un coude douze centimètres, le ventre vingt centimètres, le genou vingt-cinq à trente centimètres, ce qui permet de faire du vélo avec un cataplasme d'argile sans qu'il glisse ! Je l'ai fait deux fois durant sept mois jour et nuit tout en me rendant tous les jours à mon travail à vélo !

Quand faire des cataplasmes ?

On fait des cataplasmes soit pour un drainage, soit pour des soins divers.

Le drainage

Idéalement, nous pourrions faire comme les éléphants, les sangliers, les chevaux sauvages : nous rouler dans l'argile, nous en enduire d'une couche épaisse tout le corps y compris les cheveux, nous reposer au soleil un moment, attendre que l'argile très épaisse commence à se décoller sans sécher sur la peau et nous plonger dans l'océan, le lac ou la rivière, longuement, jusqu'à ce que toute trace d'argile ait disparu de notre corps et de nos cheveux. Une opération absolument irréalisable dans son appartement, sa villa ni même dans son jardin sauf s'il jouxte une rivière ou la mer. Mais n'utilisez surtout pas votre piscine, vous laisseriez au fond une argile souillée incapable de se régénérer ! De plus cet enveloppement ne peut se faire que dans une nudité complète [1], aucun vêtement ne tient sur un corps recouvert des deux à trois centimètres d'argile ! Je l'ai fait moi-même maintes fois avec mes enfants dans une île déserte où je me rendais à la voile ! Un citadin aurait même intérêt à renouveler l'expérience chaque jour durant une semaine.

Il existe des possibilités de ce genre de cures très bien organisées autour de la mer Morte, si vous pouvez vous offrir ce luxe, n'hésitez pas. Mais emportez de quoi faire votre Miam-Ô-Fruit tous les jours : huile et graines

---

1. On voit quelquefois des naturistes s'enduire ainsi d'argile au bord de la plage. Mais il est totalement déconseillé d'utiliser l'argile des bords de plage, elle regorge des rejets d'hydrocarbures des bateaux qui passent au large ! Ceci dit, le naturisme inclut l'utilisation de l'argile, d'une alimentation saine naturelle, des bienfaits de la lumière solaire toute l'année. À ne pas confondre avec les simples nudistes !

broyées, ainsi que vos poches de gel ! Le tout conjugué ne peut être qu'une merveille !

Ne confondez pas ces vrais enveloppements épais de boues argileuses avec certaines cures où l'on vous badigeonne d'une fine couche d'argile, on vous recouvre d'un film et on vous laisse tout seul durant vingt minutes avant de vous le retirer. Le pire étant que dans certains lieux, au lieu de vous enduire d'huile bio de première pression à froid (argan, jojoba par exemple), c'est tout simplement de l'huile de paraffine issue du pétrole qui vous est appliquée lors du massage ! Attention aussi aux enveloppements plus épais que l'on vous renouvelle chaque jour : vérifiez que vous n'avez pas un sac d'argile *numéroté*. Car cela peut signifier que votre argile est nettoyée et récupérée chaque jour pour être réutilisée. Je le tiens d'une personne dont le travail consiste, dans une grande station, à laver, filtrer, récupérer l'argile. Lorsque l'argile est toujours neuve, il est parfaitement inutile de numéroter un sac ou d'y inscrire votre nom pour l'identifier ! De plus ces applications ne sont pas de deux heures. Elles sont parfois de sept minutes, ce qui permet de faire passer beaucoup de monde chaque jour ! Il y a bien la matière argile (qui devrait être jetée à chaque fois), il y a le geste, mais on n'y trouve ni la qualité ni la durée de pose du cataplasme. Cela revient à se faire dorloter à la chaîne.

Par chance pour nous, M. Raymond Dextreit [1], que nous ne pouvons que remercier ici, a constaté que nous pouvions obtenir des effets très intéressants en activant

---

1. *L'Argile qui guérit*, Raymond Dextreit, Éditions Vivre en Harmonie, 1976.

deux points de drainage à raison de deux heures par jour durant vingt et un jours consécutifs.

Nous avons déjà vu que les points de drainage sont : le bas du ventre, juste au-dessus du pubis, en appui sur l'os du pubis, bien centré, et la nuque, la partie creuse du cou, là où un cataplasme tient *presque* tout seul !

Il est donc possible de se faire du bien sur l'ensemble du corps en posant chaque jour durant deux heures un gros cataplasme sur le bas du ventre et un autre sur la nuque [1], ceci pendant trois semaines consécutives, soit vingt et un jours.

Ce sont ces points de drainage dont l'un ou l'autre au moins doit être activé lorsque l'on pose un cataplasme sur une quelconque partie du corps. Raymond Dextreit l'explique très bien dans les généralités du début de son livre, mais comme il ne le répète pas à chaque soin, la plupart des personnes ne le font pas et s'étonnent ensuite que cela fonctionne mal !

L'activation de ces points permet que l'argile n'attire pas à elle et donc au point que l'on est en train de traiter (cheville, plaie, etc.) tous les déchets du corps, ce qui ne peut que retarder et entraver un bon travail.

Notons toutefois qu'une personne normalement mince qui pratique tous les jours le Bain dérivatif (poche de gel) n'a pas besoin d'activer ces points puisque le Bain dérivatif, par essence même, fait ce travail de renvoi vers l'intestin des éléments indésirables. Mais une **personne en surpoids**,

---

1. Le Petit Robert 2009 nous indique : « partie postérieure du cou, au-dessous de l'occiput », l'occiput étant la partie postérieure et inférieure médiane de la tête !

malgré la pratique du Bain dérivatif, a presque toujours avantage à **activer**, en plus un de ces points, le plus proche de la zone d'application du cataplasme.

Que se passe-t-il lorsque vous faites vingt et un jours d'application nuque et bas du ventre ?

Le corps renvoie vers l'intestin et la vessie les matières indésirables du corps. Cela ne fait pas maigrir mais détoxifie le corps. L'argile sur le bas du ventre peut provoquer dans l'intestin un afflux de matières. Si celle-ci ne sont pas assez fluides, elles peuvent constiper. Il faut alors boire un peu plus mais surtout manger des fruits, une cuiller à soupe de légumineuse ou deux au moins tous les jours. Les personnes qui consomment le Miam-Ô-Fruit décrit ici n'ont pas ce problème. Celles dont l'intestin est déclaré atone, même « *atone de naissance* » voient la plupart du temps leur problème disparaître complètement avec cette préparation, les cuillerées de légumineuses et la pratique du Bain dérivatif ! Seuls ceux qui ne veulent pas le faire comme il faut n'ont pas de résultat !

Ce drainage de vingt et un jours est une bonne pratique à faire tous les trois mois, son action sur l'intestin, la vessie, la prostate, le foie, l'utérus, les ovaires, contre certaines formes de stérilité féminine et masculine est vraiment intéressante. Il est dommage de se priver de ce qui n'est ni coûteux, ni dangereux et existe depuis des millénaires, pratiqué par tous les mammifères ! Ne l'oublions pas, nous sommes des mammifères, dressés sur deux pattes, d'accord, comme les kangourous ou comme les écureuils qui transportent leurs noisettes ! Mammifères quand même !

Que pouvons-nous faire d'autre avec les cataplasmes dans la méthode France Guillain ?

Acné

Ce qu'il faut faire : ce n'est pas un choix, il faut faire TOUT ce qui suit :

– Poser un cataplasme très épais sur **la nuque** tous les jours durant deux heures.

– Consommer chaque jour le **Miam-Ô-Fruit** qui est un aliment excellent pour la peau, ce qui devient visible en quelques semaines.

– Pratiquer le Bain dérivatif en utilisant des **poches de gel** sur lesquelles on peut s'asseoir tout simplement tout en travaillant, lisant ou regardant un film, ou que l'on peut poser au fond de son slip si l'on va et vient chez soi.

– Supprimer les bonbons, les gâteaux, ce qui est très vite facile lorsque l'on prend la préparation aux fruits tous les jours !

Ce qu'il ne faut pas faire : mettre de l'argile sur le visage en masque. Vous aurez encore plus de boutons le lendemain car vous attirerez au visage toutes les impuretés contenues dans les graisses du fascia ! Si en plus vous laissez sécher l'argile sur la peau, la peau se dessèche, se fragilise et s'abîme !

Acouphènes

La médecine est assez impuissante avec les acouphènes. Nous avons constaté quelques résultats intéressants à des âges divers, de 34 à 82 ans, avec des acouphènes qui existaient depuis dix ou douze ans parfois. Le temps d'élimination que nous avons pu constater va de quelques semaines à deux ans. Il n'est pas impossible que ce soit plus long pour certaines personnes. Mais dans la mesure où l'on n'a pas grand-chose à vous proposer, cela vaut certainement la peine d'essayer ceci :

– Consommer le **Miam-Ô-Fruit** tous les jours et veiller à faire des repas de qualité. Nos cellules ont la qualité des aliments que nous leur apportons. C'est exactement comme pour un vélo ! Si vous achetez du mauvais matériel, votre vélo tombe souvent en panne. Il en va de même avec notre alimentation cellulaire !

– Faire des **cataplasmes d'argile verte illite** très épais, une fois par jour durant deux heures, sur la **nuque**.

– Faire des **bains dérivatifs (poche de gel)** au moins quatre heures tous les jours.

Et me tenir informée [1] ou le faire savoir aux autres, vos résultats positifs serviront à encourager tous ceux qui en souffrent ! Des témoignages sont donnés dans *Le Bain dérivatif* ou D-CoolinWay [2].

Allergies cutanées

Au regard de notre méthode, l'allergie cutanée est le résultat d'une accumulation de produits chimiques ou toxiques dans les graisses qui se trouvent dans le fascia sous la peau. Cette hypothèse découle d'une observation : les personnes qui se mettent à pratiquer le Bain dérivatif (poches de gel) sans changer leur alimentation se débarrassent très vite de la réaction allergique, qu'il s'agisse

---

1. Courriel : bainsderivatifs@yahoo.fr.
2. Déjà cité.

d'allergies au soleil, aux pollens ou autres. Mais elles ont vraiment tout intérêt à consommer le Miam-Ô-Fruit.

Claire, 19 ans, est passionnée de chevaux. Le problème est qu'elle est très allergique au poil de cheval. Un après-midi, en Provence, elle ne résiste pas à aller voir et caresser des chevaux de Camargue. Au bout d'une demi-heure, elle est couverte de grandes plaques rouges : quelqu'un veut la conduire à l'hôpital, mais elle se sauve immédiatement et, arrivée chez elle, elle m'appelle. « Prends un bac de glaçons, vide-le dans le bidet, mets de l'eau et fais un Bain dérivatif avec l'eau et le gant de toilette jusqu'à ce que l'allergie soit partie. » Claire s'exécute et un quart d'heure plus tard, l'allergie a disparu. Les septiques peuvent toujours chanter que cela est peut-être parti tout seul bien sûr ! Sauf que si nous avons donné ce conseil, c'est en nous appuyant sur une longue expérience ! Les personnes qui ont des allergies au soleil savent ce que c'est que de passer une mauvaise nuit avec de petits boutons qui vous démangent. Or il leur suffit de faire un Bain dérivatif pour qu'ils disparaissent. La lecture du Bain dérivatif permet de comprendre pourquoi ces allergies disparaissent ! Certains diront que l'allergie est psychologique. J'ai beaucoup entendu cela lorsque ma troisième fille avait trois mois et était couverte d'eczéma ! On me disait même responsable d'*étouffer* ma fille ! Seul le Bain dérivatif a été capable de l'en débarrasser rapidement !

Bien sûr, les personnes qui ont tendance à avoir des allergies ont tout intérêt à consommer chaque jour le **Miam-Ô-Fruit** et à pratiquer les **poches de gel**, c'est le meilleur moyen pour ne plus avoir d'allergie !

Au regard de notre méthode l'allergie est considérée comme le résultat de l'accumulation dans nos graisses de déchets chimiques qui affleurent sous la peau. Ce qui nous fait penser cela : la pratique du Bain dérivatif (poches de gel) fait disparaître rapidement les allergies, qu'il s'agisse d'allergies au soleil, aux pollens, d'eczéma, de psoriasis, on les voit toujours s'en aller et ne pas revenir. Pour cette raison, nous n'appliquons jamais d'argile pour les allergies et si nous en parlons dans ce chapitre sur l'argile, c'est que la plupart des gens pensent qu'il faut poser quelque chose sur la peau lorsqu'elle a ce genre de problèmes.

La meilleure manière d'éliminer complètement l'allergie est donc à nos yeux d'en supprimer la cause en pratiquant le **Bain dérivatif** tous les jours trois à quatre heures pour les poches de gel, et le Miam-Ô-Fruit quotidien.

Ampoules

Vous avez de nouvelles chaussures et une ampoule douloureuse s'est formée. Si elle n'a pas crevé, ne la crevez surtout pas ! Dans tous les cas, faites un petit cataplasme sur votre ampoule, assez épais pour qu'il se sèche pas. Changez-le dès que vous sentez qu'il n'adhère plus, avant qu'il sèche. Il ne doit surtout pas durcir ! Non seulement vous supprimez la douleur, mais en quelques heures l'ampoule est totalement résorbée. Vu la taille d'une ampoule, le cataplasme n'est pas très gros, il est alors inutile d'activer un point de drainage, **sauf si** vous êtes vraiment très volumineux et que vous ne pratiquez pas le Bain dérivatif.

Becs de perroquet

Ce sont des excroissances osseuses qui peuvent se former en diverses parties du corps, les plus communes étant souvent aux articulations des épaules ou sur la colonne vertébrale. Il est en général proposé de les réduire au laser. Mais cela ne règle pas vraiment le problème de la dégénérescence de l'os et souvent il s'en forme d'autres. Selon notre méthode, il est vraiment efficace et profitable d'appliquer de gros cataplasmes d'argile verte illite sur la partie du corps concernée tous les jours au moins une fois deux heures, plus ou en permanence si l'on a perdu la mobilité ou si c'est douloureux. La douleur disparaît très vite et la mobilité revient en une à deux semaines. C'est là qu'il ne faut surtout pas s'arrêter ! Une application de deux heures par jour est recommandée jusqu'à ce qu'une IRM montre que le cartilage est parfaitement en bon état et transparent, c'est-à-dire qu'il a perdu tous les petits points d'ossification. À cela il est vraiment conseillé d'ajouter la pratique du Bain dérivatif (poches de gel) trois ou quatre heures par jour ainsi que celle du Miam-Ô-Fruit. Il faut en effet nourrir les os correctement.

Attention : si vous ne pratiquez pas le Bain dérivatif, il faut absolument poser un cataplasme sur le bas du ventre en même temps que vous en posez sur l'articulation. C'est tout de même tellement plus simple avec les poches de gel !

Régénéré, transparent comme à 20 ans !

Une dame de 52 ans habitant Bayonne avait des becs de perroquets à l'épaule droite. Elle avait mal et perdait beaucoup en mobilité. Son médecin lui proposa de faire éliminer les excroissances au laser. Elle préféra mettre de l'argile, ce qu'elle fit sous la surveillance de son médecin intéressé qui décida de lui faire faire une radio chaque année afin de suivre l'évolution. Au bout d'une semaine d'applications quotidiennes plus la nuit, la douleur avait disparu. Quinze jours plus tard, la mobilité était totale et indolore. La dame continua à raison d'un cataplasme de deux heures par jour plus toutes les nuits. Au bout de cinq ans, l'ensemble du cartilage de l'épaule était régénéré, transparent **comme à 20 ans**.

Blessure

Attention : si vous n'êtes pas absolument sûr de vous, si vous n'êtes pas prêt à mettre de l'argile en cataplasme vingt-quatre heures sur vingt-quatre, soit jour et nuit jusqu'à cicatrisation parfaite, allez à l'hôpital et ne mettez pas d'argile. On ne peut pas utiliser l'argile juste un peu pour voir. On l'utilise **très sérieusement ou pas du tout** ! Ne comptez pas sur le moindre bénéfice en l'appliquant occasionnellement ! C'est tout ou rien !

Ceci dit, l'argile verte illite en cataplasme appliquée sur une blessure stoppe l'écoulement du sang, aseptise, empêche le gonflement et l'inflammation, empêche la douleur et l'échauffement, remet des éléments en place, extrait de la plaie toutes les impuretés et cicatrise sans laisser la moindre trace, sans laisser la moindre cicatrice, pas le moindre petit filet visible.

Pour obtenir un tel résultat, il faut absolument maintenir des cataplasmes en permanence et en changer toutes les deux heures. Dans le même temps, soit vous mettez chaque jour deux heures de l'argile sur le bas du ventre, soit vous faites des Bains dérivatifs déjà depuis au moins une semaine et vous continuez à raison de quatre à cinq heures par jour, tout le temps que vous passez chez vous éveillé. Il est recommandé aussi de consommer le Miam-

Ô-Fruit et d'éviter les aliments de la quatrième classe d'aliments : voyez la rubrique « Les classes d'aliments ».

Gabriela a découpé et soulevé le coussinet sous le pouce.
En 1975, à Lyon, découpant un gigot, Gabriela a ouvert et soulevé le coussinet sous le pouce, sur la ligne de vie, de sa main gauche. Les tendons blancs étaient bien visibles. Elle a immédiatement vérifié que ses doigts fonctionnaient normalement donc que les tendons n'étaient pas coupés. Elle a recouvert aussitôt d'un énorme cataplasme d'argile verte illite en renouvelant toutes les deux heures. Elle ne lavait jamais la plaie, elle n'essayait pas d'ôter l'argile entrée dans la chair car elle savait très bien que le corps *in fine* rejetterait l'argile. Durant six mois, jour et nuit tout en travaillant comme orthoptiste, elle a maintenu en permanence de l'argile changée toutes les deux heures dans la journée, et un plus gros cataplasme la nuit pour dormir. La plaie non seulement s'est parfaitement refermée, mais il n'en reste pas la moindre trace. Elle ne connaissait pas le Bain dérivatif.

Un crochet de boucher planté dans la main de Marie !
En 2004 à Saint-Vérand, dans le Rhône, Marie s'est planté accidentellement un crochet de boucher dans la main gauche. La chair était coupée en profondeur et gonflait. C'est en retirant le crochet qu'un morceau de chair de plus de trois centimètres est sorti. Elle a immédiatement trempé les mains dans de l'eau javellisée pour désinfecter puis a appliqué un très gros cataplasme d'argile en le renouvelant toutes les deux heures. **Le soin**, vingt-quatre heures sur vingt-quatre **a duré trois mois**. Pendant deux mois, un gros morceau de chair d'un centimètre et demi

de long pendait à l'extérieur. Tout le monde autour d'elle lui conseillait de se le faire ôter chirurgicalement. Mais Marie tenait bon, elle connaissait parfaitement le travail de l'argile. Elle a continué de changer ses pansements toutes les deux heures. Le morceau de chair ne s'est pas nécrosé mais il a peu à peu repris sa place comme on le ferait je le répète avec des briquettes de Lego, sans laisser la moindre cicatrice. L'argile répare parfaitement à condition de l'appliquer immédiatement après l'accident (ou le plus tôt possible !) et de maintenir les cataplasmes jour et nuit sans discontinuer jusqu'au résultat parfait. Dans le même temps, elle pratiquait le Bain dérivatif toute la journée avec des poches de gel et consommait le Miam-Ô-Fruit.

Brûlure

Le premier réflexe doit être de mettre la partie brûlée dans l'**eau froide** immédiatement durant vingt minutes. L'idéal est de mettre un peu d'argile en poudre surfine dans l'eau froide. Ensuite on pose un très gros cataplasme bien humide mais qui ne coule pas, qui a une certaine tenue, d'une épaisseur d'au moins 3 centimètres. Si au bout de dix minutes ou une demi-heure le cataplasme se décolle de la peau, glisse un peu, il faut le changer sans mettre la peau à nu. On enlève la partie de l'argile qui tombe d'elle-même. On met immédiatement un nouveau cataplasme aussi épais que le précédent. Normalement on doit le changer toutes les deux heures. Mais il est possible que le second cataplasme se décolle avant les deux heures. La sensation devient désagréable. Il faut alors le changer, sans jamais essayer de mettre la peau à nu. On ne laisse tomber, dans une cuvette, que ce qui se détache facilement.

L'argile n'est pas sale. Il ne faut pas laver entre deux cataplasmes. **Dès que le cataplasme est capable de tenir deux heures**, on le change toutes les deux heures, en ne mettant **jamais la peau à nu**. Même s'il reste un demi-centimètre d'argile qui adhère à la brûlure, **on ne l'ôte surtout pas**, on remet de l'argile neuve par-dessus. La première nuit, si après deux ou trois heures de sommeil la brûlure commence à faire mal, il faut changer l'argile. Pour ma part, la première nuit, je la change comme le jour toutes les deux heures environ. Les jours suivants, on change l'argile toutes les deux heures et la nuit, avec un pansement d'au moins **quatre** centimètres d'épaisseur, on peut tenir quatre à cinq heures. On continue ainsi jusqu'au moment où l'argile se détache d'elle-même de la peau, la laissant lisse et parfaite. C'est le moment de la laver. Selon la gravité de la brûlure, ce soin peut durer plusieurs jours, plusieurs semaines, plus rarement plusieurs mois. L'avantage est qu'il n'y a jamais de douleur et que **la cicatrice disparaît complètement**, ce qui est impossible avec les autres méthodes.

Bien entendu, tout se passe d'autant mieux et d'autant plus vite que parallèlement vous faites le Bain dérivatif (poche de gel) tous les jours, que vous consommez le **Miam-Ô-Fruit** quotidiennement et que vous gardez une alimentation saine !

Si vous ne pratiquez pas le Bain dérivatif, il faut absolument faire chaque jour un cataplasme d'argile sur le bas du ventre pendant toute la période des soins. Mais il est tellement plus simple d'utiliser des poches de gel !

Cheveux

Nos cheveux sont une image exacte du bon état de notre organisme, exactement comme les poils d'un chien, d'un cheval ou d'un chat. Il ne vient à l'idée de personne d'admirer la bonne santé de son **chien** totalement **chauve** en disant : « C'est héréditaire, il est comme son père ! Il est quand même en pleine forme ! » ou bien « C'est hormonal, parce que c'est un mâle ». Non ! **On soigne le chien !** On le conduit chez le vétérinaire ! Nous sommes des mammifères, nous ne le répéterons jamais trop. Nos longs poils de la tête nous indiquent le degré d'intoxication de la partie qui se trouve juste au-dessous des cheveux, et en descendant encore un peu, on trouve **le cerveau** ! Cet organe qui mange à lui seul dix fois plus que tout le reste du corps, 20 % de ce qui compose notre assiette ! D'où l'importance du Miam-Ô-Fruit, aliment naturel, riche en composants, très vite assimilable et donc efficace !

Le cheveu, un véritable mouchard !

Sachez que lorsque l'on analyse un cheveu, on y trouve tous les produits chimiques qui ont traversé notre corps : médicaments, additifs et conservateurs alimentaires, produits d'entretien, sprays, fumées diverses. Il est même possible de dater la prise d'un médicament. On a trouvé dans les cheveux de certaines momies égyptiennes de la cocaïne, ce qui laisse entendre que les Égyptiens antiques sniffaient ! Le cheveu est un organe vivant, doté d'un canal médullaire.

Cent cinquante ans après la mort de Napoléon, on voulait savoir s'il avait été empoisonné. En étudiant ses cheveux millimètre par millimètre, on a pu dater exactement mois par mois et mesurer les prises de mercure de Napoléon, qui suivait un traitement médical.

Lors d'accidents mortel de la route, cette analyse du cheveu peut être autorisée afin de déterminer si la personne était sous l'emprise d'un médicament ou d'une drogue.

Produits pour les cheveux : attention danger !

On ne peut pas mettre n'importe quoi sur les cheveux, car s'ils deviennent poreux, les produits toxiques descendent dans le cuir chevelu pour ensuite aller se déposer en divers endroits du corps. La revue *60 Millions de consommateurs*, en septembre 2003 puis en septembre 2005, a dénoncé les effets cancérigènes de beaucoup de shampooings, des produits colorants, décolorants, frisants et défrisants. Le Pr Belpomme, dans son ouvrage *Ces Maladies créées par l'homme*[1], souligne lui aussi les effets hautement cancérigènes de ces produits[2]. Selon l'*International Journal of Cancer* qui cite le Pr Belpomme, « *l'usage mensuel* (de teintures) *doublait le nombre de cancers de la vessie...* (À cause de) *l'absorption par le cuir chevelu des teintures et leur passage dans le sang* ».

Sans cheveux blancs jusqu'à 80 ans !

Il faut arrêter de considérer les cheveux comme *des bouts de fils* qui seraient simplement posés là-haut, qui ne

---

1. *Ces Maladies crées par l'homme*, Dominic Belpomme, Éditions Albin Michel, 2004.
2. Pour savoir quels sont les produits dangereux ou sains, lisez les livres de Rita Stiens : *La vérité sur les cosmétiques*, Éditions Leduc, 2008 et *La vérité sur les cosmétiques naturels*, même éditeur, 2006, (certains ne sont pas bons !).

feraient pas partie de notre tête, de notre corps, comme des vêtements. C'est très exactement ce que nous faisons lorsque nous les décolorons, les teignons ou lorsque nous regardons comme normal de les voir s'éclaircir, ternir, blanchir, se dégrader. Les cheveux ne devraient pas blanchir avant la dernière année de vie, l'année dite autrefois de la décrépitude, celle qui précède directement une mort naturelle sans maladie[1]. Si vous voyagez un peu, vous rencontrerez en Asie, en Papouasie, chez les Maoris mais aussi chez les Européens bien sûr des personnes qui atteignent quatre-vingts ans avec leur cheveux châtains, noirs ou blonds. Chez un être humain en bon état de fonctionnement tout comme chez les mammifères, les signes de décrépitude arrivent brutalement, tous à la fois, la dernière année de vie.

Pourtant direz-vous, un choc psychologique violent peut nous faire blanchir en vingt-quatre heures ! Vous avez raison. Selon notre méthode, nous pensons qu'une crispation brutale du fascia provoquée par le choc psychologique prive brutalement les cheveux d'alimentation et peut bloquer là-haut des graisses chargées de toxines, ce qui est toujours le cas des graisses. Sauf que lorsque l'on pratique le Bain dérivatif (poche de gel) ces graisses doivent circuler à nouveau et partir vers la sortie, ce qui permet une nouvelle alimentation des cheveux. Peu à peu les cheveux reprennent leur couleur à partir de la base. Plus on coupe la partie abîmée des cheveux, plus la repousse est rapide. Exactement comme lorsque vous coupez le rameau sec au bout d'une branche !

---

1. Eh oui ! Il est *normal* de mourir de fatigue de la vie ! Il y a un moment où on a envie d'autre chose !

Quand les cheveux repoussent!

Il y a aujourd'hui un trop grand nombre de personnes, hommes de 30 à 80 ans, femmes de 35 à 72 ans, dont les cheveux repoussent de la bonne couleur pour que nous puissions avoir le moindre doute sur l'efficacité de cette méthode. Cela fonctionne si bien que depuis quelques années des coiffeurs[1] utilisent cette méthode pour faire pousser à nouveau les cheveux sur des crânes dégarnis! Si cela ne fonctionnait pas, ils fermeraient boutique! Précisons que ces coiffeurs y associent un nettoyage à l'aide de divers masques d'argiles de couleurs spécialement conçues pour les cheveux, beaucoup plus faciles d'emploi que l'argile illite. Notons tout de même au passage que l'argile fait bien partie de notre méthode! Le problème est que cette méthode ne coûte pas grand-chose, alors elle est sans *valeur* dans notre société, comme le lait maternel exactement[2]!

Conclusion: les cheveux qui tombent ou blanchissent ne sont pas une fatalité[3]! Faire ce qu'il faut pour avoir de **beaux cheveux** par la pratique d'une alimentation intelligente (Miam-Ô-Fruit, repas à cinq éléments) le Bain dérivatif (poche de gel) l'utilisation de l'argile et de la lumière solaire, **c'est faire du bien** à tout son **organisme**!

---

1. Sur le site jean-marc-rety.fr. Précision qu'il ne s'agit absolument de traitements de luxe ruineux!
2. La baisse du pouvoir d'achat aura au moins l'avantage de changer cette échelle de valeurs!
3. Vous trouverez des témoignages intéressants au chapitre «Cheveux» dans *Le Bain dérivatif, op. cit.*

Cicatrices

Nous avons dit que si nous mettons l'argile immédiatement au moment de l'accident ou après, la cicatrice disparaît totalement, il ne reste aucune trace. Qu'en est-il des vieilles cicatrices, une cicatrice commençant à être vieille dès l'instant où elle s'est formée HORS de la présence de l'argile. C'est beaucoup plus compliqué car bien souvent peu possible et toujours très long ! Nous allons citer quelques exemples.

– Cicatrice sur le ventre (appendicite, césarienne, vergetures ou autres).

Si la cicatrice est chéloïde, c'est-à-dire boursouflée, on peut absolument la réduire complètement, c'est-à-dire faire disparaître la boursouflure, par applications de gros cataplasmes d'argile si possible deux fois deux heures par jour ou toute la nuit pendant des mois, quelquefois un ou deux ans. Pendant le reste de la journée, on peut alterner des massages doux à l'huile de rose musquée pure et bio et une application sur peau sèche d'une couche extrafine d'argile verte illite surfine. Une goutte d'huile de rose musquée appliquée sur peau HUMIDE suffit pour un massage. On peut aussi utiliser de l'huile d'argan bio, non toastée ! Il est recommandé, parallèlement, de pratiquer le Bain dérivatif et de consommer le Miam-Ô-Fruit.

Si la cicatrice est plane et déjà jolie, on aura du mal à beaucoup l'améliorer. Mais on ne peut que recommander l'application de cataplasmes vingt et un jour tous les trois mois sur une belle cicatrice, cela évitera un vieillissement prématuré sur cette précieuse région du corps ! Cela facilitera aussi un accouchement par voie normale après une césarienne !

– Cicatrice de brûlure chez un enfant de trois ans

Une maman sri-lankaise devait conduire son petit garçon de trois ans à l'hôpital pour une greffe de peau sur le haut du bras près de l'épaule droite. L'affreuse cicatrice couvrait un espace de dix centimètres sur cinq, ce qui, rapporté à la taille et l'âge de l'enfant est important. Un an plus tôt, cet enfant avait été gravement brûlé et l'hôpital avait prescrit une pommade, disant qu'ensuite il faudrait une greffe. La cicatrice était noire, racornie, très laide, rigide, gênant la croissance en cet endroit. Je demandai à la maman : «Vous ne connaissiez pas l'argile au Sri Lanka ? – Siiiiii ! me répondit la maman. Mon mari était furieux ! Mais à l'hôpital[1], en France, ils connaissaient pas, ils ont dit à mon mari !» J'indiquai alors à la maman où trouver de l'argile à cinquante mètres de chez elle, dans un magasin bio où elle n'était jamais entrée. Des applications très épaisses furent faites vingt-quatre heures sur vingt-quatre. L'argile mit un mois à arracher la vieille cicatrice mais seulement quinze jours à réparer parfaitement la peau, ne laissant qu'une tache claire sur la peau dorée. Remarquons que **la cicatrice** n'avait **qu'un an** et **l'enfant que trois ans** et que cet enfant est régulièrement suivi par la PMI[2].

---

1. Il ne s'agit pas ici de faire un reproche à l'hôpital qui sauve tant de vies ! Mais l'argile n'est plus, contrairement à autrefois, dans ce genre de soins à l'hôpital.
2. Protection Maternelle et Infantile.

Petites cicatrices sur le visage ou ailleurs

Il est en général possible de les atténuer en alternant des applications d'argile verte illite en poudre surfine posée comme du talc sur peau sèche et des massages doux à l'huile de rose musquée bio pure toujours sur peau humide. **Ne posez pas l'argile sur l'huile ni l'inverse !**

Côtes fêlées

Lorsque l'on se fêle ou se casse les côtes, il est bien connu que l'on ne vous met aucun bandage, pas de plâtre, souvent on refuse même de vous faire une radio, on vous dit que cela se ressoudera tout seul, on vous abandonne à votre douleur avec quelques calmants qui, disons le tout de suite, ne peuvent pas accélérer la réparation des côtes ! Je parle ici en connaissance de cause ! En outre, tous les témoignages autour de moi concordent : on en garde les séquelles à vie avec une fragilité de ce côté et de temps en temps de douloureux rappels lors d'un gros effort ou d'un changement de météo ! J'ajoute : surtout si la fêlure s'est produite après la cinquantaine. Pourtant je peux assurer qu'en ce qui me concerne, malgré une belle double cassure, j'ai échappé à cette malédiction ! Je vous livre donc ici ma méthode, c'est bien le cas de le dire !

Le 29 février 2008, j'avais soixante-six ans, descendant quatre à quatre les marches d'un escalier de bois fraîchement ciré avec des pantoufles en laine bien bio, un dossier dans une main, le téléphone à l'oreille dans l'autre main, en conversation technique avec ma fille, à 10 heures du soir. Dans mon enthousiasme, j'ai raté les trois dernières marches ! Ma fille a *assisté en ligne* au désastre : deux côtes cassées dans le dos à droite. Souffle immédiatement coupé.

Dans un effort surhumain de navigatrice au long cours qui, heureusement, en a vu d'autres, je fais une très profonde inspiration hyper douloureuse (qui remet tout en place!), le temps de dire « Ça va, t'inquiète pas! » Ma fille saute sur son scooter pour venir me rejoindre!

Vingt minutes plus tard, j'ai pris une dose d'arnica homéopathique et ma fille m'a posé un énorme cataplasme d'un kilo d'argile[1] fixé avec une bande de 30 centimètres de large. J'ai dormi. Sans pouvoir bouger d'un pouce, mais dormi quand même. Le lendemain matin, impossible de sortir seule de mon lit! Je me fis donc installer par ma fille restée auprès de moi un cordage de marin entourant le pied de mon lit qui me permettait de me tracter en avant mais aussi de m'allonger. Chaque manœuvre exigeait beaucoup de volonté et de temps, car si immobile je n'avais mal qu'en respirant trop fort, me lever ou me coucher me semblait héroïque! L'argile fut posée vingt-quatre heures sur vingt-quatre, jour et nuit, changée toutes les deux heures sauf la nuit, toutes les quatre heures. Mes filles se sont relayées mais en trois jours j'étais autonome. Au prix de quelques acrobaties, je changeais seule mon pansement. J'ai mis de l'argile en permanence, y compris en donnant conférences et séminaires de cinq jours durant exactement six semaines. Dans le même temps, j'ai mis des **poches de gel** environ 18 heures par jour, n'ai **mangé que du cru**[2] dont le fameux **Miam-Ô-Fruit** décrit ici et j'ai bu 80 litres de **sève de bouleau fraîchement extraite**, c'était la pleine saison.

---

1. Depuis des décennies, j'ai toujours chez moi de grandes boîtes alimentaires pleines d'argile prête à l'emploi plus un carton de 18 kilos d'argile illite concassée!
2. Pour réserver mon énergie à une bonne cicatrisation.

(Extraite la veille, reçue le lendemain chez moi.) La sève de bouleau, cette année 2008, était particulièrement riche en calcium, silicium, phosphore et potassium. Exactement ce qu'il me fallait. Je n'ai consommé aucun produit animal durant ces six semaines ni aucun aliment cuit, même pas de pain. Aucun médicament non plus, aucun antidouleur à part quelques doses d'arnica homéopathique les premiers jours. Six mois après cet accident, je faisais dix jours de surf au *morey* dans les belles vagues du sud-ouest de la France à raison de six heures par jour ! Pourtant, ça cogne dur dans les vagues à la fin du mois d'août !

On voit clairement là que si l'argile seule est très intéressante, son action est beaucoup plus efficace si on l'accompagne d'une alimentation adéquate et de Bain dérivatif. Raymond Dextreit [1] ne disait d'ailleurs pas autre chose, lui qui enseignait aussi l'alimentation saine et écrivait que le meilleur complément à l'argile était le Bain dérivatif !

Dans la même situation, une personne qui aurait eu vingt kilos de trop et une alimentation industrielle n'aurait pu obtenir un résultat aussi parfait en n'utilisant que l'argile ! L'argile travaille d'autant mieux que le corps est alimenté correctement et que les graisses circulent au lieu de stagner ! Il est bien sûr que la sève de bouleau [2] a joué un rôle. Mais là aussi, la sève de bouleau est d'autant plus efficace que l'on n'encombre pas le corps de déchets venus d'aliments trop transformés, chargés de pesticides, colorants, conservateurs.

---

1. *L'Argile qui guérit, op. cit.*
2. Voir la rubrique : « La cure de sève de bouleau ».

Dents

Nous avons vu que l'argile en poudre diluée dans de l'eau peut remplacer avantageusement la pâte dentifrice, avec l'avantage de coûter beaucoup moins cher et de ne contenir aucun produit non alimentaire comme le sont bien des composants des pâtes dentifrices commercialisées. Certaines personnes font un mélange d'argile et de gros sel dilués dans l'eau.

Attention : on ne frotte pas les dents directement avec la poudre, mais avec la brosse qui a simplement été trempée dans une dilution d'argile.

Une telle habitude est très intéressante pour maintenir une bonne hygiène buccale, autant pour les dents que pour les gencives et les muqueuses de la bouche.

Il est également possible de **renforcer les gencives**, d'améliorer la régénération osseuse après extraction d'une racine, d'améliorer la couleur des dents, de stopper le développement d'une carie si vous êtes loin de toute aide médicale en mettant un morceau d'argile que l'on a préalablement bien humecté de salive entre la joue et la gencive. On garde l'argile deux heures sans la manger ni l'avaler, puis on la remplace par un autre morceau, comme on le ferait d'un cataplasme. Il est même possible de vider un abcès dentaire de cette manière : l'argile fore alors un petit canal dans la gencive, ce qui surprendra bien le dentiste dès que vous pourrez lui rendre visite ! C'est ma propre expérience de navigatrice autour du monde !

Descente d'organes

À Lyon, Louise, 82 ans, est mince, autonome, active, Italienne, en excellente santé. Elle est mère de trois enfants et n'a jamais cessé de s'occuper de ses petits-enfants. Augusta est bien suivie par son médecin mais n'a jamais connu l'hôpital. Un dimanche de grand enthousiasme jardinier, à la campagne, elle bêche si fort qu'elle se provoque une étonnante descente d'organes. Désolée pour la description, mais ils apparaissent à l'extérieur sur dix centimètres. Autrefois les femmes qui avaient ce problème rangeaient le tout sans autre forme de procès. Mais là que faire ? Louise ne peut envisager une seule seconde de se faire opérer pour la première fois à 82 ans ! C'est là que sa propre fille expérimentée lui impose le Bain dérivatif, un cataplasme d'argile verte illite très épais en permanence sur le bas du ventre (en changeant toutes les deux heures) et le Miam-Ô-Fruit. «Maman, c'est ça ou l'hôpital !» Au bout de huit jours, les organes retrouvent leur place définitivement. Pendant plusieurs mois, Louise continue à poser un cataplasme de deux heures par jour sur le bas du ventre, elle n'arrêtera plus jamais le Bain dérivatif ni le Miam-Ô-Fruit qui assure une bonne nutrition cellulaire. Trois ans plus tard, par prudence, sa fille demande au médecin de lui poser un simple pessaire [1], Louise a repris depuis longtemps toutes ses activités y compris celles qui nécessitent des efforts.

Depuis lors, non seulement Louise n'a pas arrêté, mais elle s'est aperçue qu'elle n'avait plus jamais d'allergies lors

---

1. Dispositif vaginal pour maintenir la bonne position de l'utérus.

des premiers soleils à Nice, alors qu'avant, elle avait des démangeaisons chaque année pendant deux ou trois semaines. Lisez le paragraphe « Allergies ».

En ce domaine, rien n'est plus précieux que la prévention. Les descentes d'organes témoignent, selon le cas, de trop de graisse entourant les organes, parfois à la suite de quelques grossesses, ou bien de malnutrition cellulaire qui laisse les tissus en ptose, flasques, ou encore d'une musculature non entretenue, en particulier au périnée. Or la meilleure manière de muscler le périnée facilement sans se livrer à des exercices rocambolesques ou bien désagréables [1] est de pratiquer le Bain dérivatif (poche de gel) tous les jours **et** de nourrir correctement les cellules afin de maintenir la fermeté des tissus, ce qui dépend directement de la qualité de l'alimentation ! On voit ici encore que **l'on ne peut pas dissocier alimentation, Bain dérivatif et argile**. Nous verrons qu'il en va de même pour la lumière solaire !

De plus en plus nombreux sont les kinésithérapeutes qui s'intéressent au Bain dérivatif et viennent me voir pour en savoir plus car ils constatent que le Bain dérivatif est souvent plus efficace et plus commode que les outils électriques pour rendre au périnée des femmes qui ont accouché la tonicité nécessaire. Il ne faut pas oublier d'y associer l'alimentation !

Il est important aussi de signaler qu'un périnée ramolli est bien triste dans les relations amoureuses, autant pour le monsieur que pour la dame ! Quel dommage que des couples puissent parfois se déliter peu à peu pour des raisons purement techniques ! Nombreux sont les témoi-

---

1. Comme la stimulation électrique faite par les kinés après un accouchement.

gnages de femmes mais aussi d'hommes ravis des résultats (sur eux !).

Sachez aussi que les Bains dérivatifs associés à une bonne alimentation avec le Miam-Ô-Fruit évitent bien des pannes sexuelles et ceci à tout âge ! Même à 97 ans !

De plus en plus nombreux sont les gynécologues et les médecins qui les recommandent !

Douleurs articulaires

Les douleurs articulaires sont bien souvent associées à une acidification des urines, au stress oxydatif et à un état inflammatoire. Bien des personnes les voient disparaître en diminuant considérablement la part des produits animaux au bénéfice des végétaux dans leur alimentation. Souvent, la simple suppression des produits laitiers suffit. Il est certain que les douleurs articulaires ont beaucoup à voir avec l'alimentation.

Il y a beaucoup d'hypocrisie à prétendre que le lien entre l'alimentation et notre état physique ne serait pas prouvé ! C'est aussi stupide que si l'on disait qu'on peut mettre n'importe quel carburant dans le réservoir d'une voiture : « du moment qu'il s'agit de carburant, kérosène, gasoil, essence, pétrole, sans tenir compte des besoins spécifiques du véhicule, ça marche ». Non, cela ne marche pas ! C'est exactement la même chose pour notre bon fonctionnement. Si nous donnons trop de sucre à un chien, il devient aveugle : nous aussi ! Nous sommes des mammifères.

Pour les douleurs articulaires, des cataplasmes d'argile soulagent immédiatement, mais il faut absolument rectifier l'alimentation et faire des Bains dérivatifs (poche de gel) si l'on veut ensuite pouvoir se passer d'argile. Les applications d'argile soulageront momentanément mais ne régleront pas le problème de fond qui est l'alimentation des cellules ! Nous verrons que les articulations ont aussi extrêmement besoin de lumière solaire directe !

Douleurs aux cervicales

Des cataplasmes d'argile chaude (si vous avez mal) ou tiède lorsque vous n'avez pas de douleur sont très intéressants sur la nuque. Outre que l'argile stoppe la douleur et l'inflammation, elle répare peu à peu en profondeur. Ceci est visible sur des radiographies, mais il faut en général plusieurs années d'applications pour observer le résultat, car rares sont les personnes qui font plus d'une application de deux heures par jour. La douleur disparaîtra très vite, c'est bien pourquoi tant de personnes s'arrêtent de faire les applications d'argile ! Il faut comprendre que si la douleur a disparu, les cervicales, elles, ne sont pas régénérées. Il semble simplement que le cerveau a reconnu que nous utilisons le bon remède naturel et qu'il cesse de nous envoyer des signes douloureux pour nous enjoindre d'intervenir. De toute façon, si l'on arrête les applications au moment où la douleur disparaît, elle ne tardera pas à se manifester de nouveau. Ce genre de travail de régénérescence peut exiger des mois et parfois des années, selon notre âge, selon l'état dans lequel nous sommes. Il est bien sûr possible de se réparer plus vite en faisant plus de cataplasmes chaque jour, en rectifiant son alimentation, en pratiquant le Bain dérivatif et en s'exposant à la lumière solaire directe toute l'année. Il suffit d'ouvrir la fenêtre au moment où un rayon de soleil passe par là et d'exposer son cou en prenant soin de ne porter ni lentilles ni lunettes de vue, ni lunettes de soleil. Bien sûr, on ne regarde pas le soleil en face !

Endométriose

L'endométriose est la colonisation du corps par l'endomètre, c'est-à-dire la matière qui tapisse l'utérus. C'est un phénomène douloureux, qui compromet la fécondité et qui n'est vraiment pas bon pour le corps ! Quand on sait que le sang des règles est très riche en cellules souches qui ne demandent qu'à se multiplier et à se développer, on peut se poser quelques questions sur l'utilisation des tampons (en particulier la nuit !) et même des coupelles. Le fait que le sang soit maintenu des heures durant hors de l'utérus mais dans le corps n'est peut-être pas étranger au développement de l'endométriose, du moins la question est-elle posée à propos des tampons aux États-Unis. Allez lire dans « Règles » le paragraphe : « *La continence des règles ?* »

Le premier geste consiste à supprimer les tampons et coupelles. Ensuite, mettez-vous très assidument au Bain dérivatif, au **minimum six heures de poche de gel chaque jour** et toute la journée dès que c'est possible. Vous pouvez y ajouter deux fois une demi-heure avec de l'eau froide[1], c'est plus brutal mais en cas d'endométriose, il faut y aller très fort au début. Faites chaque jour le Miam-Ô-Fruit et appliquez chaque jour **deux heures d'argile sur le bas du ventre**, ou deux fois deux heures si vous le pouvez. Nous avons déjà eu plusieurs remerciements pour les résultats très positifs sur l'endométriose, cela vaut vraiment la peine

---

1. Voir la pratique du *Bain dérivatif*, page 83, *op. cit.*

de s'y mettre d'autant qu'à part une opération de temps à autre, on ne vous propose rien de très probant !

Entorses

Immédiatement après l'entorse, il faut appliquer un gros cataplasme d'argile verte illite que l'on laisse deux heures et que l'on renouvelle aussitôt et ainsi de suite durant au moins quarante-huit heures. Le problème est que dès la fin du premier cataplasme, on se sent déjà mieux, et on a tendance à espacer les applications ce qui est vraiment une mauvaise technique.

Après deux jours d'applications permanentes jour et nuit, si l'entorse semble s'être bien résorbée, il faut continuer avec au moins un cataplasme chaque jour et en mettre un chaque nuit durant vingt et un jours si on a moins de trente ans et que l'on est mince, beaucoup plus longtemps dans le cas contraire. **Il est vraiment important de soigner l'entorse très longtemps après qu'on ne la sent plus.** Une personne de soixante ans aurait intérêt à mettre un cataplasme chaque jour durant six mois au moins à la suite d'une entorse si elle veut vraiment éliminer tout risque de nouvelle faiblesse sur cette articulation. On me répond souvent que c'est trop long : préférez-vous geindre épisodiquement durant les quarante années au moins qu'il reste à passer sur cette terre ? Que sont six mois contre tout un avenir ! À moins que se faire plaindre soit un statut dont on rêve !

N'oubliez pas, dans le même temps, soit de mettre un cataplasme d'argile sur le bas du ventre, soit de pratiquer le Bain dérivatif (poches de gel) au minimum quatre heures par jour.

Attention : il ne suffit pas de mettre une poche de gel juste au moment de l'entorse ! Le travail du bain dérivatif est comme une pompe que l'on amorce. Il faut plusieurs jours à raison de trois à quatre heures par jour (poche de gel) pour amorcer le processus.

Fibromes

Bien évidemment, les fibromes sont surveillés avant tout par le médecin. Mais rien ne vous empêche de faire tous les jours des cataplasmes d'argile verte illite très épaisse sur le bas du ventre, bien centrés au milieu juste au-dessus du pubis et de faire des Bains dérivatifs (poche de gel) indispensables en accompagnement de l'argile et pourquoi pas pour régénérer tout cela le Miam-Ô-Fruit. Les effets bénéfiques de l'argile sur les fibromes et les kystes sont connus depuis très longtemps, mais il faut vraiment en mettre tous les jours pendant des mois. On a intérêt par exemple à faire deux fois deux heures dans la journée et toute la nuit en plus.

Le fibrome va peu à peu se déshydrater, puis se décrocher et être expulsé sous forme de caillots. Là aussi il est difficile de donner une durée selon votre âge, votre volume, votre histoire. Disons que cela peut aller de trois mois à dix-huit mois.

Fibromyalgie

Les **résultats obtenus** en combinant un cataplasme d'**argile** de deux heures chaque jour sur le bas du ventre, la pratique des **poches de gel** au moins cinq ou six heures par jour et le **Miam-Ô-Fruit** sont **tellement intéressants** que nous ne pouvons que les recommander ! Nous connaissons au moins six personnes qui ont retrouvé une vie normale avec cette méthode. Nous aimerions bien tester sur mille cas. Mais qui acceptera de financer un protocole de recherche pour ce qui rapporte si peu d'argent ? Nous finirons bien par trouver ! Ce sera notre prochaine aventure autour du monde [1] ! Et prenez des bains de lumière solaire directement sur la peau.

Gencives

Comme nous l'avons vu dans la rubrique « Dents », un morceau d'argile calé entre la joue et la gencive peut apporter bien des améliorations. Et surtout, faites le Bain dérivatif (poches de gel) et consommez tous les jours le Miam-Ô-Fruit !

Gorge

Vous avez mal à la gorge. Bien sûr il faut la montrer au médecin. Mais vous pouvez toujours appliquer un cataplasme à la gorge, sous le cou, sur les ganglions. L'argile les résorbe assez vite et calme les maux de gorge. Le Bain dérivatif aussi, et la conjonction des deux encore plus ! Ajoutez à cela au minimum un cataplasme sur le bas du ventre, mais mieux encore la pratique du Bain dérivatif (poches de gel) et la consommation du Miam-Ô-Fruit et vous serez bien vite débarrassé de vos maux ! En smoothie et à la paille, ça passe bien !

---

1. En référence à mes tours du monde à la voile bien sûr !

Hernie discale

Il est recommandé d'appliquer de l'argile verte **illite chaude** sur une hernie discale. Il faut bien sûr la renouveler toutes les deux heures et surtout l'accompagner de l'utilisation de **poches de gel** (Bain dérivatif). Dans un premier temps, cela soulage de la douleur. Plus on pose de cataplasmes, plus la hernie se réduit rapidement.

Un bon conseil : dès que vous sentez une douleur, n'attendez pas d'avoir plus mal : posez immédiatement de l'argile et faites une cure de cataplasmes durant encore vingt et un jours. Dans le même temps, soit vous posez également un cataplasme sur le bas du ventre, soit vous faites tous les jours des Bains dérivatifs (poche de gel) au minimum quatre à cinq heures par jour et plus lorsque c'est possible. Bien sûr vous modifiez l'alimentation en introduisant au minimum le Miam-Ô-Fruit afin de nourrir mieux les cellules sur lesquelles l'argile est en train de travailler. Exposez régulièrement votre dos nu à la lumière solaire directe.

Inflammation intestinale

Le **cataplasme** sur le bas du ventre s'impose accompagné, si vous n'avez pas d'hypertension, d'une cure d'**eau d'argile**. Mais parallèlement, vous avez intérêt à faire une **cure de banane** bio écrasée et **oxydée** [1] (voyez la rubrique « Cures ») pendant quelques jours, ainsi bien sûr que la pratique du **Bain dérivatif** intensive.

---

1. Pratiquée, enseignée par les Drs Paul Carton et Catherine Kousmine.

Kystes sur les ovaires ou au sein

Bien sûr, vous faites contrôler vos kystes par le médecin qui constatera leur existence et devra absolument ensuite en vérifier la disparition! Vous n'êtes pas obligée de faire de la provocation dès le départ en lui annonçant votre programme s'il n'est pas au courant de nos méthodes. De toutes façons, cette méthode n'est ni dangereuse ni coûteuse! Par contre, une fois les résultats obtenus, il se peut que votre praticien soit très heureux de découvrir ce que vous avez fait ou que vous vous aperceviez qu'il connaissait cela depuis longtemps mais n'avait pas osé vous en parler!

L'application de **cataplasmes** tous les jours sur le bas du ventre, associée au Bain dérivatif au minimum six heures de **poche de gel** par jour et à l'alimentation, en particulier le **Miam-Ô-Fruit** décrit dans cette méthode viennent à bout des kystes, que ce soit aux ovaires ou au sein.

De plus en plus de gynécologues et de médecins généralistes conseillent cette méthode.

Manque de spermatozoïdes

Vous manquez de spermatozoïdes? Mettez chaque jour durant deux heures un gros **cataplasme** posé sur une gaze sur le bas du ventre, utilisez tous les jours trois ou quatre heures les **poches de gel** et consommez quotidiennement le fameux **Miam-Ô-Fruit** jusqu'à la prochaine analyse de sperme: ça marche! Et la vie est de plus en plus belle! Exposez la région pelvienne à la lumière solaire directe le plus souvent possible, sans prendre de coup de soleil ni provoquer une émeute!

Ongle incarné

Des enveloppements épais d'argile, sans jamais la laisser durcir ni sécher sur l'orteil, viennent rapidement à bout des ongles incarnés !

Ovulations rares

Cette rareté va souvent de pair avec des règles très courtes ou irrégulière ou très espacées. Elle va souvent de pair avec le manque de bonnes huiles, mais aussi avec l'obésité parfois. Dans les deux cas il y a un manque de fabrication par le corps de graisses fluides.

Comme pour les spermatozoïdes, il faut faire au moins un **cataplasme** de deux heures sur le bas du ventre chaque jour. À cela on ajoute la pratique du **Bain dérivatif** (poche de gel) au moins cinq heures par jour, plus si on est en surpoids. Et bien sûr le **Miam-Ô-Fruit** décrite dans cette méthode, tous les jours. C'est un vrai régal et il serait donc dommage de s'en priver ! Et on ajoute des bains de lumière solaire douce, comme dans le cas des spermatozoïdes.

Panaris

Faites **alterner** le trempage du doigt dix minutes soit dans un désinfectant pharmaceutique, soit dans de l'eau bouillie additionnée de quelques gouttes d'eau de javel, avec des enveloppements très épais d'argile verte **illite** en pâte. Ne mettez surtout pas de montmorillonite, le doigt enflerait !

Parallèlement, faites le Bain dérivatif avec des **poches de gel** plusieurs heures par jour et consommez le **Miam-Ô-Fruit** chaque jour.

Piqûre d'insecte

Si vous être piqué par une abeille, ôtez le dard avec une pompe à venin que l'on trouve en pharmacie ou avec une pince à épiler et mettez immédiatement de l'urine! C'est l'antidote le plus rapide et le plus efficace! Il en va de même avec guêpes, frelons, et autres insectes. Ça tombe bien, on en a toujours sur soi! L'urine neutralise tout de suite le gonflement et empêche l'accumulation du venin qui sensibiliserait à la longue et pourrait aboutir à une allergie dangereuse.

Un essaim de guêpes au visage!

Un après-midi de 1961, mes parents se trouvaient à six cents mètres d'altitude à Mahina, dans l'île de Tahiti. C'est là que, circulant dans un champ couvert de fougères scolopendres, mon père marcha sur un nid de guêpes. L'essaim lui jaillit au visage et au cou, on estima ensuite qu'il y avait eu environ huit cents impacts! Mon père aurait dû étouffer sur-le-champ. Mais ma mère, originaire de l'île, eut le seul bon réflexe : elle lui mit immédiatement de l'urine sur toutes les piqûres, ce qui empêcha un gonflement dangereux. Certes, le visage était assez déformé vu le nombre de piqûres, mais pas au point d'en étouffer. Deux heures plus tard, lorsque mes parents se rendirent enfin à l'hôpital, les médecins dirent à ma mère qu'elle avait sauvé la vie de mon père.

Une abeille sur la tartine!

Un jour, à Héliomonde près de Saint-Chéron, une de mes filles âgée de trois ans, se régalait d'une tartine de miel lorsqu'une abeille se posa à deux centimètres de sa bouche. Par chance je m'en aperçus.

Mais si mon enfant avait mangé par inadvertance l'abeille et qu'elle ait été piquée dans la bouche ou dans la gorge, la seule solution immédiatement efficace aurait été de lui uriner sans délai dans la bouche pour éviter qu'elle étouffe. Je n'aurai jamais la moindre hésitation si le cas se produit en ma présence ! Nous sommes là loin de l'argile, mais il sera toujours temps d'en faire ensuite un cataplasme, en particulier si la piqure est située sur la tête, le visage, le cou ou toute partie sensible du corps ! Le Bain dérivatif s'impose immédiatement.

Prostate

Comme toujours il va de soi que vous êtes bien surveillé et suivi par votre médecin.

Certains messieurs, en particulier ceux qui aiment beaucoup le fromage et les produits laitiers, peuvent avoir la prostate qui grossit, entraînant des besoins d'uriner plus fréquents, le jour comme la nuit. Disons tout de suite qu'il n'est pas normal, que l'on soit homme ou femme, de se lever toutes les nuits pour uriner ! Ce n'est pas l'âge qui en est responsable, mais le mauvais état du corps.

Il est facile de retrouver une prostate normale en combinant les **cataplasmes** d'argile tous les jours, la pratique quotidienne du Bain dérivatif (**poches de gel**) et le fameux **Miam-Ô-Fruit** pour nourrir mieux les membranes cellulaires. Et on ne se lève plus la nuit, on ne cherche plus désespérément les toilettes quand on va faire ses courses ! Les résultats positifs sont extrêmement nombreux ! Les analyses le montrent de manière spectaculaire !

Radiographies et radioactivité de l'argile

Il est écrit un peu partout que l'argile est radioactive. On ne l'a jamais mesuré. Par contre, ce qui a été mesuré, c'est le rétablissement d'une bonne radioactivité de notre corps. L'application de l'argile sur le corps ôte les excédents (radiographies) ou rend au corps ce qui lui manque. L'argile est donc recommandée après une **radio dentaire**, après une **IRM**, après une **mammographie ou une radiothérapie** par exemple.

Règles

Les règles doivent être d'une belle couleur comme le sang qui coule lorsque l'on se coupe le doigt. Elles doivent avoir une bonne odeur et ne pas contenir de caillots ni de traces sombres. Elles doivent arriver franchement, durer environ quatre jours et s'arrêter tout aussi nettement qu'elles sont arrivées. Elles doivent êtres espacées de vingt-huit jours et donc se produire chaque mois durant la même phase de la lune.

Si tel n'est pas le cas, il faut faire une série de vingt et un jours de cataplasmes d'argile sur le bas du ventre, pratiquer le Bain dérivatif (poches de gel) et consommer chaque jour le Miam-Ô-Fruit maintes fois cité et décrit dans ce livre. Si vous êtes mince, le Bain dérivatif accompagné de cette préparation suffit à rétablir les choses en deux ou trois mois. Cette méthode (argile, Bain dérivatif, alimentation) permet aussi de supprimer les douleurs des règles qui sont souvent liées à la consommation excessive de produits laitiers, fromages ou produits animaux, pain, farines blutées.

La continence des règles ?

Nous ne devrions pas avoir besoin de protections pour les règles, car elles ne devraient jamais s'écouler sans contrôle, nous ne devrions pas avoir l'incontinence des règles ! J'avoue que la première fois que j'ai lu cela dans le livre de Louis Kuhne[1] je n'y ai pas cru une seconde ! Je pensai aussitôt que ce bonhomme parlait de ce qu'il ne connaissait pas ! Il en donnait pour preuve que les femmes qui s'alimentaient correctement et qui pratiquaient le Bain dérivatif éliminaient volontairement le sang de leurs règles exactement comme nous le faisons tous des urines, du moins est-ce souhaitable ! Mais la pratique quotidienne du Bain dérivatif allait bientôt donner raison à Louis Kuhne. Naviguant alors dans des îles où l'on ne trouvait pas de tampons, je fus obligée de me rendre à l'évidence, les règles ne s'expulsaient qu'aux toilettes, comme les urines. Incrédule devant cette évidence, il me fallut attendre quinze années avant d'oser le dire à quiconque de peur de passer pour une folle. Ce n'est qu'au moment où une jeune femme de 27 ans à Rennes me dit observer le même phénomène que je commençai avec prudence à en parler. Depuis les témoignages se sont multipliés. Je savais pourtant bien que chez les peuples qui vivent nus, en Papouasie, Mélanésie, les femmes n'ont pas l'incontinence des règles ! Il en va de même des femelles mammifères dans la nature, sinon les prédateurs les suivraient ! En Inde, on enseignait le yoga du périnée. **Les tampons ne poussent pas sur les arbres dans la nature !** Cette continence suppose une **excellente musculature au périnée**, un col de l'utérus qui ferme

---

1. *La Nouvelle Science de guérir* de Louis Kuhne, Éditions CEVIC, 1978.

bien, qui s'est bien resserré après chaque accouchement, ce qui est largement favorisé par un long allaitement. Cette musculature parfaite du périnée a bien d'autres avantages ! Elle est accompagnée d'une bonne continence urinaire, d'une bonne tenue des organes. Et elle permet une qualité optimale des relations sexuelles.

Rides

Il existe une manière d'utiliser l'argile verte illite très intéressante pour le visage mais il faut un peu s'*accrocher* ! Le soin consiste à poser sur chaque joue, entre la pommette, le nez et le maxillaire un cataplasme d'argile d'une épaisseur de un à deux centimètres. Comme pour les autres cataplasmes, on pose l'argile sur du papier essuie-tout ou sur un petit carré de coton blanc propre. On fixe le tout à l'aide d'un bandage qui fait le tour de la tête. Au début, c'est assez acrobatique, il vaut mieux le faire en face d'un miroir. Évitez de faire passer le bandage sur les oreilles, ce ne serait pas commode pour répondre au téléphone. Pour ne pas avoir l'air d'un grand blessé, vous pouvez nouer par-dessus tout un foulard. Mais évitez quand même d'ouvrir la porte au facteur ou de faire vos courses à ce moment-là. Au début, ce harnachement déclenche le fou rire, attention que les cataplasmes n'en profitent pas pour glisser ! Il faut garder l'argile deux heures et recommencer chaque jour pendant quinze ou vingt jours. Si vous voulez augmenter la qualité des résultats, faites le Miam-Ô-Fruit de ce livre tous les jours et mettez des poches de gel (Bain dérivatif) trois ou quatre heures par jour. Si vous ne mettez pas de poches de gel, il vous faut absolument poser à chaque fois en même temps un gros cataplasme sur le bas du ventre, sinon vous attireriez beaucoup de déchets au visage.

Cette manière de poser l'argile est la plus efficace. Inutile d'en poser sur le nez, autour de la bouche, sur le front ou autour des yeux ! Il faudrait en poser deux centimètres d'épaisseur, et n'oubliez pas que l'argile ne doit jamais sécher sur la peau.

L'argile posée de chaque côté de cette manière travaille en réalité sur la totalité du visage, elle est capable d'atténuer les rides, même celles qui ne sont pas couvertes d'argile. C'est beaucoup plus efficace que tous les masques à l'argile qui contiennent des huiles essentielles et cela coûte beaucoup moins cher !

Je comprends pourquoi je bourgeonne !

« Je comprends maintenant pourquoi je bourgeonne depuis trois jours ! » s'exclama d'une voix puissante la jeune Céline, 15 ans, guadeloupéenne, présente à l'un de mes séminaires en Anjou. Je venais tout juste de terminer mon explication sur le travail de l'argile. En effet, Céline consommait bien le Miam-Ô-Fruit tous les jours, elle posait l'argile tous les jours, mais ne mettait ni poches de gel, ni cataplasme sur le ventre. Elle attirait tout vers le haut !

Veinules et varices

Je ne pose pas d'argile sur les veinules et les varices, même si je sais que cela se pratique ailleurs. C'est une prudence de ma part. Je préfère de loin la combinaison **Miam-Ô-Fruit** et **Bain dérivatif** qui donne d'excellents résultats avec soulagement rapide des sensations dans les jambes et peut faire disparaître, en un an et parfois plus, les veines les plus bleues et les plus torsadées. La pratique du Bain dérivatif dispense assez rapidement du port de bas de contention.

Verrues

Je ne pose pas d'argile sur les verrues, elles disparaissent en général avec le Bain dérivatif. Cependant, **l'argile est très efficace** pour arracher une **verrue plantaire**, et son application soulage dès le début de la douleur à la marche.

La maman de Pierre, 10 ans, a posé toutes les nuits durant des semaines un cataplasme sous le pied de son fils. Chaque matin, en ôtant le cataplasme, elle remarquait de petits fils noirs arrachés par l'argile. Dans la journée, son enfant était à l'école sans argile. Malgré une petite gêne, il n'avait pas mal. Peu à peu, l'argile a arraché tous les filaments noirs de la verrue. Aucune autre verrue n'est jamais apparue et l'argile a laissé la voûte plantaire intacte, sans la moindre trace de cicatrice, ce que n'aurait jamais pu faire aucune intervention médicale (brûlure ou bistouri !)

Vitiligo

Nous avons déjà obtenu la régression importante de vitiligo, sur peau claire et sur peau très foncée indienne. Imaginez un vitiligo, cette dépigmentation blanche rosacée, sur une peau très foncée ! Pour faire régresser très nettement ce problème qui ne trouve pas de réponse médicale satisfaisante, nous avons appliqué ceci :

– Chaque jour un gros cataplasme d'argile sur le bas du ventre.

– Tous les jours quatre à six heures de Bain dérivatif sous forme de poche de gel.

– Tous les matins en guise de petit-déjeuner mon Miam-Ô-Fruit.

– Exposition tous les jours toute l'année des parties du corps atteintes à la lumière solaire directe douce. Sachez tout de même qu'en général on interdit le soleil en cas de vitiligo. Pourquoi ? Probablement car c'est un tout. Si vous ne faites pas TOUT ce qui est indiqué ici, il ne faut pas vous exposer à la lumière solaire !

La peau se pigmente progressivement par l'intérieur des taches décolorées, sur peau foncée, c'est spectaculaire. Inutile de dire que les personnes qui en ont bénéficié sont devenues convaincues par cette hygiène de vie !

7

LE SOLEIL

Le soleil, un aliment indispensable

Cette affirmation a choqué un jour une dermatologue, pourtant, je l'affirme, nous nous nourrissons de soleil au même titre que d'eau ou d'air !

Ça se mange, le soleil ?

Oui, sous la forme de fruits, feuilles, fleurs, UV [1] dans les fruits et les légumes. Car les plantes synthétisent la lumière solaire, qui est une matière gazeuse, pour fabriquer, à base de gaz tels que carbone C, hydrogène H, oxygène O et azote N, des fruits, légumes, feuilles, rhizomes, tubercules, et racines comestibles. Or nous sommes nous aussi faits à la base de ces quatre éléments gazeux !

Sans le soleil nous n'existons pas

Si le soleil disparaît, nous sommes plongés immédiatement dans le noir, la couleur disparaît totalement et avec elle la vision, car nous devenons incapables de détecter de

---

1. UV = rayons ultraviolets.

nos yeux le contour des objets et des êtres vivants qui nous entourent. Si le soleil s'arrête, la température de la terre descend si bas que nous sommes tous congelés. Si le soleil s'arrête, il n'y a plus rien à manger : les plantes disparaissent, avec elles les insectes, les oiseaux, les animaux terrestres, mais aussi le plancton et avec lui toute la chaîne des poissons du plus petit au plus grand.

La vitamine D solaire

Lorsque nous exposons notre peau nue, sans crème, à la lumière solaire, sans lunettes de soleil tout en abritant nos yeux de la réverbération avec un chapeau à large bord ou une visière, notre cerveau analyse la quantité d'UV qu'il y a dans l'atmosphère et envoie nos graisses fluides sous la peau. Ces graisses fluides qui affluent peuvent donner l'impression que la peau a épaissi, voilà pourquoi certains prétendent que la peau épaissit en été ! Et elle s'affinerait en hiver ? Ces graisses fluides contiennent du cholestérol que nous appelons parfois *mauvais* mais, sous l'effet du soleil, il se transforme en vitamine D qui aidera à fixer le calcium.

En une demi-heure d'exposition des bras et des jambes nues, nous pouvons fixer 10 000 unités de vitamine D solaire ! Alors qu'il n'y en a que 400 unités dans une capsule de vitamine D alimentaire.

Dangereux, le soleil ?

Depuis bien des années, dans les pays tempérés, on ne nous parle que des dangers du soleil : crèmes solaires, lunettes de soleil, cancers de la peau. Pourtant, 75 % de la population mondiale vit sous le soleil brûlant des Tropiques alors que proportionnellement 75 % des cancers de la peau concernent principalement les habitants des pays tempérés ou froids. On ne peut donc vraiment pas affirmer que le soleil est seul responsable des cancers de la peau. Nous reviendrons sur ces thèmes dans les pages qui suivent. Selon de nombreuses études citées tant par le Dr Downing que par le Pr Jean-François Doré, il apparaît plutôt que c'est le manque de soleil à longueur d'année qui favorise le cancer de la peau, associé à la manière de s'alimenter, au tabac, à l'alcool.

Attention: à chaque fois que nous parlerons d'exposition de notre corps directement à la lumière solaire, sans vêtements, il est bien entendu qu'il s'agit toujours d'un **soleil modéré à doux**, qui ne brûle pas, et jamais de la grillade imbécile du mois d'août!

Ceci dit, si nous nous précipitons stupidement en masse au soleil durant les quelques semaines dont nous disposons, c'est parce que notre cerveau sait très bien que **nous avons absolument besoin d'absorber beaucoup de soleil** et nous nous comportons exactement comme une personne assoiffée qui tenterait d'avaler d'un coup un seau d'eau. Nous verrons comment faire autrement.

Le soleil excellent pour notre peau !

Selon diverses études américaines commencées en 1985[1], le manque d'exposition à la lumière solaire est préjudiciable à notre santé. Or nous sommes enfermés à 90 % du temps! Et même dehors, nous portons des vêtements, ces sortes de *« caves »* ambulantes, et ce ne sont pas nos

---

1. Dossier « La lumière, une arme contre le cancer et le vieillissement », *Ça m'intéresse*, février 2008.

mains et le bout de notre nez protégé de filtres solaires puisque toutes les crèmes de jour en contiennent qui captent beaucoup de lumière !

– **Le soleil soigne l'acné :** ses rayons rouges détruisent les bactéries responsables. Ceci dit, n'oubliez pas que le sucre nourrit ces bactéries ! Donc, pour l'acné, du soleil, c'est certain, mais en plus le **Miam-Ô-Fruit** et le **Bain dérivatif** (poches de gel). Sinon, au retour de vacances, l'acné réapparaîtra de plus belle !

– **Le soleil doux répare le collagène :** il s'agit des rayons doux, ceux qui ne font pas monter la température de la peau. Donc le soleil du matin et du soir en été, celui d'automne, hiver et printemps réparent la peau. Si le soleil détruisait systématiquement la peau, les personnes vivant sous les Tropiques seraient particulièrement ratatinées ! Or ce n'est pas le cas, à niveau et hygiène de vie équivalents, leur peau est en général plus belle plus longtemps, qu'ils soient d'origine européenne ou non. C'est le soleil brûlant qui détruit le collagène.

– Certaines maladies ophtalmiques comme la dégénérescence maculaire liée à l'âge (**DMLA**) peuvent être stabilisées par la lumière solaire. Certaines études montrent que c'est le manque de lumière solaire qui favorise cette dégénérescence. Là encore, on ne peut pas nier le rôle de l'alimentation, de la fumée de tabac dans les yeux et de l'alcool !

– La lumière solaire douce est capable de détruire des cellules cancéreuses de la peau, notamment la partie rouge du spectre qui peut pénétrer jusqu'à dix millimètres de profondeur.

Attention : à chaque fois que nous parlons d'exposition à la lumière solaire, il s'agit toujours de lumière douce et directe, jamais à travers une vitre.

Et les cancers de la peau ?

Plusieurs études américaines montrent que des **mélanomes** se forment sur des parties du corps jamais exposées à la lumière directe du soleil, comme par exemple le **dessous des pieds des Africains**. On a vu aussi des mélanomes sur des fesses qui n'ont jamais été exposées au soleil.

Alcool, tabac, conserves.

On parle souvent des **pêcheurs** et des marins qui déclarent un mélanome. Pour ce que j'ai pu constater pendant vingt-deux ans, c'est que les hommes de mer boivent plus d'**alcool** que d'eau, fument énormément pour se réchauffer le bout du nez à la barre et consomment des conserves. On s'est beaucoup moqué lorsque, navigatrice autour du monde, je refusais systématiquement l'alcool, le tabac et que je remplissais mon bateau de légumes et de fruits frais pour un mois et demi, sachant très bien que j'allais en perdre un tiers, n'ayant ni frigo, ni congélateur car je ne voulais consommer que du frais.

On cite aussi les Australiens. Pour ce que j'ai pu voir de mes yeux, la restauration rapide, l'excès de consommation de viande surtout dans un pays chaud, la bière, **le tabac, les alcools** forts, les farines blanches, et l'expositions du type *grillade* durant des heures au soleil brûlant sont certainement plus efficaces à détruire l'ADN que le soleil doux à lui seul !

Les naturistes[1] qui s'exposent à la lumière solaire TOUTE l'année et ne s'allongent jamais sur la plage à midi en été, les personnes qui sont exposées à longueur

---

1. Qui vivent en respectant les règles de la nature : alimentation naturelle cuisinée chez soi, pas de tabac, très peu d'alcool, activité

d'année à la lumière solaire et ont une bonne hygiène de vie n'ont pas de cancers de la peau.

Les crèmes et filtres

Deux grandes études, l'une de quatre ans menée aux États-Unis par le Pr Marianne Berwick, l'autre de sept ans en France auprès de jeunes enfants de sept à douze ans par le Pr Jean-François Doré de l'INSERM de Lyon [1] ont montré que les filtres solaires contenus dans les crèmes solaires favorisaient le carcinome. C'est cet affreux cancer qui n'est pas mortel mais vraiment très laid et qu'on nous brandit chaque année à la télé pour nous faire acheter des crèmes solaires !

En fait, l'énergie solaire, capturée par l'écran solaire resterait en surface de la peau au lieu de traverser le corps. Cette énergie ne pouvant être détruite, elle endommage-rait les cellules, les protéines et l'ADN lui-même favori-sant ainsi un cancer de la peau, en particulier le carcinome. Les deux études montrent une relation directe entre l'utilisation des crèmes solaires et l'apparition sur la peau de taches, grains de beauté, verrues planes. J'ai pu le constater sur mes enfants et sur moi-même. En 1992, une énorme campagne pour les produits solaires affirmait que nous allions tous mourir de cancers de la peau à cause de la couche d'ozone endommagée [2]. Malgré plus de vingt ans de navigations au soleil tropical, nous n'avions jamais

---

physique ou sportive dans la nature toutes les semaines toute l'année. La nudité n'est qu'un très petit élément du naturisme ! Ne pas confondre avec les nudistes !
1. « Alerte aux produits solaires », *Sciences et Avenir*, août 1998.

eu de problèmes sur la peau. En mère de famille responsable, j'entrepris d'acheter les crèmes solaires les plus puissantes à ce moment-là, d'indice 25. J'en tartinai toute la famille tout l'été. À partir de cette date, des taches et des défauts sont apparus sur les unes et les autres. Convaincue que c'était la faute du soleil, j'en remis une couche de plus l'été suivant, et ainsi de suite jusqu'au mois d'août 1998, donc durant six ans. C'est à ce moment que je découvris ce reportage : « Alerte aux produits solaires ! », de la revue *Sciences et Avenir*. Je supprimai immédiatement tous les produits solaires qui partirent à la poubelle ! Depuis, rien de plus n'a fait son apparition !

Ayant signalé cet article, il m'a été répondu deux fois : « ça fait vingt ans qu'on me dit qu'il faut mettre des crèmes solaires, on ne me fera pas dire le contraire maintenant. Il faut simplement dire que c'est la longue exposition qui n'est pas bonne ! » Pourtant, nous n'avons jamais eu l'habitude de nous exposer longuement !

Un bon conseil : faites inspecter votre peau de la tête aux pieds une fois par an par un bon dermatologue, c'est un contrôle aussi important et efficace que celui des dents !

On manque de soleil !

Nous manquons cruellement de lumière solaire dans l'organisation de vie actuelle. Tout y concourt dès la naissance ! Il y a quarante ans, les bébés avaient toujours les

---

2. « Bonne nouvelle » : la pollution de la planète nous protège de nouveau !

jambes nues, ils portaient des barboteuses et des chaussons. Il était recommandé de les sortir en promenade deux heures par jour par tous les temps dès l'âge d'une semaine : relisez Laurence Pernoud de 1965 et le Dr Spock de 1950 ! Tous les bébés sortaient les jambes de sous la couverture et pédalaient jambes nues en l'air. Ils attrapaient leurs chaussons qu'ils ôtaient facilement. En grandissant, ils portaient durant des années des culottes courtes, des jupes, jusqu'à quinze ans au moins. Et ceci partout, même en hiver à la montagne avec la neige, même en Alsace et en Allemagne ou en Autriche. La gym se faisait en short et dehors. Aujourd'hui les bébés portent des grenouillères ou combinés qui enveloppent tout. C'est très joli, cela fait nounours en peluche, mais cela n'amuse que les adultes. Faites-vous confectionner un combiné dans cette matière, enfilez-le et vivez là-dedans ne serait-ce que vingt-quatre heures : c'est intenable, insupportable. Les pauvres bébés ne peuvent pas le dire, mais il suffit de voir leur joie lorsqu'on les déshabille pour comprendre que ces sortes de vêtements sont une vraie stupidité ! « Tu aimes bien être tout nu, hein ? » dit la maman émue ! Oui, et il aimerait bien le rester ! Il aimerait bien pouvoir jouer librement avec ses pieds, goûter ses orteils, en croquer un, aïe ! et s'apercevoir que ses pieds sont bien à lui, qu'ils font partie de son corps ! Il aimerait pouvoir utiliser ses orteils pour se mettre à quatre pattes, le combiné, ça glisse sur le parquet ! Il aimerait bien mettre les orteils en éventail pour se poser avec assurance sur le sol au lieu de les voir s'agglutiner peu à peu en forme de boîtes à pieds nommées chaussure !

En grandissant, on lui met des collants, joggings et pantalons pour qu'il n'ait pas froid ? En maintenant ses fesses au chaud, on fait monter légèrement sa température interne est c'est bien cela qui le rend frileux ! Plus la température interne est élevée, plus on a froid !

Résultat : les os des jeunes enfants aujourd'hui se brisent facilement. Ils manquent d'ensoleillement et reçoivent trop de produits laitiers !

Cette élévation de température pour les bébés pose de réels problèmes, en particulier pour les garçons chez qui cela entraîne des malformations et des problèmes de stérilité. On ne sait pas encore ce que cela produit chez les filles, mais on peut suspecter des kystes sur les ovaires.

En Allemagne et aux États-Unis, en particulier en Californie, depuis près de dix ans déjà, les maternités prônent les couches lavables en coton qui ne maintiennent pas le sexe des bébés au chaud. Des services de ramassage et lavage des couches sont même remboursés en partie par les assurances. Avec la machine à laver et le sèche-linge, nous n'avons plus aucune excuse pour mettre des couches qui maintiennent le sexe des bébés trop au chaud et qui de plus polluent grandement et coûtent très cher ! On estime cette dépense en moyenne à 5 000 € par bébé !

Comment faire en hiver ?

En hiver, il est toujours possible, dès qu'il y a un rayon de soleil, de relever ses manches ou les jambes de son pantalon pour prendre un peu de soleil dans un square, un parc ou sur un balcon. On en profite pour ôter ses lunettes cinq ou dix minutes, en protégeant ses yeux de la réverbération bien sûr. Les jours de congé, les fins de semaine, il est excellent d'aller marcher ou courir dans les bois, en short et en relevant les manches du pull, dans de bonnes chaussettes de laine et des chaussures de sport, des gants ou des moufles et coiffé d'un bonnet bien chaud. Personne n'a jamais pris froid par les jambes ni par les fesses, et si vous êtes frileux de ce côté-là, il est vraiment urgent de vous mettre au Bain dérivatif, votre température interne est trop élevée et comme de toute évidence, vous manquez de graisses fluides, faites chaque jour mon Miam-Ô-Fruit. Et le repas à cinq éléments. Nicole qui habite Bruxelles s'est aménagé un coin sympathique sur son balcon, hors de la vue des voisins, pour prendre ses bains de soleil tout l'hiver. « Ça me change vraiment la vie. Après une demi-heure, je me sens en pleine forme, une impression de rentrer de vacances. » Avouez que ce sont des vacances à petits prix ! Le soleil est gratuit pour tout le monde !

Je ne supporte pas le soleil : je brûle !

Ce fut le cas de Marie-Thérèse, 54 ans, à la peau de rousse qui allait jusqu'à l'œdème violacé, le cas de Jocelyne, 48 ans, châtain clair qui brûlait sa peau trop fine et déshydratée, de Louise, 80 ans, qui avait des démangeaisons dès les premiers soleils, celui de Brigitte, 34 ans, aux cheveux noirs qui, en plus de se voir couverte de petits boutons qui la démangeaient, arrivait à brûler même sous écran total ! Et elles ne sont pas les seules ! Toutes ont aujourd'hui un joli hâle doré, Brigitte bronze bien en été. Elles ont en commun d'avoir définitivement adopté mon **Miam-Ô-Fruit** et de pratiquer tous les jours le Bain dérivatif **(poche de gel)** comme on se brosse les dents.

Elles ont compris aussi que pour les yeux ou le visage, rien n'est mieux qu'un chapeau à large bord, elles ne mettent pas de lunettes de soleil sauf en voiture pour conduire si c'est nécessaire bien sûr ! Elles ont bien compris que pour ne pas brûler, il faut absolument :

– Avoir dans le corps une quantité suffisante de graisses fluides, et donc consommer mon Miam-Ô-Fruit !

– Faire circuler ces graisses à longueur d'année pour que le cerveau puisse les mobiliser rapidement selon nos besoins par le Bain dérivatif.

– Ne pas mettre de lunettes de soleil pour permettre aux yeux et au cerveau de recevoir des UV (indirects bien sûr !) et de les analyser pour envoyer sous la peau la quantité de graisses fluides nécessaires.

– Ne pas s'allonger au soleil de midi en été.

– Fréquenter assidûment le soleil en automne, en hiver et au printemps !

– Nourrir sa peau bien humide, en sortant de la douche, avec de très bonnes huiles.

Les allergies au soleil

Je n'ai jamais vu les allergies au soleil résister à l'application de ce qui suit :

– Avoir un fascia propre, débarrassé des vieilles graisses chargées de toxines : c'est le travail du Bain dérivatif.

– Consommer chaque jour le Miam-Ô-Fruit.

– Bien mettre des poches de gel avant et surtout après les premières expositions au soleil.

La mélanine et la cystéine

La mélanine et la cystéine se partagent entre les bruns et les roux. Ce sont elles qui assurent la pigmentation de la peau, dont une des fonctions est de limiter la fabrication de la vitamine D afin de ne pas fixer trop de calcium. Car trop de calcium est fatal au cerveau. Notre cerveau a absolument besoin de beaucoup calcium, mais pas trop ! Le bronzage fait donc barrage. Voilà pourquoi les êtres humains sont très foncés dans les pays de grand soleil et au contraire peuvent avoir la peau presque transparente en hiver dans les pays nordiques, pour que la peau laisse passer le maximum de lumière pour fabriquer un peu de vitamine D. D'ailleurs, dans les pays nordiques, on n'hésite pas à faire du sport, dehors en short en hiver, on ne manque pas une occasion de se mettre nu au soleil dans les lieux naturels protégés du vent dès qu'il y a du soleil !

La mélanine s'élabore à partir des graisses fluides, la cystéine à partir du bêta-carotène des légumes et des fruits **que nous mangeons** ! Pas des gélules ! Il ne faut pas se gaver de carottes ! Ici encore, nous voyons comment l'alimentation qui est proposée dans cette méthode permet à tous de prendre avec profit la lumière solaire, sans brûler, sans rougir, mais en en retirant les plus grands bienfaits.

Les taches de rousseur, les grains de beauté et autres aspérités

Certains disent que les taches de rousseur sont un excès de mélanine, d'autres que les taches qui apparaissent avec les années sont du sucre qui caramélise. Je suis moi-même métisse et pour cette raison criblée de taches de rousseur depuis ma naissance, on m'appelait caca-mouche quand j'étais petite. Peau de rousse ? Peau mate ? Cela n'a jamais empêché le bronzage.

Attention aux aspérités, grains de beauté, verrues planes, qui apparaissent sur la peau. Il faut absolument les faire surveiller par un bon dermatologue une fois par an. Ce sont des éléments sensibles, capables de se détériorer. Le moindre changement de leur aspect doit être signalé au médecin.

Sachez tout de même que si vous vous alimentez correctement et que vous pratiquez tous les jours le Bain dérivatif, si vous ne fumez pas et ne consommez pas d'alcool, le risque de les voir changer de forme ou de couleur est très réduit ! Mieux encore : les aspérités, grains de beauté, verrues, qui apparaissent avec les années, peuvent toujours partir avec la simple pratique du Bain dérivatif accompagnée de mon Miam-Ô-Fruit ! Bien entendu, vous faites toujours constater la disparition de la chose par votre médecin !

Si vous avez un vitiligo, lisez tout de suite la rubrique « Vitiligo » !

Je suis black et j'ai pris un coup de soleil !

Vous avez des lunettes de soleil ? Ou bien vous mangez mal. Sans lunettes de soleil, et avec une bonne alimentation, vous ne devez pas prendre de coup de soleil. Essayez mon Miam-Ô-Fruit et le Bain dérivatif, et ôtez vos lunettes de soleil !

Et n'oubliez pas que la peau très foncée est beaucoup plus sensible et fragile, elle garde bien plus les cicatrices et les marques que la peau claire. En résumé : les yeux clairs (vous verrez plus loin à la rubrique Lunettes de soleil !) sont aussi résistants que les yeux noirs, les peaux très foncées sont plus fragiles que les peaux claires !

La douche après le bain de soleil

Après un bain de soleil, attendez une heure avant de prendre une douche si vous voulez bien profiter des UV !

Le Bain dérivatif avant et après le bain de soleil

Il est très intéressant de pratiquer le Bain dérivatif (poches de gel), avant et après un bain de soleil. Cela ne fait que renforcer les bienfaits du soleil sans en éprouver les inconvénients : fatigue, frilosité, sensibilité de l'épiderme. Le bain de soleil, comme tout réchauffement global du corps, aide la température interne à baisser, selon le principe d'Hippocrate qui écrivait que si on refroidit l'ensemble du corps en le plongeant dans un bain froid, la température interne monte, si on le met dans un bain chaud (ou bain de soleil) sa température interne descend.

Attention : ne confondez pas température interne et frilosité. Une personne frileuse a une température interne légèrement trop élevée. Plus la température interne monte, plus on a froid ! On peut même grelotter quand on est brûlant de fièvre !

J'ai pris un coup de soleil, que faire ?

Le plus rapide et efficace est de faire tout de suite un long Bain dérivatif d'une demi-heure avec de l'eau très froide ou de mettre des poches de gel sans cesse durant quelques heures. La brûlure tombe, on ne pèle pas. Mais ne recommencez pas ! Et continuez le Bain dérivatif avec les poches de gel ; mettez vous au Miam-Ô-Fruit.

Comment préparer sa peau au soleil des vacances ?

C'est très simple. Il suffit de consommer pendant au moins un mois chaque jour mon Miam-Ô-fruit[1] ! Et de pratiquer tous les jours trois ou quatre heures de poche de gel. Bien sûr, si vous pouvez vous exposer à la lumière du soleil en hiver, c'est encore plus simple ! La peau est prête !

Quelle durée pour le bain de soleil ?

Comme vous vous exposez sans crème solaire, vous choisissez toujours les heures douces en été. En hiver ce sont au contraire les heures chaudes que l'on choisit. En hiver, une demi-heure est excellente. En été, il faut éviter de s'allonger, il vaut toujours mieux s'activer au soleil. N'attendez jamais que la peau brûle pour quitter le soleil ! Le plus simple et le meilleur est de faire du sport dans l'eau. Si on a une peau peu habituée au soleil, il suffit de nager avec un T-shirt. On peut faire de la planche, du surf, du *morey* ou bien sur la plage jouer au volley ou au badminton, sauter à la corde là où le sable est plus ferme, ce sont des sports praticables sur la plage et qui nécessitent très peu de matériel. Les naturistes utilisent la plage (naturiste !) au point du jour, lorsqu'elle est déserte, pour faire du yoga, du tai-chi, de la gym harmonique. Là aussi, le T-shirt et même la casquette peuvent être utiles. Mais on n'abuse jamais du soleil brûlant. En été dans le Sud, on se met à l'abri entre onze et seize heures. Comme dans les pays chauds.

---

1. Dans *Soleil Vital*, Éditions Jouvence, 2002, le Dr Downing conseille cette sorte de repas quotidien pour se préparer au soleil.

Nota. Si vous n'avez pas profité du soleil en hiver et au printemps, vous aurez peut-être du mal à ne pas vous précipiter aux heures les plus chaudes.

À la montagne, au froid, à la neige

Comment prendre des bains de soleil en hiver, à la montagne, à la neige ? C'est là-haut que l'on bronze le plus vite, il suffit de voir le visage de ceux qui rentrent du ski ! Si vous vous mettez nu au soleil en montagne, à l'abri du vent, vous brûlez ! J'ai vécu dans le Jura durant trois ans et nous allions aux Rousses passer toutes les vacances de l'année. Combien de fois nous avons skié les bras nus ! Lorsqu'il fait très froid, même par moins quinze, on peut avoir très chaud au soleil à la seule condition d'être intégralement nu. D'accord, tout le monde ne peut pas le faire ! Mais si vous avez la chance de disposer d'un balcon ou d'une terrasse à l'abri des regards et du vent, faites au moins l'essai. Allongez-vous nu au soleil, sur un matelas bien épais, pendant vingt à trente minutes. Vous comprendrez alors pourquoi votre chat ou votre chien, comme tous les mammifères, ne manque pas l'occasion de le faire au moindre rayon de soleil ! Cela vous recharge en énergie pour la semaine ! Mais même sans aller jusque-là, essayez d'exposer au moins bras et jambes plus de vingt minutes chaque jour de soleil ! En Anjou, en janvier 2005, il avait beaucoup neigé, la neige a tenu une semaine, ce qui n'arrive que tous les vingt ans. Le thermomètre affichait moins trois. Au solarium à ciel ouvert bien protégé du vent et des regards, des stagiaires de 34 à 82 ans ont voulu faire l'essai pour voir si je disais vrai. En cinq jours, elles ont pris un joli teint, sans brûler, sans grelotter. C'était pour elles une vraie découverte !

Depuis, quatre d'entre elles ont trouvé le moyen de profiter du soleil toute l'année et se demandent comment elles ont pu s'en passer jusque-là tellement c'est bénéfique !

Que mettre sur sa peau et quand ?

La première démarche doit être de nourrir la peau par l'intérieur, le plus rapide et le plus simple, le plus délicieux aussi étant de consommer chaque jour mon Miam-Ô-Fruit !

À part cela, il faut faire comme les filles des îles : après la douche, on ne s'essuie pas tout de suite, on s'ébroue. Et sur la peau encore bien humide, on émulsionne une goutte d'une bonne huile. Je dis bien UNE goutte que l'on pose au compte-gouttes dans le creux de la main. On frotte les deux mains l'une contre l'autre et ensuite avec les deux mains on frotte les jambes, le torse, le visage, le cou. Bien évidemment on utilise en tout trois ou quatre gouttes d'huile au maximum pour l'ensemble du corps. Le choix des huiles est vaste, mais le mieux est de prendre une huile bio très simple, sans addition d'huiles essentielles. Vous pouvez varier ces huiles qui doivent être conservées au frais, à l'abri de la lumière. On peut utiliser les huiles de jojoba, celle qui se conserve le mieux, l'huile de rose musquée, celle d'argan non toastée, la merveilleuse huile pure d'abricot[1] et bien d'autres encore. Les crèmes ne sont vraiment pas indispensables, car la partie active d'une crème, c'est le fameux trois pour cent d'émul-

---

1. En particulier celle du sélectionneur d'huiles au nom royal et qui a reçu douze médailles en 2008 ! Cherchez bien sur les Salons. Ce sont des huiles de reine !

sion H et E, autrement dit Huile et Eau (et non pas huiles essentielles comme beaucoup l'imaginent !), exactement le mélange que vous faites sur votre peau humide et qui est tellement mieux absorbé par la peau ! Si la petite bouteille d'huile vous paraît chère, sachez qu'elle peut durer un an, donc elle beaucoup plus économique que des pots de crème !

Attention : ne mettez **JAMAIS d'huile** sur une **peau sèche**, car il vous en faudrait beaucoup, la peau ne pourrait pas l'absorber, les molécules d'huile étant trop grosses pour pénétrer, et cela boucherait les pores en formant des comédons. **Sur peau bien humide**, vous émulsionnez l'huile dans l'eau, ce qui veut dire que vous cassez les molécules d'huile en très fines gouttelettes qui, elles, passent dans la peau et ne laissent pas de pellicule grasse en surface. C'est en sortant de la mer que l'on se passe le monoï, pas avant d'aller dans l'eau ! On en met très peu !

Lunettes de soleil ou casquette ?

Notre cerveau a besoin de calculer la quantité d'UV présents dans l'atmosphère à chaque instant pour adapter notre organisme à la situation. Nous avons vu précédemment qu'en présence de soleil, nos graisses fluides vont se mettre sous la peau. Pour que cela puisse se faire, il faut que le cerveau reçoive les UV. Ces UV doivent traverser la rétine perpendiculairement, aller toucher l'épiphyse (ou pinéale) puis l'hypophyse. Cela ne peut se produire correctement que si l'on ne porte ni lentilles, ni lunettes de vue, ni bien évidemment de lunettes de soleil. Avec la réflexion et la réfraction, les lunettes de vue et les lentilles ne permettent pas à un nombre suffisant d'UV de traverser perpendiculairement la rétine. Lorsque nous portons des lunettes de soleil, le cerveau se comporte comme si nous étions dans une cave, comme s'il n'y avait pas de soleil.

Si l'on a besoin de corriger sa vue, le mieux est de réserver les lentilles à la pratique du sport et à des moments choisis et d'utiliser des lunettes de manière à pouvoir les ôter facilement de temps en temps, le temps de recevoir les UV. On fait aujourd'hui de très jolies lunettes.

Quant aux lunettes de soleil, il est intéressant de les remplacer par la mise à l'ombre des yeux avec un chapeau à large bord, une casquette ou une visière, il en existe un très grand choix dans les magasins de sport.

Lorsque j'allais aux Rousses, adolescente, les habitants de cette région étaient majoritairement blonds[1] aux yeux bleus. Ils vivaient sur la neige au moins quatre mois chaque année, parcourant des kilomètres au soleil étincelant sur leurs skis pour se rendre à l'école, porter le lait à la fruitière[2], ou surveiller la frontière avec la Suisse ! Aucun ne portait de lunettes de soleil. Ils portaient des bonnets en visière, leurs yeux bleus, clairs, étaient bien protégés de la réverbération. Les lunettes, c'était pour les touristes. Et on ne peut pas dire que les Rousselands avaient une mauvaise vue, eux qui travaillaient sur des mécanismes de montres, des bijoux ou ciselaient des pipes de bruyère ! La fragilité des yeux clairs, bleus ou verts, est

---

1. Lorsque je suis arrivée de Tahiti, par contraste, mes longs cheveux très noirs bleutés et bouclés paraissaient irréels à mes camarades qui venaient les toucher pour voir si c'était des vrais ! Des cheveux de Polynésienne !
2. Lieu où l'on rassemble le lait des fermes et où se fabrique en particulier le comté.

une légende qui a la vie dure. Tous les spécialistes des yeux vous le diront, ils ne sont absolument pas plus fragiles que les autres. Et si les vôtres sont clairs et fragiles, c'est très probablement que vous en avez été convaincu depuis l'enfance par l'entourage qui continue de propager cette idée fausse. Ou bien vous avez tellement protégé vos yeux qu'ils n'ont plus l'habitude de la lumière. Cette habitude revient très vite. Combien de Vikings, de Nordiques ou de Bretons grands navigateurs ont parcouru les océans avec leurs yeux bleus, face à une réverbération tropicale sur la mer, et sont réputés avoir gardé une excellente vision, bien souvent bien supérieure à celles de ceux qui se sont toujours protégés ! Ayant navigué plus de vingt ans sur les mers, je peux dire qu'il est impossible, en mer, de porter des lunettes de soleil. Elles se chargent sans cesse d'embruns, il leur faudrait des essuie-glaces ! Et au ski ? En ski de fond en tout cas, cela ne se justifie pas si l'on porte une bonne visière. En ski alpin, c'est différent, car la gêne peut venir de la vitesse, les lunettes servent alors de protection mécanique. Mais nous connaissons beaucoup de skieurs aux yeux de diverses couleurs qui ne mettent jamais de lunettes de soleil en faisant du ski alpin.

Les femmes enceintes

Attention au soleil à travers le ventre des mamans ! On ne se couche pas au soleil de midi sur la plage quand on attend un bébé ! Ce n'est pas bon pour le bébé, qui est très près de l'épiderme de la maman. La crainte de bien des femmes enceintes est de se trouver ensuite avec des taches sur le visage, ou pire, *le masque de grossesse*. Il est pourtant

facile d'éviter ces désagréments en associant le Bain dérivatif (poches de gel à partir du quatrième mois de grossesse) et mon **Miam-Ô-Fruit**. C'est vraiment très efficace,
même si des taches sont déjà apparues, elles disparaîtront
peu à peu.

Les bébés et les enfants : les enfants excités, agités

Excellent et dangereux !
Attentions aux coups de soleil et aux insolations !
Je suis toujours indignée lorsque je vois des bébés, de
jeunes enfants jouer au soleil sur les plages en été, même
sous un parasol, aux heures les plus chaudes. Ayant élevé
beaucoup d'enfants sur des voiliers au soleil des Tropiques,
j'ai toujours fait très attention au soleil. Les amis mani-
festaient leur étonnement, me disant que pour des bébés
navigateurs ils n'étaient pas très bronzés ! J'étais une
adepte du long T-shirt et du grand chapeau et ne l'ai
jamais regretté. Mes enfants n'ont jamais eu de cloques
ni de brûlures, ce qui me semble vraiment élémentaire pour
une mère de famille ! Malheureusement, il suffit de faire un
tour sur nos plages en été pour constater combien de tout-
petits prennent des coups de soleil non seulement sur le
corps, mais pire, à la tête. Le parasol n'est pas une sécurité
non plus, car le bébé peut avoir une insolation par les yeux,
à cause de la réverbération. Vu comme cela, oui, le soleil
est dangereux. Est-ce une raison pour s'en priver et en
priver totalement les enfants durant tout l'hiver ?
Pour calmer les enfants agités, sortez-les !
Pour que les enfants ne soient pas agités, sortez-les tous
les jours à la lumière solaire. Un enfant devrait grandir
principalement dehors dans la journée, grimper dans les

arbres, courir, observer le travail artisanal ou champêtre de ses parents, du moins était-ce ainsi dans la plupart des pays du monde il n'y a pas si longtemps. Un enfant n'est pas fait pour être gardé dans des bâtiments des journées entières, malgré quelques promenades ou récréations si courtes et si encadrées qu'il n'a pas vraiment le temps de profiter tranquillement des rayons de soleil comme le fait un petit chat.

Des expériences américaines faites dans des collèges à fort taux de violence ont montré que si les élèves reçoivent directement la lumière du jour dans leur classe (toits ouvrants) suffisamment d'heures par jour, non seulement ils sont moins malades, mais ils sont beaucoup moins agités, la violence diminue de façon notoire. Lorsque dans nos maisons les enfants sont très énervés, nous avons souvent le réflexe de les sortir un moment pour qu'ils puissent courir, sauter, crier, se dépenser disons-nous, et en effet, ils rentrent en général plus calmes. Mais ce qui les calme le plus, c'est le soleil, la lumière solaire qu'ils reçoivent. Il suffirait de les sortir régulièrement, tous les jours, au soleil. Dans les écoles maternelles, au lieu d'attendre l'heure officielle de la récréation, qui se trouve souvent être celle où il pleut (et où ils se retrouvent en silence devant une vidéo!) il serait plus judicieux de les sortir dix minutes trois fois dans la matinée, aux moments où il y a du soleil, en leur relevant les manches et les jambes de pantalons. Le résultat est beaucoup plus intéressant! Les enfants sont beaucoup plus calmes et détendus. Ils ont autant besoin de lumière pour grandir que d'eau, d'air et de nourriture! Comme tout le règne vivant, en dehors des taupes!

Le manque de soleil des plus de 70 ans

Je ne comprenais pas pourquoi certaines personnes de mon entourage qui avaient toujours mangé très sainement, bio, qui avaient toujours eu des analyses parfaites voyaient leur taux de mauvais cholestérol s'élever à partir de 70 ans alors que rien n'avait changé dans leur alimentation.

La raison m'en est apparue lorsque j'ai appris que le soleil transformait le mauvais cholestérol en vitamine D. Ces personnes qui, des années durant, étaient parties en vacances à la montagne ou à la mer n'en avaient plus les moyens, leur retraite ne le leur permettant pas. Par ailleurs, elles ne se mettaient plus en short ou en maillot de bain. Leur corps ne recevait plus suffisamment de lumière pour se réguler et leur taux de mauvais cholestérol montait. On voit là l'importance de la lumière solaire. Mais il y a plus grave encore, le cerveau se dégrade plus vite sans soleil, les cancers sont quatre fois plus fréquents chez les personnes qui vivent dans des régions peu ensoleillées et la lumière électrique toute la journée pour travailler favorise le développement des cellules cancéreuses du sein !

Les personnes âgées et leur cerveau

Les chercheurs se sont intéressés à ce qui se passait en Russie : les vieillards y perdent moins la tête qu'ailleurs ! Tout simplement, les personnes âgées sont exposées tous les jours quelques heures, toute l'année à la lumière solaire directe, même en hiver. De fait, dans les pays de soleil, si on conserve une hygiène de vie sans alcool notamment, rares sont ceux qui perdent la tête avec l'âge ! Dans le Bassin méditerranéen, on voit tous les soirs au soleil doux de la fin de la journée tous les anciens qui sortent leur chaise sur le trottoir ou dans la rue pour bavarder et discuter avec les voisins des derniers potins de la journée. Dommage que la télévision fasse peu à peu disparaître cette coutume, mais certains installent la télé sur une chaise dans la rue pour continuer de se rencontrer.

Si vous voulez gardez toute votre tête, pensez à sortir tous les jours !

Les autres cancers

Les cancers du sein, de l'utérus, de la prostate et le cancer digestif sont quatre fois plus nombreux dans les régions tempérées à tempérées froides. En France, disons qu'il s'agit de la partie située au-dessus de Lyon. La différence de climat est accompagnée d'une différence alimentaire, on consomme beaucoup plus de fruits, de légumes et de riz dans les pays chauds qu'ailleurs, moins de viande, plus de poisson, peu ou pas de produits laitiers. Mais le soleil ajoute encore une différence.

L'hormone solaire

Lorsque les UV traversent la rétine, l'épiphyse et l'hypophyse, le corps se met à produire une hormone que l'on a nommée d'abord le calcitriol (en relation avec la vitamine D fixatrice de calcium) mais que l'on désigne de plus en plus sous le nom de soltriol, regardée comme un régulateur hormonal général.

La mélatonine, hormone du sommeil

Si vous n'arrivez pas à dormir, vous manquez peut-être de mélatonine [1]. Si vous avez toujours sommeil, vous produisez peut-être en permanence de la mélatonine, hormone du sommeil.

Il importe donc vraiment que la mélatonine soit produite en quantité suffisante, mais seulement la nuit, lorsque vous devez dormir.

Le corps est parfaitement organisé pour que tout fonctionne bien, à condition de ne pas le couper des éléments naturels.

Ainsi, il serait normal de se réveiller le matin avec le soleil et se coucher le soir avec le même soleil, de ne pas rester des heures en lumière électrique. Que se passe-t-il dans le cerveau ? C'est très simple.

Lorsque le matin, un rayon lumineux entre dans notre chambre, cela nous réjouit tout de suite. On ouvre la fenêtre pour recevoir une belle lumière, on n'a plus du tout sommeil, on se sent en forme. C'est tout simplement que la lumière en pénétrant dans les yeux a stoppé immédiatement la sécrétion de mélatonine.

Par contre, en hiver, si nous nous levons alors qu'il fait encore nuit, nous n'avons qu'une envie, retourner sous la couette !

Le soir, si nos yeux ont perçu la lumière décroissante du jour, si nous n'avons pas allumé trop tôt les lampes, la mélatonine commence à être sécrétée afin de nous permettre de dormir.

---

1. Ne confondez pas mélatonine et mélanine.

En hiver, certaines personnes n'ont jamais assez de lumière pour stopper la mélatonine le matin car elles passent de la lumière électrique de la maison à celle du bureau. Elles ont toujours sommeil et se disent fatiguées. Ou bien c'est le contraire, la mélatonine n'est pas produite car le soir elles ne voient pas le crépuscule, elles sont insomniaques.

Les simulateurs d'aube permettent de reproduire artificiellement l'aube et le crépuscule, cela vaut vraiment la peine d'en utiliser en hiver.

Les simulateurs d'aube

Au début, je n'y croyais pas ! Je n'ai jamais eu de problèmes ni pour m'endormir, ni pour me réveiller. En bonne navigatrice et mère de cinq enfants, réveillée par le bateau ou un enfant maintes fois, je me suis toujours rendormie immédiatement, à peine allongée ; si je n'ai rien de mieux à faire, je dors ! Quant au réveil, un radio-réveil me donnait l'impression de me réveiller en douceur. J'ai donc voulu essayer et me suis mise dans des situations extrêmes pour voir ! Par exemple, après avoir traversé la France au volant aidée de quelques cafés, je suis arrivée chez moi à trois heures et demie du matin, complètement réveillée. Je devais me lever à six heures pour travailler. Malgré l'excitation du café, j'ai mis le simulateur de crépuscule et j'ai lu. Je me suis endormie le livre à la main. Deux heures plus tard, le simulateur d'aube que j'avais programmé m'a réveillée en douceur comme un rayon de soleil. Je n'avais pourtant dormi que deux heures. C'est vraiment efficace.

La déprime saisonnière

Le manque de lumière solaire cause la déprime saisonnière. En tant que fille du soleil, j'y suis particulièrement sensible. Je ne veux pas faire de peine à certaines villes ou régions du monde, mais deux jours consécutifs de brouillard épais suffisent à me clouer au lit envahie d'un immense vague à l'âme! Avec pour seule envie d'enfouir ma tête sous la couette! Plus envie de rien du tout, même pas me lever! Pas vous? Non, pas tout le monde heureusement! Mais si vous êtes comme moi, sortez le plus possible chaque jour, prenez votre repas dans un square ou à la terrasse d'un café plutôt qu'à la cantine du sous-sol à midi! Mettez régulièrement le nez à la fenêtre quelques minutes, ou faites comme les fumeurs, descendez dans la rue cinq minutes de temps en temps.

Mangez tous les jours mon Miam-Ô-Fruit avec beaucoup de fruits très colorés. En hiver mettez de la papaye, de la mangue, n'hésitez pas, en plein hiver, à acheter une barquette de fraises de Nouvelle-Zélande, tant pis pour le carbone si cela peut exceptionnellement vous remonter le moral! Mettez des vêtements colorés ou portez du blanc (sous une veste noire c'est très classe!), maquillez-vous (bio de préférence!) soignez bien votre aspect, on vous fera des compliments, ça fait du bien quand le ciel est gris!

Les lampes solaires

Pour donner une idée, le plus simple est d'utiliser l'échelle des intensités lumineuses exprimée en lux. Un lux correspond au flux lumineux qui permet de voir uniformément sur une surface de 1 mètre carré.

L'œil humain est capable de s'adapter de 1 à 130 000 lux. Voici donc quelques éléments de comparaison.

- Nuit de pleine lune : 0,5 lux
- Une rue la nuit : de 15 à 50 lux selon éclairage
- Pour lire ou écrire, il nous faut un minimum de : 150 lux
- Une journée d'hiver **sans** nuages : 500 lux
- Minimum légal d'éclairage dans le travail pour une tâche difficile : 800 lux
- Une journée d'hiver ensoleillée : 1 000 lux
- Une journée d'automne : 5 000 lux
- Une lampe de luminothérapie (de soins) émet : 10 000 lux **MAIS** notre œil n'en perçoit plus que **2 000 à 2 500** quand on est situé à une distance de la lampe de 50 centimètres à 1 mètre !
- Une journée d'été avec des nuages : 25 000 lux
- Une journée d'été à midi : 100 000 lux

Il apparaît clairement, c'est bien le cas de le dire, que l'on reçoit toujours beaucoup plus de lux dehors que dans les maisons !

Les ampoules et tubes plein spectre

Ces ampoules basse tension sont très économiques. De plus elles diffusent un large spectre lumineux assez proche du jour. Si vous laissez votre lampe allumée alors que le soleil entre dans la pièce, il est possible que vous ne vous rendiez pas compte qu'elle est allumée. Elles sont intéressantes à la cuisine, au-dessus de la table où vous prenez vos repas le plus fréquemment, au-dessus de votre bureau et là où vous lisez ou travaillez manuellement le plus souvent, pour vous maquiller le matin de manière à être bien à la lumière du jour ! Elles sont très bienvenues aussi pour éclairer et vivifier les plantes d'intérieur. On peut dire que ces ampoules sont antirides, car elles ne provoquent aucun plissement des yeux, ce que font les autres éclairages !

Les lampes de luminothérapie

Ces lampes sont vendues pour prendre des bains de lumière solaire partiels dans des conditions précises qu'il faut respecter absolument. Les lampes vendues pour un usage domestique sont toujours nettement inférieures à celles utilisées en hôpital, il faut le savoir. Une puissance supérieure ne peut être vendue au public pour des raisons de sécurité, elles nécessitent une surveillance médicale.

Les cabines à UV : ces cabines ne sont pas du tout une bonne idée pour notre peau, il vaut mieux prendre de vrais bains de lumière solaire en hiver !

La canicule et l'hyperthermie

Que faire s'il fait trop chaud ?

Il faut mettre des poches de gel. Dans un grand article sur la canicule de 2003, la revue *Ça m'intéresse* recommandait de faire descendre la température à l'aide d'une poche de glace placée dans la partie basse des plis de l'aine : en d'autres termes, cela se nomme le Bain dérivatif !

Que faire si une personne est en hyperthermie ?

Lui donner à boire de l'eau et lui poser une poche de gel glacée et bien enveloppée sous le siège, à l'entrejambes. Changer la poche de gel dès qu'elle n'est plus assez froide, ne JAMAIS attendre qu'elle se réchauffe.

ANNEXES

Exercice physique

« Quand tu as travaillé une heure avec ta tête, travaille une heure avec ton corps ! » C'est une de mes devises ! Changer d'activité toutes les heures, cela se pratique dans certains pays et pourrait vraiment être appliqué dans nos pays ! Le problème n'est pas tant la quantité de travail que sa monotonie. Notre cerveau, notre corps se trouvent beaucoup mieux en changeant d'activité toutes les heures, quitte à n'avoir que deux ou trois activités différentes. Bouger, c'est s'oxygéner et dépenser des calories.

Bien sûr il y a tous les sports et les sportifs n'ont pas besoin de notre aide ici. Nous nous adressons donc à ceux qui manquent d'idées. Voici une liste d'activités physiques qui comptent !

– Passer l'aspirateur, faire le ménage, ranger. Il ou elle sera ravi(e) !

– Prendre l'escalier – s'il n'est pas sinistre ! à la place de l'ascenseur.

– Faire ses courses à pied plusieurs fois par semaine.

– Faire ses courses tous les jours.

– Faire ses courses à vélo, même avec un vélo électrique.

– Aller à la piscine et se mettre dans l'eau.

– Faire son jardin, passer la tondeuse.

– Jouer à la Wii.

– Faire de la gym suédoise à chercher sur Internet ou auprès de votre mairie. C'est familial, il y en a pour tous les âges.

– Aller promener de jeunes enfants au square : plutôt que crier, mieux vaut leur courir après ! C'est plus sportif !

– Faire l'amour.

– Faire des raquettes dans la neige bien sûr !

– Marcher une demi-heure avec une petite bouteille d'eau pleine dans chaque main. Ou des haltères, c'est plus pratique et on peut frimer. Pas trop quand même si ce sont des 500 g !

– Monter et descendre les escaliers en souplesse quand on a un duplex et qu'on a toujours laissé en haut ou en bas ce qu'on cherche !

– Étendre et ramasser le linge. Le repasser tant qu'on y est. Et même le ranger, quelle prouesse ! Si c'est déjà fait chez vous, y a de quoi faire chez les copains !

Grossesse

Toutes les études sur le cerveau de ces dernières années concordent, le cerveau d'un bébé est formé dans les huit semaines qui suivent la date de la **conception**. Or le cerveau du bébé est fait à partir des graisses de la mère avec tout ce que cette mère a absorbé dans les neuf mois qui précèdent la conception. La conclusion des chercheurs est formelle : il faut absolument **arrêter l'alcool, le tabac et la mauvaise alimentation neuf mois avant la date de la conception** et **se mettre impérativement aux bonnes huiles** et à une alimentation saine si l'on veut faire pour le mieux !

Vu que les premiers tests ne se font qu'au premier jour de retard des règles, le cerveau est déjà en formation depuis treize à quinze jours. Le conseil de l'INSERM et de l'OMS aujourd'hui est d'arrêter absolument tout produit toxique ou médicament dangereux dès que l'on est en puissance d'enfant. Mais attention, les femmes ne sont pas les seules concernées ! Il en va de même pour les pères si l'on s'en réfère aux observations faites par le Dr Catherine Kousmine qui explique qu'un homme qui conçoit un enfant dans l'heure qui suit un verre de vin ou d'alcool a déjà endommagé le cerveau de son enfant via les spermatozoïdes. De toute façon, la qualité des spermatozoïdes est tributaire de la qualité de l'hygiène de vie et de la température maintenue chaque jour au niveau des testicules !

Si vous êtes en retard sur ce programme, ne vous flagellez pas ! Mettez-vous tout de suite à une alimentation correcte et mettez des poches de gel bien enveloppées tous les jours. Nous avons vu une maman qui abusait du tabac, du bon vin, qui mangeait très mal et qui a découvert qu'elle attendait un bébé au quatrième mois de grossesse. Cela arrive. Le bébé était si petit que le médecin l'a immédiatement mise en congé maladie pour qu'elle se repose, persuadé que le bébé aurait beaucoup de mal à progresser. Cette maman arrêta immédiatement le tabac et l'alcool, se mit à s'alimenter comme expliqué dans ce livre, fit des Bains dérivatifs tous les jours, s'alimenta bio et consomma beaucoup de bonnes huiles. Le bébé vint au monde à terme et pesait deux kilos cinq cents. La mère l'allaita un an et demi en continuant de vivre sainement ; l'enfant a très bien grandi.

Allaitement

La pratique du Bain dérivatif (poches de gel) associée au Miam-Ô-Fruit et au repas à cinq éléments facilite beaucoup la lactation. Pour plus ample information reportez-vous à *L'Allaitement*[1].

Ménopause

Si vous commencez à avoir des **bouffées de chaleur** à la quarantaine, c'est beaucoup trop tôt. Cela signifie probablement que votre cerveau estime que votre corps n'est plus en état de supporter une grossesse. Il est donc temps de régénérer tout ça ! C'est vraiment le moment de vous mettre très sérieusement au **Bain dérivatif** tous les jours au moins cinq heures de poche de gel chaque jour (on peut mettre la poche de gel pendant les repas !). À cela vous ajoutez le **Miam-Ô-Fruit** tous les jours et vous pouvez enfin faire en plus une cure de vingt jours de cataplasme sur le bas du ventre. Mais disons tout de suite que l'argile n'est pas indispensable et surtout qu'à elle seule elle ne réglera pas le problème, alors que le Bain dérivatif associé à la recette fonctionne toujours.

Si vous n'avez plus de règles et que vous souffrez de **bouffées de chaleur**, même si vous avez tout essayé comme mon amie Christiane qui se plaignait sans cesse de ce problème qui la réveillait la nuit. « J'ai tout essayé, les hormones classiques, les hormones naturelles du soja, du yam, les huiles essentielles, etc., rien ne marche ! » Mais

---

1. De France Guillain, *op. cit.*

elle n'avait toujours pas essayé la méthode, bien qu'elle assiste chaque année aux conférences. Ce truc gratuit ne pouvait pas être plus efficace que tout ce qui lui avait coûté parfois cher ! Si c'était vrai ça se saurait n'est-ce pas ma bonne dame ! Mon médecin (il sait tout ?) le saurait ! Lassée de la voir se plaindre chaque année, je lui répondis que je ne voulais plus jamais qu'elle me parle tant qu'elle n'aurait pas essayé cette méthode ne serait-ce que quinze jour consécutifs. Dix jours plus tard je la rencontrai : « C'est incroyable, ton truc ! Je n'ai plus de bouffées de chaleur ! C'est vraiment incroyable ! Je n'en reviens pas ! » Eh oui, et en plus c'est sans danger !

Cette méthode solutionne aussi les problèmes de **peau déshydratée**, ceux de **sécheresse des muqueuses** qui ont la même origine, le manque de graisses fluides dans le corps, ainsi que ceux de la baisse de **libido** ! C'est vraiment tout bénéfice pour les couples. Sachez tout de même qu'il y a cinquante ans, avant la contraception, les gynécologues écrivaient que vingt pour cent des femmes n'avaient jamais aucun des problèmes de ménopause, que ces femmes avaient une bonne vie sexuelle. Ils écrivaient aussi que les femmes atteignaient le plein épanouissement de leur sexualité à la ménopause, lorsque le risque de grossesse était écarté ! Nous étions loin alors de l'idée de « vieillitude » associée aujourd'hui si souvent à la ménopause, où le terme de ménopausée est parfois utilisé pour insulter une femme !

Pensez aussi, au sortir du bain, à mettre une bonne huile sur peau bien humide !

Attention à ce qui se dit autour de nous

Cette histoire m'a beaucoup marquée et j'espère que Bérénice va beaucoup mieux !

Je me souviens de cette amie de vacances que j'admirais beaucoup ! J'avais 42 ans et cinq enfants dont deux avaient moins de vingt mois, j'allaitais encore. Nous étions dans un cadre de nature de loisirs sportifs. Bérénice avait 44 ans, donc à peine deux de plus que moi. Elle n'avait pas d'enfant. Belle, sportive, j'admirais son corps athlétique, sa puissance au crawl dans la piscine. C'était une belle fille. Nous bavardions lorsqu'elle me dit soudain :

– Tu as des signes de ménopause ?

Stupéfaite, je lui répondis que j'allaitais mon bébé de dix mois et que je ne voyais pas très bien comment cela serait possible !

– C'est l'âge tu sais ! De toute façon, c'est statistique ! Personne ne peut y échapper, c'est comme ça, au plus tard à 45 ans.

Là j'éclatai carrément de rire ! Dans ma famille, les règles allaient depuis des générations jusqu'à 60 ans, je ne voyais vraiment pas en quoi j'étais concernée et lui en fis part ! Mais Bérénice insista :

– C'est statistique je te dis !

– Mais je ne suis pas UNE statistique ! Statistique veut dire une moyenne entre les plus jeunes et les moins jeunes ! Je ne me sens pas concernée !

Bérénice me regarda sans comprendre et nous passâmes à un autre sujet.

Deux ans plus tard, je revis Bérénice, sur le même lieu de loisirs sportifs. À ma grande stupeur, j'avais devant moi une vieille femme : elle avait blanchi un peu, des rides plus marquées, elle avait 46 ans. Elle était entrée en vieillitude.

Elle était entrée dans les statistiques comme on entre en religion, en se conformant parfaitement au groupe. Elle en avait revêtu l'apparence. Le choc dut être rude, car je ne la revis plus jamais.

Bérénice, si tu peux me donner de tes nouvelles, je t'avais parlé de ma méthode, à 44 ans, elle semblait t'intéresser, tu le disais, mais à 46 tu n'y *croyais* plus : qu'en as-tu fait ?

Protégeons nos oreilles !

En ce moment, certains messages publicitaires commencent ainsi : « Vous savez qu'à partir de 60 ans, on est tous des TAMALOU (T'as mal où ?), n'est-ce pas !? » On a tous mal quelque part ! Pas moi ! Mais il est sûr qu'avec un tel message diffusé six à huit fois par jour sur les ondes pour nous vendre les pastilles Turlututu, certains finiront bien par avoir mal quelque part !

Sexualité

Sans la sexualité et son attraction délirante nous n'existerions point ! Elle fait partie du sel de la vie et, bonne nouvelle, lisez bien ceci, gravez-le en lettres d'or dans vos cuisines et dans vos salles à manger : « n'en déplaise à la ménopause et à l'andropause, la sexualité, chez l'être humain, ne peut que croître et embellir, dussions-nous vivre cent trente ans, car elle ne dépend que du bon état de l'hypophyse et du fait d'être amoureux [1] » et par conséquent de l'état du corps bien sûr ! Quant à être amoureux, il suffit de bien ouvrir les yeux !

---

1. In *La Diététique du cerveau* du Dr Jean-Marie Bourre, *op. cit.*

Si vous avez attentivement lu ce livre, vous aurez compris pourquoi la pratique quotidienne du Bain dérivatif (poches de gel) la consommation quotidienne du Miam-Ô-Fruit, les bains de lumière solaire judicieux sont excellents pour une bonne sexualité.

Les témoignages ne manquent pas, autant de la part des femmes que des hommes sur ce plan. Car pour les hommes comme pour les femmes, tout se raffermit (vous n'êtes pas concerné, mais les autres si!) et fonctionne beaucoup mieux: contrôle de l'éjaculation, pas de pannes sexuelles! Alors, que vous soyez fille ou garçon, ne vous contentez pas d'envoyer votre partenaire à sa petite cuvette ou à ses poches de gel, faites-en autant et tout le monde y trouvera son compte!

Alors, vivre longtemps, d'accord! Mais joyeusement! Profitez-en pour lire les trois livres régalants de Lucy Vincent[1]!

---

1. *Comment tombe-t-on amoureux*, *Petits Arrangements avec l'amour*, chez Odile Jacob, et *Où est passé l'amour?*, Lucy Vincent, spécialisée en neurosciences, est vraiment pour le bonheur des couples!

CONCLUSION

J'espère que la lecture de ces pages vous aura apporté beaucoup de sérénité et de confiance dans la vie. Le but ici est de nous permettre de comprendre que nous ne vivons pas avec une épée de Damoclès au-dessus de la tête. Que la dégradation de nos cellules et de nos neurones n'est pas liée à l'âge, mais à une alimentation qui n'est pas adaptée. Qu'il nous faut revenir aux légumes et fruits frais, aux céréales achetées au poids et non raffinées, ne pas se remplir de farines, prendre le temps de cuisiner vingt à trente minutes par jour, c'est bien suffisant. Il nous faut abandonner l'idée que s'alimenter correctement coûte cher, c'est absolument faux. Nous avons laissé l'argent prendre une telle importance aujourd'hui que celui qui en possède peut acheter la terre entière (Sauf la Grande-Bretagne, qui n'a jamais vendu ses terres, mais uniquement la maison construite dessus !). La presque totalité du territoire français peut être achetée par des émirs ou par des habitants de Pékin. Voilà bien une absurdité planétaire. Sans aller jusque-là, imaginons que chacun des 60 millions de Français possède sa maison et son jardin : il ne reste pas une forêt, pas un champ, pas une vigne ! Joli pays ! On voit bien là à quel point le pouvoir de l'argent qui nous avait soulagés du troc est devenu une véritable pieuvre. Une pieuvre bien malade en ce moment. Parmi les tentacules de cette pieuvre, il y a la maladie. Assurance Maladie = assurance de gagner sa vie pour ceux qui en vivent, et de la perdre pour ceux qui en souffrent ! À nous donc d'assurer notre Santé ! Mais là aussi, l'argent prend du pouvoir. Ce que j'ai voulu faire comprendre ici, c'est qu'il n'est absolument pas nécessaire d'avoir beaucoup d'argent pour se maintenir en très bon état, en excellent état, pour retrouver un bon fonctionnement. Les matériaux qui composent nos cellules sont comparables aux matériaux qui composent un vélo. Il suffit de changer chaque pièce en la remplaçant par du bon matériel. Et cela est faisable à tout âge. Et pour le faire, rien n'est plus parfait que l'aliment vivant, le moins transformé possible. **Je ne compte plus le nombre de ceux qui me remercient de pouvoir de nouveau s'offrir quelques vacances tant ils ont fait d'économies depuis qu'ils suivent cette méthode.** Et ceci en mangeant bio ! Une étude faite par des étudiants de la Sorbonne en 2000 a révélé ce à quoi personne ne s'attendait [1] : la majorité des personnes qui s'alimentaient uniquement bio gagnaient entre 3 500 et 7 500 F par mois, autrement dit entre 538 € et 1 153 € par mois, car ils avaient compris quel était le meilleur rapport qualité-prix. Dans un **vrai** magasin bio, on peut acheter deux bananes séchées, quatre dattes et une tomate sans que personne vous regarde bizarrement ! On ne jette pas, on ne gaspille pas, on ne prend que le nécessaire. De plus en plus de gens le comprennent.

---

1. Sauf ceux qui fréquentent depuis longtemps les magasins bios, car eux, ils le savent depuis longtemps !

Nous n'avons parlé que de la moitié de nous, la partie mécanique, corporelle. Mais nous avons vu qu'elle est étroitement liée à la partie non corporelle. Il suffit qu'on nous écrase l'orteil pour que notre vocabulaire et notre psychisme changent brutalement! À nous maintenant de reprendre notre liberté de jugement, d'appréciation. Nous ferons de belles économies. La sérotonine, notre hormone du bonheur, montera en flèche avec le Miam-Ô-Fruit. Je vous le redis, un véritable repas énergétique qui nous tient au minimum quatre heures et nous évite vraiment tous les grignotages qui ne sont pas gratuits!

Au lieu de nous lamenter sur la vie chère, donnons-nous les moyens, sans nous ruiner, d'être en excellente forme en faisant le choix de ressembler à la petite poule sauvage sportive, câline, intelligente et futée plutôt qu'à sa pauvre cousine d'élevage[1]!

---

1. *Cf.* dans ce livre, l'histoire de la petite poule!

REMERCIEMENTS

Je remercie tous ceux qui depuis trente ans suivent les conférences, lisent les articles de presse, écoutent et regardent les émissions de radio et de télé, suivent les stages avec moi, car c'est grâce à leur fidélité et à leur capacité fantastique à se multiplier que j'applique si bien sur moi-même ce que j'enseigne ! Merci donc à vous tous, vous êtes les premiers responsables de ma forme !

Je remercie aussi Yolande d'Ovidio pour toutes les conférences qu'elle m'a organisées gratuitement et qui a trouvé avec moi le nom du Miam-Ô-Fruit ! Un grand merci à Monsieur Low pour ses conseils avisés, ainsi qu'à toute l'équipe de Vivakool qui a beaucoup travaillé (cinq ans !) pour concevoir la poche de gel idéale qui dure de longues années. Je précise que je ne fais pas partie de la société ! Merci à Katherine Hyman qui a une main de fée pour dénicher au moins tous les six mois LE livre qui va me passionner ! Merci à Moly Richez qui veille à la qualité des couvertures de mes livres et à Zoé Belot qui veille à celle de mes connaissances sur le cerveau. Merci à Aïmata Guillain qui veille sur mon image et s'occupe avec compétence de faire connaître ma méthode en Italie.

BIBLIOGRAPHIE

Barou (Jean-Pierre) avec la collaboration de Sylvie Crossman, *Les Clés de la santé indigène*, Éditions Balland, 2004.

Belnez (Christian), *Les Aliments vivants*, Éditions Dangles, 2007.

Belpomme (Dominic), *Ces Maladies créées par l'homme*, Éditions Albin Michel, 2004.

Besson (Philippe G.), *Acide-Base, une dynamique vitale*, Éditions Jouvence, 2006.

Bolte-Taylor (Jill), *Voyage au-delà de mon cerveau*, Éditions Jean-Claude Lattès, 2006.

Bourre (Jean-Marie), *La Diététique du cerveau* ; *Les Aliments de l'intelligence et du plaisir* ; *La Vérité sur les omégas 3* ; *La Nouvelle Diététique du cerveau*, Éditions Odile Jacob, 1995, 2001, 2004 et 2006.

Changeux (Jean-Pierre), *Du vrai, du beau, du bien*, Éditions Odile Jacob, 2008.

Coffe (Jean-Pierre), *Le Plaisir à petit prix*, Éditions Plon, 2009.

Cyrulnik (Boris), *Sous le signe du lien*, Éditions Poche, 1997 ; *De la parole comme d'une molécule* et *Les Nourritures affectives*, Éditions Odile Jacob, 1995 et 1993.

Dextreit (Raymond), *L'Argile qui guérit*, Éditions Vivre en Harmonie, 1976.

Dogna (Michel), *Prenez en main votre santé*, Éditions Tredaniel, 2006.

Doidge (Norman), *Les Étonnants Pouvoirs de transformation du cerveau*, Éditions Belfond, 2008.

Downing (Damien) en collaboration avec Jean Celle, *Du bon usage du soleil*, Éditions Jouvence, 2006.

Durbec (Régine), *Les Cures des 4 saisons*, Éditions Jouvence, 2004.

Grimm (Hans Ulrich), *Le Mensonge alimentaire*, Éditions Tredaniel, 2006.

Holley (André), *Le Cerveau gourmand*, Éditions Odile Jacob, 2006.

Joyeux (Henri), *Faut-il changer l'alimentation ? Faut-il manger bio ?*, Éditions François Xavier de Guibert, 2002.

Kousmine (Catherine), *Sauvez votre corps*, Éditions J'ai Lu, 2003.

Kuhne (Jean), *La Nouvelle Science de guérir, La science de l'expression du visage*, Éditions CEVIC, 1978.

Lanzmann-Petithory (Dominique), *La Diététique de la longévité*, Éditions Odile Jacob, 2004.

Le Berre (Nicolas) avec la collaboration de Hervé Queinnec, *Soyons moins lait*, Éditions Terre Vivante, 2004.

Le Goff (Lylian), *Nourrir la vie*, Éditions Roger Jollois, 2000.

Méril (Macha), *Ce soir, c'est ta fête*, Éditions Albin Michel, 2006.

Moll (Ralf) avec la collaboration d'Ute Schain-Emmerich, *Mon bébé bio*, Éditions Terre Vivante, 2003.

Montagnier (Luc), *Les Combats de la vie*, Éditions Jean-Claude Lattès, 2008.

Moriyama (Naomi), *Pourquoi les Japonaises ne vieillissent pas et ne grossissent pas*, Éditions Plon, 2006.

Passebecq (André), *L'Argile pour votre santé*, Éditions Dangles, 2002.

Percie du Sert (Patrice), *Ces Pollens qui nous soignent*, Éditions Tredaniel, 2005.

Perruca (Fabien) avec la collaboration de Gérard Pourradier, *Des Poubelles dans nos assiettes*, Éditions Michel Lafon, 1996.

Plisnier (Émile), *La Santé libre*, Éditions Ambre, 2001.

Pollan (Michael), *Nutrition, Mensonges et Propagande*, Éditions Thierry Souccar, 2008.

Seignalet (Jean), *L'Alimentation ou la troisième médecine*, Éditions François-Xavier de Guibert, 2001.

Servan-Schreiber (David), *Anticancer*, Éditions Robert Laffont, 2007.

Shelton (Herbert), *Le Jeûne*, Éditions Le Courrier du livre, 2002.

Souccar (Thierry), *Santé, Mensonges et Propagande*, Éditions du Seuil, 2004 ; *Lait, Mensonges et Propagande*, Éditions Thierry Souccar, 2007.

Stiens (Rita), *La Vérité sur les cosmétiques ; La Vérité sur les cosmétiques naturels*, Éditions Leduc, 2001 et 2006.

Vincent (Jean-Didier), *Voyage extraordinaire au centre du cerveau*, Éditions Odile Jacob, 2007.

Vincent (Lucy), *Comment devient-on amoureux ?*, Éditions Odile Jacob, 2004 ; *Petits Arrangements avec l'amour*, 2005 ; *Où est passé l'amour*, Éditions Odile Jacob, 2007.

Weil (Andrew), *Le Guide essentiel de la diététique*, Éditions Jean-Claude Lattès, 2000.

Yaeger (Selene), *Le Guide des alicaments*, Éditions Marabout, 2000.

TABLE DES MATIÈRES

vous digérez mal le cru ? – Je suis frileux, je suis maigre, j'ai froid, j'ai besoin de chaud en hiver : en médecine chinoise, indienne, pourquoi pas *martienne*, on me dit que je dois manger chaud ! – Là où le cru tient au ventre et tient chaud ! – Le cuit réchauffe la planète ! – On ne termine jamais le repas par un dessert sucré – Comment faire pour éliminer le dessert ? – On ne met jamais dans le même repas de la viande ou du poisson avec un produit laitier – Purée raffinée à l'huile d'olive

Faire le tri de ce qui est bon ou mauvais – Broyer les aliments – Prédigérer les amidons – Permettre à la bouche de se comporter comme un scanner – Mesurer, peser, sélectionner la quantité qui nous est nécessaire et couper l'appétit par la satiété – Organiser la digestion par l'envoi judicieux des sucs digestifs – Organiser l'assimilation en prévenant les cellules des nutriments qui arrivent – Organiser l'expulsion des excédents que le cerveau a été obligé de laisser entrer – Limiter la prise alimentaire et donc permettre de nourrir plus de monde sur la planète – Réguler le poids et le volume du corps – Prendre plus de plaisir en mangeant grâce à une meilleure perception des saveurs – Témoigner plus de respect à ceux qui ont permis que ce repas soit dans notre assiette, y compris à nous-même

Mise en garde importante

La banane – L'huile – Les graines oléagineuses – Le jus de citron – Les fruits – Historique de la préparation – En pratique, comment faire ? – En premier lieu, préparer les graines – Réunir les ingrédients – Ce que l'on peut ajouter au Miam-Ô-Fruit – Ce que l'on ne met jamais dans le Miam-Ô-Fruit

Dans une assiette – En smoothies – Astuce – On ne mange que cela et rien d'autre

C'est tous les jours et toute l'année pareil ? – Et si je n'ai pas du tout faim le matin ? – Miam-Ô-Fruit peut-il remplacer le repas de midi au travail ? – Si je pars en voyage ? – Mon enfant peut-il consommer le

Miam-Ô-Fruit ? – Peut-on le donner à une personne très âgée ? – Le sucre des fruits ne risque-t-il pas d'entraîner une hypoglycémie en fin de matinée ? – Tout ce sucre et ce gras, ça ne fait pas grossir ? – Est-ce que je peux supprimer le citron ? – Est-ce que je peux utiliser les petites bouteilles de jus de citron bio du commerce ? – Est-ce que je peux changer d'huile ? – Est-ce que je peux ne mettre qu'un fruit avec la banane ? – Est-ce que je peux prendre tous ces ingrédients mais séparément tout au long de la journée ? – J'ai un candida : on m'a dit de supprimer le sucre et les fruits à cause du sucre – On m'interdit le sucre – et donc les fruits – à cause de mon poids et de ma rétention d'eau – Je ne pèse que 45 kilos : c'est pas trop pour moi ? – Je le mange depuis trois semaines parce que j'ai envie de maigrir mais mon poids monte sur la balance. – Les fruits, ça me fait gonfler le ventre. – Les fruits me donnent de la diarrhée, des selles molles. – J'ai beau le manger, je suis quand même constipé – Je me lasse tous les matins à faire la même chose. On ne peut pas varier ? – Je suis très acidifié paraît-il. Mes dents se déchaussent et cette préparation me brûle les gencives et la commissure des lèvres. – Peut-on en préparer un saladier pour toute la famille ? Ce serait plus pratique ! – Trois assiettes en six minutes ! – Toniques, calmes et sereins – Peut-on en préparer pour la semaine ? – Peut-on le préparer la veille ? – Peut-on écraser la banane d'avance ?

Groupe Artège
Éditions du Rocher
28, rue Comte Félix Gastaldi
BP 521 - 98015 Monaco
www.editionsdurocher.fr

Achevé d'imprimer par
CPI Firmin Didot
en septembre 2015
N° d'imprimeur : 130753

Dépôt légal : juin 2009
Imprimé en France